公務員試験

最初で
つまずかない
民法II 改訂版

債権総論・各論　家族法

鶴田秀樹 著

実務教育出版

はじめに

　本書は，これから公務員試験にチャレンジしようと思っている方々の中で，法律の学習がまったくの初心者という方を主な対象として，法律系科目の中でもボリュームが半端でない民法について，挫折することなく学習を進めていただくこと，そして，民法をより身近なものとして理解していただくことを目標として書いた入門書です。

　公務員試験の民法では，現在，基本書・テキストを読まずに，いきなり過去問集から入って，問題演習を繰り返して知識と解き方を同時に身に付けるという学習法が主流になっています。それは，自然発生的に生み出されてきたもの，すなわち合格者が自ら編み出して，後輩に伝え，合理的な方法として広く普及していったものです。確かに，それ自体はとても理にかなったものですが，一方で，難関科目については，初期の段階で挫折してしまう人が多く見受けられるのも事実です。

　ただ，民法は法律系科目の中でも中核的な存在で，出題数も多いため，挫折したままでは公務員試験の合格が難しくなってしまいます。

 ## 初学者はここでつまずいている！

　では，どうすれば民法を無理なくマスターできるでしょうか。

　それは，公務員試験の民法の学習方法として，テキストをパスして過去問集から入ることの合理性と，そのリスクについて最初に考えてもらうことが，大きな解決のヒントになるはずです。

●なぜ合格者は，テキストを読まず，いきなり過去問集から入るのか

　理由は，テキストをじっくり読んで学習している時間がないからです。

　公務員試験は，あくまで就職試験です。そして，受験する方の多くは，就活の時期になって就職先を民間企業にするか公務員にするかを考え始め，公務員をめざすと決めてから学習を開始します。ということは，トータルの学習期間はせいぜい半年から1年，その間に教養分野と専門分野の半端ではない数の科目を合格レベルに持っていかなければなりません。つまり，1科目に割ける時間はごくわずか。その中で，民法は量が多いため，とても悠長にテキストなど読んではいられないのです。

「ならば，過去問集から入ろう！」

　そうやって始まったのが，この学習方法でした。民法では，同じ箇所から同じようなパターンで出題されることが多いので，法律の意味がわからなくても，問題を何度も繰り返していけば，次第に問題が解けるようになっていきます。

●意味のわからない文章を読み続けるのはつらい

　ただ，いきなり過去問集から入るには，かなりの忍耐力が必要です。

　まず，意味のわからない言葉や文章があっても，「繰り返していればそのうちわかるだろう」という気軽な気持ちで学習を進める必要がありますが，問題を解く以上は，それなりに意味を考えなければなりません。

　でも，「考える」という作業を始めると，今度は意味を理解する必要が出てきますか

ら，だんだん「そのうちわかるだろう」とは思えなくなってきます。

　たとえば，「代理という言葉はわかるけど，復代理って言葉が出てきた，これはなんだろう」「今度は表見代理って言葉が出てきた！　これもよくわからない……」こういうことが延々と続いていくわけです。何もわからないままでは，ただ忍耐が続くばかりですし，わかるときが本当に来るんだろうかと不安に駆られるのも事実です。

民法を少しでも楽に学んでほしい

　では，どうやれば，限られた時間を効率的に使いながら，少しでも楽に民法の学習が進められるでしょうか。

　重要なポイントは，民法では，同じ箇所から同じようなパターンで出題されることが多いという点です。これが「いきなり過去問集から入る」という学習法を合理的にしている最大の理由ですが，このことは，反面からいえば，民法を詳細に理解する必要はないということを意味します。つまり，ポイントを要領よく学んでいければ，それで公務員試験の民法の問題は解けてしまうのです。

　そして，当然といえば当然なのですが，公務員試験の民法の問題は，基本原理や基礎の部分に結び付いたものがほとんどで，その理念や考え方は，私たちが日常生活の中で自然に身に付けているものなのです。つまり，考え方自体は何も新しく仕入れる必要はありません。私たちの日頃の考え方がそのまま表れているだけですから。

　ということは，出題箇所である民法のポイントの部分に絞り込んで，その制度の役割や，そこで使われている言葉の意味をちょっと補えれば，楽に過去問集に取り組むことができるはずです。

　これをまとめてみると，次のようにいえるでしょう。

●出題されている箇所だけ理解できればいい

　出題されている箇所とは，民法のポイント部分のことです。そして，この部分がわかれば問題は解けます。つまり，何も民法の全体を網羅的に理解する必要はありません。ということは，専門の基本書やテキストを読んで詳細を理解する必要はありませんし，また，試験対策上，そんな時間は取れないはずです。

●出題箇所の「制度の役割と用語の意味」がわかれば過去問集を楽に進められる

　そうなると，後は，出題箇所に的を絞って，制度の役割と用語の意味の説明があればいいだけです。それも，ほんの数日程度の時間で終えられること，そして，過去問演習で迷路にはまった場合に，フィードバックしてちょっと調べられるようなものであること，そんなものがあれば，とても重宝するはずです。

　本書は，それをめざして書いています。

　民法の学習を，少しでも楽にしたい。それで時間の効率化が図られて，最終的な合格に結び付けていただければ，これ以上の喜びはありません。

　本書が，少しでも読者の方々の役に立てばと願うばかりです。

鶴田　秀樹

ウォーミングアップ　新しくなった債権法・家族法を学ぼう　12
～債権法は民法の中核，家族法は時代を映す鏡～

第1章　債権総論　21
～債権全体の共通事項～

民法の学習のしかた

公務員試験を制するのに民法は避けて通れない重要科目

公務員試験の法律系の主要科目には，**憲法**，**行政法**，**民法**の三つがあります。

この中で，出題数が最も多く，また得意・不得意がはっきり分かれるのが民法です。

憲法は意外に構成がシンプルで，問題も解きやすいため，受験者の間であまり差がつきません。また，行政法は，なじみのなさと制度の難しさで，ほぼ全員が不得意という科目ですから，これもあまり差がつきにくい科目です。

一方，民法は，出題数が多く，日常生活上の感覚をうまく使うかどうかで得意・不得意がはっきりと分かれてきます。つまり，法律系科目の中で，一番差がつきやすいのが民法です。そう，民法は公務員試験を制するカギを握る重要科目なのです。だとすれば，これはもう得意科目にするほかはありません！

民法という科目の特性を知ろう

まず，民法の特性ですが，みなさんは「民法という言葉は耳にするけど，どんなものかはさっぱりわからない」と思っているかもしれません。

でも，そんな心配は無用です。

そもそも，民法というのは私たちの生活のルールを定めた法律です。ということは，私たちは民法のルールに従って日々の生活を送っているわけで，民法の感覚は自然と身に付いているのです。これは，学習を進めるうえでとても有利なことで，感覚がわかっているのなら，後は法律の難しい表現を，私たちが日常的に使っている言葉に焼き直せば，それで判断ができるということです。

たとえば，問題文でとても難しいことが書かれていても，「これはこういうことなんです」と説明すれば，「そりゃそうだね，なんとなくわかったよ」となるのが民法です。

一方，行政法のように日常生活になじみがないものだと，「許可と認可はこう違うんです」と説明しても，「…はあ，そうなんだぁ…」で終わってしまいます。

では，民法の学習で何が壁になるかというと，制度の数が多く，その内容も多岐にわたっていることが一番でしょう。いわゆる量の多さです。そして，この「量の多さ」は，民法が，私たちの生活のいろいろな場面をサポートしようとしてくれていることと関係しています。

人の生活は，誕生から死亡に至るまで，実に多様な出来事があって，それを網羅的にサポートしようとすると，どうしてもいろんな制度を準備しておく必要があるのです。

ただ，民法は，感覚として理解できる科目なので，量の多さについて，気持ちのうえで壁を作る必要はありません。単に，「日常の用語に焼き直して判断すればいい」，それだけを考えておけばいいのです。

公務員試験の民法の特性を知ろう

　公務員試験の民法の出題については，「はじめに」のところで少し触れたことですが，同じ箇所から類似の出題が繰り返されているという傾向が顕著です。

　なぜかというと，そこに民法の基本的な考え方のエッセンスが凝縮されているからです。公務員試験は，あくまで公務員としての資質，すなわち業務遂行能力の有無を判断することが目的であって，学問的な理解を深めてもらうことが目的ではありません。つまり，基礎となる考え方がわかっていればそれでいいということで，そのためにこのような出題傾向になるわけです。

　その基礎の部分の数ですが，これが意外に限られています。また，一つの箇所で考え方の基礎がわかると，それをほかの箇所に応用できるなど，実際に取り組んでみると，思ったほど覚える量が多くないことも実感できるようになります。

　だったら，「量が多い」とか「難しい」という先入観を持たずに気軽に学習に取り組むことが何よりも重要になってきます。そして，いったん学習を始めて，考え方がわかってくると，後は加速度的に理解が進んでいくのが民法の特徴です。そして，これが進んでいくと，たとえ新しい問題が出てきても，既存の知識を応用して正答を見つけることもできます。そういう意味でも，民法は高得点がねらえる有利な科目なのです。

「量の多さは学習方法の工夫で乗り越えられる」ならば，民法は得意科目にまで持っていけるんだということを，忘れないでほしいのです。

効率的な民法の学習法

　まず大切なのは，「民法は日常感覚で解ける，だから問題文を日常の用語に焼き直す」というスタンスを維持することです。

　本書は，民法上のいろんな制度が何のためにあるのか，また，どんな機能を持っているのかをわかりやすく説明していますから，最初に，あまり時間をかけずに本書をサッと読んでみてください。そして，民法の概要がつかめたら，早めに『新スーパー過去問ゼミ　民法Ⅰ・Ⅱ』や『集中講義　民法Ⅰ・Ⅱ』に移るようにします。民法のどんな箇所が問われているのか，そして，どんな問われ方をされているのかを把握するには，過去問が素材としてはベストです。

　そこで，過去問演習の進め方のポイントです。

目標設定 ── 何度も繰り返しながら少しずつ理解を深めていく

　要するに，時間が限られているからといって一気に理解しようとしない！ということです。これはとても重要で，これを実践できるかどうかで民法のマスターの度合いが大きく違ってきます。

　一気に理解しようとするのは，早く仕上げなければという焦りが原因でしょう。で

も，たとえ過去問集を1巡回すのに1か月かかっても，2巡目はその半分以下，3巡目は1週間程度などと，繰り返すごとに1巡を回す時間は極端に短くなっていきます。そして，そのたびに，前回わからなかったことが理解できるようになり，また，民法の各制度の相互関連も思い描けるようになってきます。

ですから，決して急がないこと。

それから，もう一つ重要なポイントがあります。

 わからないことがあっても，本書の知識以外の部分はいったんスルーする

過去問のわからない部分で，本書に説明の該当箇所があれば，フィードバックして本書を読み返してみてください。

それ以外の部分は，いったんスルーしてかまいません。「本書の知識＋過去問のほかの箇所の知識」の応用で，2巡目や3巡目の際に必ず理解できるようになります。

なぜなら，過去問はかなりよく練られていて（その意味でレベルが高く），基礎部分の理解が進むと全体が理解できるように作られているからです。

このように，「本書の知識以外の部分はスルーする」ことは，過去問演習を効率化させるうえで大きなポイントになります。1巡を回すのに必要以上に時間を費やすのではなく，とにかく最後まで行き着くこと。そして，何度も繰り返すことで少しずつ理解を深め，また知識を正確なものにすることができます。

「過去問演習中に引っ掛かる部分があったら本書にフィードバックする。それ以外は次巡目に回す」を徹底すれば，時間を大幅に節約できますし，集中を切らさずに最後まで行き着くことができます。

 民法Ⅱから学習を始めたい人へ

もしかしたら，「民法Ⅰ」が品切れで本書を先に手に取ったとか，総則からフツーに勉強していくのはヘビーすぎて嫌だ！とか，まずは難易度の低いところから始めたい！という方がいるかもしれません。

そういう場合は，本書の第3章の家族法から取り組んでみてください。

家族法は，婚姻とか相続とか，割と身近なテーマが多いですし，中学校や高校で概要を学んでいるところでもあるので，初学者でも入っていきやすい分野です。また，家族法は予備知識がそれほど必要とされず，体系的にもほかの章からは独立しているので，「民法Ⅰ」を先に学習していないと理解できないというところもほぼありません。

こう書くと，いいことずくめのようですが，そもそも公務員試験においては家族法からの出題が少ないということがあります。ですから，家族法から学習を始めるのはかまわないのですが，あまり深入りせず，早めに「民法Ⅰ」の「総則」に取り掛かるようにしてください。

本書の構成と使い方

　本書は,『新スーパー過去問ゼミ 民法Ⅰ・Ⅱ』や『集中講義! 民法Ⅰ・Ⅱ』にスムーズに取りかかれるように, これらと合わせた構成にしています。

　具体的に説明しますと, 民法は, 財産に関するルールを定めた部分と, 家族関係のルールを定めた部分の二つで構成されていますが, このうち, 条文の数が多いのは財産に関するルールを定めた部分で, これが全体の約9割を占めていて, 家族関係に関するルールの部分は, 全体の1割程度にとどまります。

　そのため, 公務員試験の出題も, これに比例する形で, 財産法が全体の8〜9割になっていて, 民法の学習は財産法に重点を置いて進める必要があります。

　図を見てもらうとわかるのですが,「民法Ⅰ」と「民法Ⅱ」が区切りの悪そうなところで分かれています。これは, 条文数が半分に近いところで, また切りのよいところという意味でこんな中途半端な区分になっているのです。

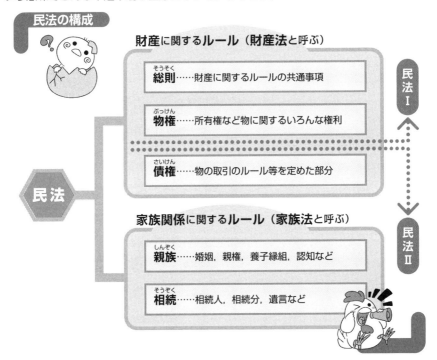

民法の構成

財産に関するルール (財産法と呼ぶ)

総則……財産に関するルールの共通事項

物権……所有権など物に関するいろんな権利

債権……物の取引のルール等を定めた部分

民法

民法Ⅰ

家族関係に関するルール (家族法と呼ぶ)

親族……婚姻, 親権, 養子縁組, 認知など

相続……相続人, 相続分, 遺言など

民法Ⅱ

　問題練習や知識のまとめも活用しながら, 理解を深めていきましょう。

　本書を読み終えたら, できるだけ早く『新スーパー過去問ゼミ』等に移り, 過去問演習でつまずいたときのフィードバック用として大いに活用してください。

9

ザセツせずにひとりで学べる親切設計！

「用語や言い回しが難しくて文章の意味がわからない！」「内容が複雑すぎて頭に入ってこない！」という受験生の声にお応えして，視覚に訴える図版を随所に入れ込み，具体的な例を挙げて，極力優しく易しく解説しています。また，本文中の記述で引っかかりそうなところは，側注で積極的にフォロー！　つまずかない工夫が満載です！

▶試験別の頻出度
タイトル上部に，国家総合職，国家一般職［大卒］，地方上級全国型，市役所上級Ｃ日程の４つの試験における頻出度を「★」で示しています。
★★★：最頻出のテーマ
★★　：よく出るテーマ
★　　：過去15年間に出題実績あり
－　　：過去15年間出題なし

▶本文部分
教科書のように，そのテーマの制度について，具体例を挙げながら詳しく解説しています。

▶図・表
可能な限り図や表中にも説明を書き加えて，その図で何を理解すべきかがわかるようにしています。

　素朴な疑問
初学者が抱きそうな疑問や，ほかのテキストなどには載っていないような初歩的な知識を中心に解説しています。

1-2　　　　国総 ★★★　国般 ★★　地上 ★★★　市役所 ★★★

制限行為能力者②
～自分で契約の有利不利が判断ができない人をサポート～

　自分で契約の有利不利が判断できないような人たちの法律行為をサポートして保護しよう！というのが制限行為能力者制度です。具体的な援助方法としては，
①判断能力が不十分な人に保護機関（援助者）を付ける。
②保護機関のサポートのない法律行為は，取り消すことを認める（原則）。
　それでは話を先に進めます。

　どんな人が制限行為能力者とされている？

　では，どんな人が**制限行為能力者**に分類されているのでしょうか。これについて，民法は次のように規定しています。
　まず，成年者と未成年者では類型化のしかたが違います。
　未成年者は，単に未成年というだけで，原則として全員が制限行為能力者とされます。
　一方，**成年者**の場合は，家庭裁判所に申し立てて，その審判によって制限行為能力者と認定されることが必要です。これを別の角度から表現すれば，成年者については，たとえ意思能力がない人でも家庭裁判所の審判を経なければ制限行為能力者とならないということです。

制限行為能力者の類型化の違い

| 未成年者 | → | すべて制限行為能力者 |
| 成年者 | → 家庭裁判所の審判 → | ① 成年被後見人 ② 被保佐人 ③ 被補助人 |

　このように，未成年と成年とで扱いが違うのは，未成年者は判断能力がゼロの状態，つまり乳児の頃から始まって，少しずつ判断能力が備わってくる人たちです。したがって，十

30

　制限行為能力者②の重要度
制限行為能力者は，民法における頻出箇所の一つで，意思表示や代理，時効と並ぶ総則の重要テーマです。内容がやや複雑ですが，細かな部分まで問われることが多いので，しっかり理解するようにしましょう。特に，市役所をめざす人には，すぐに仕事で役立つ分野です。

　制限行為能力者
行為能力を制限されている人，すなわち，単独で有効に法律行為を行うことを制限されている人のことです。

　未成年者はすべて制限行為能力者！
判断能力があるかどうかは関係ありません。1歳の幼児も，成年に近い年齢の人も同じように制限行為能力者として扱われます。

　成年年齢
2022年3月までは「満20歳」が成年に達する年齢で，2022年4月以降は「満18歳」が成年に達する年齢です。
2018年（平成30年）に成立した改正民法が2022年4月1日に施行されたため，こんな感じになっています。

　解き方・考え方
具体例や，さらに突っ込んだ細かい説明，別の視点などを解説しています。

▶例題
ポイントとなる知識の理解度をチェックできるような良問を選んで掲載しています。

▶側注部分
本文には載せられなかった詳しい説明や，関連知識，ポイントの復習，疑問点のフォローなど，さまざまな要素が詰まっています。

例題2

売買契約の当事者の一方が，次のような状態にある場合の当該契約の効力に関する記述として，妥当なのはどれか。

(市役所　改題)

1　その者が未成年者である場合には，当該契約は無効になる。
2　その者が高齢者であるというだけでは，当該契約の効力には影響はない。
3　その者が責任無能力者である場合には，当該契約は無効になる。
4　その者が財産管理能力が著しく低い場合には，家庭裁判所から保佐開始の審判を受けているか否かにかかわらず，当該契約を取り消すことができる。
5　その者が事理弁識能力を欠く常況にあり，家庭裁判所から後見開始の審判を受けている場合には，当該契約は無効になる。

　本問のポイント！

意思能力と行為能力の違いを理解しているかどうかがポイントです。
すなわち，意思能力（判断する力）がない〜〜〜〜〜〜〜〜方の しいので，意思能力が疑わしい人〜〜〜〜〜〜〜〜「第三者」と表現し，法律行為を事後的に〜〜〜〜15）。
というのが判〜〜〜〜〜（最判平8・10・29）。
〜〜〜占有者に対しては，登記がなくても権利を主張できます。

本問の正答は**4**になります。　　　**正答　4**

重要ポイント
全員が知っておくべき，覚えておくべき知識を中心にまとめています。ポイントの復習も兼ねています。

補足知識・関連知識
補足の説明や豆知識などを中心に解説しています。

欠缺
欠けていることをいいます。「けんけつ」と読みます。

アドバイス・コメント
公務員試験の傾向や，勉強のしかた，著者からのアドバイスなどを載せています。

　**「2-4　不動産物権変動③」のまとめ**

▶入会権は権利の内容が土地の慣習によって定まるため，登記できない権利である。
▶通行地役権の主張には〜原則として登記が必要。ただし，それが客観的に認識できる場合には，第三〜が登記がされていないことを理由として通行地役権を否定することは，信義〜して許されない。
▶賃貸不動産の譲渡を受け〜が賃貸人の地位を主張するには登記が必要。
▶登記なくして不動産に関〜物権の得喪変更を対抗することができない第三者とは権利取得を主張す〜な利益を有している者のこと。背信的悪意者はこれに含まれない。

条文・判例
民法の条文や重要な判例などを紹介しています。

▶要点のまとめ
そのテーマで絶対に覚えておきたい知識をテーマの最後に簡潔にまとめています。

193

11

新しくなった債権法・家族法を学ぼう
～債権法は民法の中核，家族法は時代を映す鏡～

　「民法Ⅰ」では，財産関係を論じるときにあちこちで登場する代理や時効といった制度をまとめた**総則分野**と，物に対する権利である**物権**について説明しました。

　「民法Ⅱ」では，人に対する権利（人に一定の行為を請求できる権利）である**債権**と，婚姻や相続といった家族間の関係を規律する**家族法**の二分野について説明します。

債権法と家族法にはどんな特徴がある？

　債権法は物の取引のルールを，**家族法**は家族関係のルールを定めたもので，それぞれ規律する分野が違います。ですから，両者に直接の関係はありません。そのため，公務員試験でも，それぞれが独自の分野の問題として出題されており，一方の知識がなければ他方の問題が解けないということはありません。

　ただ，関連している部分もいくつかありますから，やはり財産法の知識をしっかりに身につけたうえで家族法に取り組むことで，家族法の学習もスムーズに進めることができます。

　なお，民法の中核的なテーマは財産関係の規律ですから，出題は財産法分野である債権法に集中しています。また，出題の素材になりやすいような理論的な問題も，債権法のほうに多くみられることから，債権法では判例を素材とした問題が多く出題されるのに対して，家族法では条文が中心の出題になっています。

　こういった違いはあるものの，ある特徴的な共通点もあります。それは大規模な法改正の存在です。

　債権法では，平成29年（2017年）に，民法制定以来約120年ぶりとなる大改正が行われました。家族法でも，平成30年（2018年）に相続関係の大幅な改正が行われたほか，平成から令和にかけて部分的な改正が相次いで行われています。

　なぜこんなに大きな改正が行われるかというと，まず債権

民法の構成

民法は，財産関係のルールを定めた財産法と，家族関係のルールを定めた家族法に大きく分けられます。
財産法には総則分野と物権分野と債権分野の三分野があるのですが，このうち総則と物権は「民法Ⅰ」で，債権は「民法Ⅱ」で扱います。
詳しくは「本書の構成と使い方」を参照してください。
⇒p.9

債権法・家族法

そういった名称の法律があるわけではありません。民法の債権分野・家族分野のことを便宜的にこのような名称で呼んでいるだけです。

債権法と家族法が関連している部分

たとえば，夫婦財産契約（754条）や夫婦の日常家事債務の連帯責任（761条）などは，財産法の知識が関連してきます。
また，親権（818条以下）や後見（838条以下）などは「民法Ⅰ」の制限行為能力者などと関連してきます。
このように，人が生活を営むうえで経済活動を行うことは必須の要素ですから，その部分を規律する財産法の知識は不可欠なのです。

法では，時代とともに激しく変化する経済の動きに法が追い付いていないことなどから，民法を現代の経済情勢に合わせる必要があったのです。

また，家族法でも，家族の形態が大きく変化する中で，より個人の意思の尊重を図るような法改正が続いています。

このような法改正部分は，時代を映す鏡として，現代社会の実情やニーズに機敏に対応しつつ，新たな時代を作っていく公務員に求められる大きな素養の一つになることは確かで，重要な出題の素材とされていますから注意が必要です。

では，それぞれの分野の特徴について説明します。

債権法はどんな構造になっている？

債権法というのは，物やお金を「渡してもらう，払ってもらう，（物を）作ってもらう」など，相手に一定の請求をできる権利について規定した部分です。ごくシンプルにいえば，債権法は「モノ＋カネ」に関する内容です。

そこで，債権法の中身について見ていきましょう。

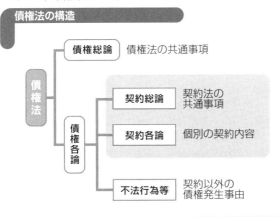

債権法の構造

- 債権法
  - 債権総論 ── 債権法の共通事項
  - 債権各論
    - 契約総論 ── 契約法の共通事項
    - 契約各論 ── 個別の契約内容
    - 不法行為等 ── 契約以外の債権発生事由

最初の項目は**債権総論**（さいけんそうろん）で，これは債権法全体の共通事項をまとめたものです。そしてこの債権総論以外をまとめて**債権各論**（かくろん）と呼んでいます。

契約総論（けいやくそうろん）は，契約に関する共通事項をまとめたもので，契約の成立や，履行段階における当事者の公平性の確保，解除などがその内容です。

120年前から変わってない？

民法は，明治時代に作られたものが平成までずっと使われていました。信じられないかもしれませんが，民法は十数年前まで文語体のカタカナ表記の条文で，たとえば1条2項は「権利ノ行使及ヒ義務ノ履行ハ信義ニ従ヒ誠実ニ之ヲ為スコトヲ要ス」となっていました。これが口語体のひらがな表記に改められたのは，平成16年（2004年）のことです。

平成29年（2017年）には，民法制定以来初めてその内容に踏み込んだ大規模な改正がなされたので「120年ぶりの大改正」といわれています。

債権と債務

債権とは，ある特定の人に対して特定の行為を請求できる権利のことをいいます。債権はそれを「実現してもらう側」から表現したもので，反対の「実現しなければならない側」から見ると**債務**になります。

債権総論の呼び方

債権総論は，民法上は「第三編　債権　第一章　総則」と表示されています。つまり，条文上は「総論」ではなくて「総則」なんです。では，なぜ債権「総論」と呼んでいるかというと，民法総則と混乱しないようにというのが一つ，もう一つは契約法や不法行為等を従来「債権各論」と呼んできたので，これと調子を合わせて債権総論としたというのが理由です。ただ，実質は「総則」と変わりません。

契約各論は，契約にどんな種類があって，それぞれどんな特徴を持ち，法はそれをどのように規律しているかなどを示している部分です。

不法行為等は，図にもあるように，契約以外の債権発生事由について規定しています。

債権総論で扱う内容

では，もう少し具体的に内容を見ていきましょう。まずは債権総論です。

【債権総論で学ぶこと】

①債務不履行
- ➡債務が履行されなかったらどうするか

②債権者代位権，詐害行為取消権
- ➡強制履行（差押え）をうまく運ぶ方法

③連帯債務，保証債務
- ➡債務不履行に備えて債権を強化したい

④債権譲渡（資金調達の方法）
- ➡お金が必要だが債権の期限がまだ来ていない場合

⑤債権の消滅原因（弁済や相殺など）
- ➡支払いの段階でのルール

債権法の中心的なテーマは，なんといっても債務の履行ですから，債権総論は「**債務不履行**」から始まります。民法は，トラブルの際の解決策を定めることでトラブル発生の未然防止を図っています。このため，債務が順調に履行された場合ではなく，履行されなかった場合について最初に規定しているのです。

次に，債務不履行の対策としては，**履行の強制**（強制執行）という手段がありますが，せっかく強制執行しても，債務者に財産がなければ強制執行は不発に終わってしまいます。ところが，債務者が自分の財産を増やせるのにそれを怠っているとか，その逆に財産を減らすまいとして隠しているなどという場合もあるので，そのような場合に備えて，債権者に「強制執行がうまく運ぶような対策」を用意しています。これが債権の対外的効力として債務不履行の次に規定されている「**債権者代位権**」「**詐害行為取消権**」です。

それから，強制執行などという煩わしい手段を取らなくていいように，最初から支払いの確実性を高める方法も用意さ

総論・各論

その内容を全体的にとらえて共通する部分について述べているのが**総論**で，その一部分を取り上げて詳しく述べているのが**各論**です。

不法行為等

不法行為のほか，事務管理と不当利得をこの分野で扱います。

履行

約束どおりに実行することです。
商品の売買契約の場合なら，その商品の引渡しや（売主），代金の支払い（買主）が履行に当たります。

強制執行

債務不履行の債務者に対して，裁判所などの公的機関を通して強制的に取り立てる手続きのことです。
「民法Ⅰ」の「1-13　時効②」も参照してください。

債権者代位権

債務者が弁済に充てるための財産（責任財産）を確保できるにもかかわらず，その努力（責任財産の保全）を怠っている場合に，債務者に代わって債務者がその権利を行使するのを認めようというものです。
詳細は1-4で説明します。
⇒p.60

れています。具体的には「**連帯債務**」や「**保証債務**」など
がそれです。

また，債権を持っていても，「期限前にお金が必要になっ
た」という場合は，その債権を売るという資金調達の方法が
あります。これが「**債権譲渡**」です。

債権総論の最後は，弁済などの「**債権の消滅原因**」です。
債権が消滅する原因には，弁済などのほか，債務の免除など
いくつかのものがあるので，それらについて規定されていま
す。

以上が債権総論の内容です。

債権各論で扱う内容

次に，債権各論についてです。

【債権各論で学ぶこと】

①契約総論
　➡契約の成立から履行期までの間の両当事者の関係

②契約各論(売買，賃貸借などの典型契約)
　➡一般によく利用されている契約についての法規制

③不法行為等(事務管理，不当利得，不法行為)
　➡契約以外で債権債務関係が発生する場合

債権各論は，契約をめぐる法律関係から始まります。

まず，契約の共通事項として，成立から履行期までの間の
両当事者の関係が規定されています。契約には申込みと承諾
の二つの要素が必要であるとか，契約を履行してくれなかっ
た場合の解除権など，契約の一般的なルールが**契約総論**とし
て定められています。

その次に，ごく一般的な契約（典型契約）の基本的なルー
ルが定められていて，これらをまとめて**契約各論**といいます。

たとえば「**贈与**」「**売買**」とか「**消費貸借**」「**賃貸借**」など
といった契約について見ていきます。

最後に，契約以外で債権債務関係が発生する場合として，
「**事務管理**」「**不当利得**」「**不法行為**」という三つの場合につ
いて規定しています。事務管理は，たとえば迷い込んだ犬を
飼い主が現れるまでエサを与えたなどという場合のことで，
エサ代を請求できるかなどが問題となります。不当利得は，
「他人の物を勝手に使った」などという場合に，その物や使
って利得した分の利益を返せという権利を認めるものです。

詐害行為取消権

債務者の「不当に財産を減
少させている」ような行為
を取り消して，弁済に充て
るための財産を確保(保全)
する権利のことです。
詳細は1-5で説明します。
⇒p.76

典型契約

法律に名称・内容が規定さ
れている，ごく一般的な契
約のことです。**有名契約**と
も呼ばれます。
ちなみに，民法では13種
類の契約が規定されていま
す。いちおうすべてを挙げ
ますと，贈与，売買，交
換，消費貸借，賃貸借，使
用貸借，雇用，請負，委
任・準委任，寄託，組合，
終身定期金，和解となりま
す。本書では，試験によく
出ているところに絞って説
明します。

事務管理

法律上の義務がないのに，
他人のためにその事務を処
理することですが，意味合
いとしては「ボランティア」
に近い行為です。
詳細は2-5で説明します。
⇒p.224

消費貸借

物の貸し借りのうち，借り
たものをそのまま返すので
はなく，借りたものを消費
してしまってから，後から
種類や品質，数量を同等に
そろえて別のものを返すや
り方です。
詳細は2-3で説明します。
⇒p.200

また，不法行為は，文字どおり違法に他人の利益を侵害した場合に損害賠償を認めるというものです。

 ## 家族法の内容はこうなっている

これまでは，「民法Ⅰ」からずっと財産法についての説明だったわけですが，最後に民法のもう一つの分野である**家族法**について扱います。

家族法は，新たな家族の始まりから，家族の一人が亡くなる時まで，家族の法律関係について規定するものです。

これは，たとえば結婚には役所への届出が必要だとか，配偶者と子が相続する場合，それぞれの相続分はこうなってるなど，家族関係に関するルールがその内容になっています。ですので，財産法に比べてイメージしやすいと思います。

【家族法で学ぶこと】

①婚姻
➡新たな家族の始まりについて
②親子
➡子どもが生まれた場合などの家族の法律関係
③相続，遺言，遺留分
➡家族の一人がこの世を去った場合

「**婚姻**」では，婚姻の要件や，また離婚であればどういう原因で離婚が成立するのかなど，夫婦間の課題が扱われています。

次に，子どもが生まれたり，養子をもらったりした場合の「**親子**」の関係について規定されています。この中には，結婚していない男女間に生まれた子の認知の問題や，親が子を育てられない事情がある場合に，血縁のない他人の夫婦がその子を実子として育てる特別養子縁組など，親子関係をめぐるさまざまな法律関係が扱われています。

最後に，家族の一人が死亡した場合に，誰にどのようにその財産を承継させるかという「**相続**」の問題や，誰にどのように承継させたいかをあらかじめ書いておく「**遺言**」，そして，遺言などによって財産の承継を外された人（例：ほかの人に全財産を譲るという遺言）について，一定割合の相続財産の取戻しを認める「**遺留分**」などが規定されています。

 家族法の重要度

民法は，大きく分けると財産法と家族法の二つで構成されていますが，条文の数をみると財産法が全体の約9割を占めていて，家族法は全体の1割程度にとどまります。

そのため，公務員試験の出題も，これに比例する形で，財産法が全体の8〜9割になっているので，民法の学習は財産法に重点を置いて進める必要があるのです。

 特別養子縁組

子どもの福祉の増進を図るために，養子となる子どもの実親（生みの親）との法的な親子関係を解消して，養親が実の子と同様の親子関係を結ぶ制度です。特別養子縁組は，要件を満たす夫婦の申立てに対して家庭裁判所の審判を経て成立します。
詳細は3-2で説明します。
⇒p.262

 遺言

一般的には「ゆいごん」と読みますが，法律では「いごん」と読みます。
詳細は3-4で説明します。
⇒p.282

近年の民法の改正について

　最後に，民法の改正について付言しておきます。

　まず債権法ですが，これは平成29年（2017年）に，およそ120年ぶりとなる大改正が国会で成立し，令和2年（2020年）4月1日から施行されました。「民法Ⅰ」でも紹介しましたが，**本書は，この改正法に基づいて解説を行っています。**

　法改正のポイントはいくつかあります。たとえば用語をわかりやすく改めるとか，これまで判例が積み上げてきた「日常感覚に合った合理的な結論」を条文に反映させるとか，制度を現代的なものに改める，複雑なルールをシンプルにして使いやすくするなどが基本方針となっています。

　これらのうち，用語をわかりやすくするとか，判例法理を条文化するなどは，実質的な変更ではありませんから，改正の影響は大きくありません。しかし，それ以外のものについては，現行の制度を実質的に変更するものですから，改正によって大きな影響を受けることになります。

　その主なものを以下に列挙しておきます。まずは財産法のうち，「民法Ⅰ」の総則・物権分野からです。

平成29年民法改正の主な内容（民法Ⅰ分野）

意思能力（い し のうりょく）	・意思能力を有しない者の意思表示を無効とする規定を新設（従来当然とされてきたものを明文化）。
意思表示（い し ひょうじ）	・心裡留保で，善意の第三者保護規定を新設。 ・錯誤で，動機の錯誤を明文化。また錯誤の効果を無効から取消しに変更。さらに善意・無過失の第三者を保護する規定を新設。 ・詐欺で第三者の保護要件に無過失を追加。
代理（だい り）	・代理権の濫用を明文化。相手が濫用を知りまたは知り得た場合は無権代理となるとした。
無効・取消し（む こう・とり け）	・無効の場合の原状回復義務を明文化。 ・取消しで，追認は取消権を有することを知って行うべきものという点を明文化。
時効（じ こう）	・旧法の「時効の中断・停止」を「時効の更新・完成猶予」に再構成した。 ・当事者の協議中に時効が完成しないように，これを新たに時効の完成猶予事項とした。 ・債権の消滅時効期間を旧法の10年から5年に短縮し，主観的起算点と客観的起算点を設けてそれぞれ時効期間を区別した。 ・複雑な短期消滅時効の制度を廃止。

 用語が変わってる！

新民法では「時効の中断」が「時効の更新」に，「時効の停止」が「時効の完成猶予」に用語が変更されていたり，「瑕疵担保責任」が「契約不適合責任」という制度になっているなど，変更点は多岐にわたっています。旧法にのっとって解説されている過去問に取り組む際には，十分注意を払う必要があります。

 明文化

今まで判例などで規定はされていたものの，法律の条文になってはいなかった基準を，新たに条文として明示することです。

 協議と時効の完成猶予

債務の存否やその額などを「裁判で決着」ではなく（これなら問題なく時効の完成猶予になります），「話し合いで決着しよう」と協議している最中に時効が完成しては困るために，時効の完成猶予の事項としたものです。

根抵当権 （ねていとうけん）	・根抵当権が担保する債権に電子記録債権を新設。

では，財産法の債権分野の改正のポイントです。

債務 不履行 （さいむふりこう）	・債務不履行を理由として解除するための要件として，債務者の帰責事由を必要としないこととした（損害賠償を請求するには債務者の帰責事由が必要）。 ・契約締結時にすでに目的物が滅失していたような，いわゆる契約の原始的不能について，契約を不成立無効としてきた従来の立場を変更し，契約の成立を認めることとした。
連帯債務 （れんたいさいむ）	・連帯債務者の一人について生じた事由について，相対的効力を原則とする。具体的には，履行の請求，免除，時効の完成を絶対的効力から相対的効力に改める。
保証債務 （ほしょうさいむ）	・委託を受けて保証した場合に主債務者からの履行状況等に関する情報提供義務が規定されるなど，保証人に対する保護の充実が図られた。 ・連帯保証において，保証人に請求した場合，債務者にもその効力が及ぶとされていたものを及ばないことに改めた。
債権譲渡 （さいけんじょうと）	・異議をとどめない承諾の制度が廃止された。 ・債権に譲渡制限特約が付されている場合でも，原則として譲渡を有効とした。
危険負担 （きけんふたん）	・債権者主義の規定を廃止し，危険負担については債務者主義を原則とすることとした。
契約の 解除 （けいやくのかいじょ）	・契約の解除に債務者の帰責事由を不要とした。 ・債権者に帰責事由がある場合には，債権者に解除権を認めないこととした。
売主の 担保責任 （うりぬしのたんぽせきにん）	・売主の担保責任の性質は債務不履行責任であることを明確にした。 ・従来認められていた他人の権利の売買における善意の売主の解除権を認めないこととした。 ・売主の担保責任を契約不適合責任として整理し，契約不適合の場合に追完請求や代金減額請求などを認めることとした。
賃貸借 （ちんたいしゃく）	・賃貸借の期間を，従来の最長20年から最長50年に延長した。 ・敷金に関する規定を新設した（判例法理の明文化）。

絶対的効力・相対的効力

連帯債務者の一人について生じた事由が，他の連帯債務者全員に及ぶものが絶対的効力，その者にしか及ばないものが相対的効力です。

異議をとどめない承諾

債務者が，債権の譲受人に，単に「譲渡を承諾した」とだけ通知していた場合に，それまで債権者に主張できたはずの抗弁を，債務者が譲受人に主張できなくなるとする制度でしたが，制度の不合理性が指摘されて，この制度は廃止されました。

危険負担

一方の債務が天災などのために履行できなくなった場合，その契約のリスク（危険）をどちらが負う（負担する）のかという問題です。詳細は2-1で説明します。
⇒p.180

次に，家族法ですが，家族関係は，極端な少子・高齢化の進展や家族関係に対する国民の意識の変化を受けて，さまざまな改正が行われています。

まず，非嫡出子（ひちゃくしゅつし）の相続分に関する規定など，いくつか部

分的な改正が行われました。

近年の家族法の改正

非嫡出子 （ひちゃくしゅつし） の相続分 （そうぞくぶん）	子の相続分について嫡出か否かで区別しないこととした。 平成25年（2013年）改正，同年12月11日施行
再婚禁止 （さいこんきんし） 期間の短縮 （きかん　たんしゅく） と廃止 （はいし）	女性の再婚禁止期間を前婚の解消または取消しの日から起算して100日に短縮した。 平成28年（2016年）改正，同年6月7日施行 さらに，令和6年（2024年）4月1日から，再婚禁止期間自体が廃止された。
特別養子 （とくべつようし） 縁組の （えんぐみ） 養子年齢 （ようしねんれい）	特別養子縁組の養子年齢をそれまでの満6歳未満から満15歳未満にまで引き上げることとした。 令和元年（2019年）成立。2020年4月1日施行

これとは別に，家族のあり方等に関する社会の意識の変化を受けて，平成30年（2018年）に相続法の大幅改正が行われています。

これも簡単に表にしておきます。

平成30年民法改正の主な内容（民法Ⅱ相続分野）

相続の （そうぞく） 効力 （こうりょく）	・相続人が法定相続分を超える権利を取得した場合，それを第三者に対抗するには登記・登録等を必要とするとした。
配偶者 （はいぐうしゃ） 居住権 （きょじゅうけん）	・配偶者死亡で相続が始まっても，他方配偶者が生涯にわたってそれまでの住居に無償で住み続けられる権利（配偶者居住権）と，相続開始から少なくとも6か月間無償で住むことができる権利（配偶者短期居住権）を新設。
遺産分割 （いさんぶんかつ）	・葬儀費用など早急に必要となる費用を賄うために，遺産分割協議成立前であっても，一定額については家庭裁判所の関与なく預金を引き出せるとした。
遺言 （いごん）	・自筆証書遺言について自書の要件を緩和し，一部についてはワープロ作成を認めた。 ・紛失等に備えるために，自筆証書遺言の保管制度を新たに創設することとした（遺言書保管法）。
遺留分 （いりゅうぶん） 制度 （せいど）	・遺留分の取戻し方法として，金銭による支払請求を原則とすることにした。
特別寄与 （とくべつきよ）	・相続人以外の親族（例：長男の嫁など）による介護等の貢献を評価し，相続人に対して「特別寄与料」として一定額の金銭の支払いを請求できるようにした。

その後も，毎年のように法改正が相次いでいます。

嫡出子・非嫡出子

婚姻夫婦の間に生まれた子は嫡出子，婚姻していない男女の間に生まれた子どもは非嫡出子です。

配偶者居住権

配偶者の一方が死亡して相続が始まった場合に，残された他方の配偶者が，それまで住んでいた自宅にそのまま住み続けられる権利のことです（新設）。

**財産目録の
ワープロ作成**

本体である遺言については自筆が要件です。財産目録をワープロで作成した場合には，そのページごとに記名・捺印が必要です。

遺言書保管法

法律の正式名称は「法務局における遺言書の保管等に関する法律」です。平成30年（2018年）に成立し，施行日は令和2年（2020年）7月10日です。

特別寄与料請求権

相続人以外の人が，被相続人の療養看護その他の行為によって，その財産の維持・増加に貢献した場合に，相続人に対して一定額の金銭の支払いを請求できる権利です（新設）。これによって，相続人以外の者（例：亡き長男の妻）が行った介護等の貢献に報いることが期待できます。

次は，所有者不明土地問題の解決を念頭に置いた令和３年の物権法の改正です（令和５年（2023年）４月１日施行）。

令和３年民法改正の主な内容（民法Ⅰ物権分野）

相隣関係（そうりんかんけい）	・隣地使用権が明文で規定された。 ・隣地の竹木の枝が境界線を越える場合に，切除を催告して，相当の期間内に切除がなければ自ら枝を切除できるとした。
共有（きょうゆう）	・各共有者は，別段の合意がある場合を除き，他の共有者に自己の持分を超える使用の対価を償還する義務を負うとした。 ・共有物の管理は，各共有者の持分の価格の過半数で決することとし，これは共有物を使用する共有者があるときも同様であるとした。 ・不動産で所在等不明共有者がある場合，裁判所は，共有者の請求により，所在等不明共有者の持分を他の共有者に取得させる旨の裁判ができるとした。

また，令和４年には，家族法で「**嫡出推定制度等の見直し**」に関する改正法が成立し，令和６年（2024年）４月１日から施行されています（本書の3-2「親子」で解説しています）。さらに，物権法関連では，「**相続登記の義務化**」に関する不動産登記法の改正が，やはり同日から施行されています（民法Ⅰの2-3「不動産物権変動②」で解説しています）。

さらに，今後，親子法で共同親権に関する法改正が予定されるなど，近年はほぼ毎年のように民法関連の法改正が相次いでいる状況にあります。

「民法Ⅱ」が扱う債権法は，改正前においても，出題が集中する重要な箇所でした。改正後には，さらに重要性が高まって，民法の中核的な出題箇所になると思われます。

また，家族法分野の法改正部分も，「社会の今」を反映するものとして，出題の増加が予想されます。

スッキリとなった債権法，そして現代版の家族法，それはある意味でワクワクするような内容を持っているものです。明日を切り開いていく公務員志望の皆さんが，新しくなった民法を一つの素材としてどんな未来図を描いていくのか，困難な時代だからこそ，改正の意味をかみしめながら，意欲を持って民法に取り組んでみてください。

第**1**章

債権総論

～債権全体の共通事項～

　これから，財産法の中核部分の学習を始めます。

　本章の債権総論は，耳慣れない言葉が数多く登場する民法最大のヤマ場と言っても過言ではないところです。理論的な問題も多く，それに比例して主題数もかなりの比率を占めています。

　また平成29年（2017年）の大改正も，その相当部分が本章にかかわるもので，ここからもその重要性が見て取れます。ただ，大改正があったということは，現代風にリニューアルされたフレッシュな債権総論が登場したもいえますよね。そして，現代風ということは，内容的にとても使いやすくなっているはずです。ですから，気軽な気持ちで取り組んでみましょう。きっと感覚的に合致しているはずです。

　この章を乗り越えたら，「民法Ⅱ」は大半をマスターしたのも同じです。さあ，債権総論をスタートしましょう。

債権の性質と種類
～人に何かをしてもらう権利～

「民法Ⅰ」では，総則と物権について学んできました。今度は債権です。

そこで債権と物権ですが，これってどう違うんでしょう？「民法Ⅱ」は，ここから始めます。

債権と物権の違いってナニ？

まず，**物権**って「物を自分の思いどおりにできる権利」でしたよね。これを法律的なムズカシイ言い方をすると「物に対する直接的な支配権」でした。

一方，**債権**は「ある人に特定の行為を請求できる権利」とされています。これからちょくちょく出てきますから，この表現にも少しずつ慣れていきましょう。

「特定の行為」というのはなんでしょう？　たとえば売買ならば，代金を払うので買ったものを引き渡してほしいと請求できるということです。

そして，引渡しを請求するのは，購入した商品を自分の思いどおりに使いたいからですね。自由に使うための前提のプロセスとして，物の引渡しという相手の行為があるということです。

債権とは

そのバッグください！

物の引渡し請求（債権）

金銭の支払い請求（債権）

代金を払ってください！

債権＝ある人に特定の行為を請求できる権利

債権の性質と種類の重要度

最初の基本的な説明部分ですから，それほど出題は多くありません。ただ，ここでしっかりと債権の性質を把握しておくと，債権分野の理解がスムーズに進むので，とても重要な部分です。

債権はどうやって発生する？

一番多いのは契約ですね。よく「債権契約」という言葉を耳にするのは，契約が債権の発生事由として最も典型的なものだからです。でも，債権は，たとえばキャッチボールで隣家の窓ガラスを割った場合の弁償代のように，契約以外でも発生することがあります。

債権と債務

債権とは，特定の人に財産に関する一定の請求をすることができる権利です。これを請求される側から表現すると**債務**になります。

両方が債権？

左の図では，両方向の矢印が「債権」になっています。物の引渡し請求に対する債務は「物の引渡し」です。同様に，金銭の支払い請求に対する債務は「金銭の支払い」ということになります。こんな感じで見方によっては両方が債権者で両方が債務者になるわけです。

「あ，じゃあ，物権は物に対する直接的な支配権だけど，債権は相手の行為が介在する間接的な支配なんだ！」

なんとなく，そう思ってしまいがちです。

でも，そうじゃないんです。

なぜかというと，債権は，物を扱うとは限らないからです。確かに，債権というと，売買とか賃貸借など，なんとなく物を扱うことをイメージしがちです。でも，民法には，たとえば事務処理の依頼という契約もあります（委任といいます。643条，656条）。そして，これも「事務を処理してもらう」という債権の発生事由です。この場合は，物が直接の目的にはなっていないでしょ？

じゃあ，物権と債権の違いってナニ？

両者は，対比することで違いを浮き立たせるというよりも，「物権は物に関する権利」「債権はある人に特定の行為を請求できる権利」ということで覚えておいてください。

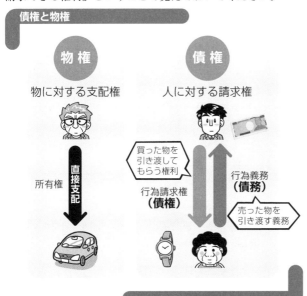

債権と物権

債権は，委任のように，必ずしも物を扱うとは限らない契約でも発生します。

ただ，民法でいう債権の多くは売買や賃貸借のように物を扱う契約から発生するんですね。だから，物権がわかってないと債権の話ができないので，民法では，債権の前に物権の説明が来ているんです。

 物を扱わない契約

たとえば，弁護士に訴訟を依頼する契約とか，広告会社にコマーシャルを作ってもらう契約など，多種多様なものがあります。また，熱が出たので病院で診察してもらうのも，やはり契約（診療契約）です。

 賃貸借

賃料を取って物を有償で貸すことをいいます。

 契約以外の債権発生事由

民法は，契約以外の債権の発生事由を三つ定めています。一つ目は，迷子の犬を預かっていたという場合にかかったエサ代の請求など，契約以外で費用が発生する場合です。これは事務管理と呼ばれています（697条）。二つ目は，契約を取り消した場合に，契約を前提に渡したものがあればそれを返してもらう債権です。不当利得返還請求といいます（703条）。三つ目は誤って物を壊されたような場合の損害賠償請求です。民法では不法行為といいます（709条）。どれも特定の人に特定の行為を請求できる権利ですから債権です。

それぞれ後で詳しく説明します。
事務管理⇒p.224
不当利得返還請求⇒p.228
不法行為⇒p.234

物権には排他性があるが債権に排他性はない

一方で，物権と債権に大きな違いがあるのも事実です。その最も象徴的なものは排他性です。

排他性というのは，言葉としては難しい表現ですが，同じ権利がダブって成立するのを認めるかどうかということです。

物権の場合，たとえばＡが所有している自転車について，Ｂも同じように「それは私の所有物だ」と主張しても（単独の所有権の主張），両方の主張を認めることはできません。

つまり，物権では，ある人の権利とバッティングするようなものが，同時に存在することは認められないんです。このように，物権を持っている人が「権利行使を邪魔するな」と主張できることが，「排他性がある」ということです。

一方，債権の場合は，Ａが著名作家の絵をＢに売る契約をした後で，同じ絵をＣに売る契約を結んでもかまいません。

つまり，契約としては両方成り立つということです。そして，ＢもＣも，Ａに「代金を支払うからその絵を引き渡して！」と請求できます。

物権と債権の排他性

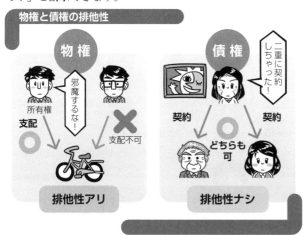

「ちょっといい加減じゃない？」

いや，これ可能なんです。そして，これを物権との対比でいえば，Ｂは，Ｃに「自分が先に契約したんだからＡと契約しないでくれ！」と主張することはできないということです。

そうなると，ＢもＣも，それぞれの契約に基づいて，Ａに絵を引き渡すよう請求できる権利である債権が発生します。

単独の所有権

ある物に複数の単独所有権を認めることはできません。これは，所有権だけに限らず，物権に共通の性質です。いわゆる，**一物一権主義**です。

二重に契約して大丈夫？

決して好ましいことではありません。できれば，契約は一本で済ませるのが理想的です。ただ，契約した後でもっといい条件を提示してきた場合などは，**二重契約**を阻止する手段がないんです。なお，債務者は一方にしか履行できませんから，履行できなかった相手に対しては，当然のことに**損害賠償請求**を覚悟することになります。

物権は債権に優先する（物権の優先性）

物権と債権がバッティングする場合には，物権が債権に優先するとされています。これは，主に**賃借権**で議論されているもので，たとえばＢがＡから賃借して建物を建てている土地にＣが**地上権**を設定した場合には，地上権のほうが優先する（Ｂは賃借土地を使えなくなるので建物を撤去しなければならない）などというものです。ただ，賃借権の効力は特別法で強化されていますから（上例の場合は借地借家法10条1項），実際にはそれほど大きな違いは生じていません。物権の優先性は，そんなこともあるんだという理解で十分です。

つまり，債権では同じ内容のものが併存できるんです。これが，債権には排他性がないといわれる理由です。

　債権は，物やお金に関するもの（財貨）でいえば，その財貨を得る手段として人に特定の行為を請求できる権利です。ただ，実際にその行為をしてくれるかは相手次第ですよね。この点の不安定さが，物権と違うところです。そして，相手がその行為を行ってくれれば，債権はそれで消滅してしまいます。そして，債権によって得られた物が誰のものになり，それをどう使うかというのは，物権の問題です。

> **債権は財貨を得るための手段**
> **得られた後は物権の問題**

　物権と債権の関係ということでいえば，以上の点を理解しておけば十分です。

債権にはどんな種類がある？

　まず，債権の種類を確認しておきましょう。一口に債権といっても，いくつか種類があり，それぞれに特徴があるので，その性質を把握しておくことが重要です。

　民法の規定する債権には次のようなものがあります。ちょっと数が多いので，とりあえず列挙しておきます。

債権の種類

	内　容
①**特定物債権**（とくていぶつさいけん）	それだけしかない，代わりがない（オンリーワン）というものを目的とした債権 （例：名画などの美術品の取引，土地取引）
②**種類債権**（不特定物債権）（しゅるいさいけん）	量産品のように代わりがあるものを目的とした債権 （例：ビールやペットボトルのお茶を買う）
③**金銭債権**（きんせんさいけん）	金銭の支払いを目的とした債権 （例：貸したお金を返してもらう，賠償金をもらう）
④**利息債権**（りそくさいけん）	利息の支払いを目的とした債権
⑤**選択債権**（せんたくさいけん）	「どちらか好きなほうを選んでいいよ」という債権 （例：「アイスとケーキのどっちかをごちそうするよ」）

財貨

物やお金のことを財貨といいます。

債権と債務

債権とは，それを「実現してもらう側」から表現したもので，反対の「実現しなければならない側」から見ると**債務**になります。一般には債権のほうから考えるので，本文では「債権」の種類として説明しています。

目的とした債権

「目的とした」というとわかりにくいですが，たとえば「これをちょうだい」なら贈与，「これを買いたい」なら売買，「この部屋を借りたい」なら賃貸借など，契約の種類はいろいろあります。ですから，それらをひっくるめていうと「目的とした」という表現が一番便利なんです。

債権の種類なんていうと，言葉としては難しく聞こえるのですが，意外に単純で，「物を渡してもらう」（買う，もらう，貸してもらうなど），「お金を支払ってもらう」の二つが基本です。

どちらも日常生活に溶け込んでいるものですよね。このうち，前者は，同じ物でも「代わりがないもの」と「代わりがあるもの」で区別されています。なぜこのような区別するかというと，法的な扱いが違うからです。

基本になるので名前を覚えましょう。**代わりがないものを渡してもらう債権を特定物債権**，**代わりがあるものを渡してもらう債権を種類債権（不特定物債権）**と呼んでいます。

また，③の「お金を支払ってもらう」は**金銭債権**といいます。これ以外に，④**利息債権**と，⑤**選択債権**というものがあります。

以下の二つは，債権のうちの主要なものです。

債権の種類

特定物債権・種類債権

売主 — 物の引渡し → 買主
買主 — 代金支払い → 売主

金銭債権

貸主 — お金を貸す → 借主
借主 — お金を返す → 貸主

そこで，基本的な債権について，個別に特徴を説明していきましょう。

特定物債権…物を引き渡すまでは大切に保管しよう！

まずは美術品などオンリーワンのもの，つまり特定物を引き渡す債権（**特定物債権**）からです。

引き渡す物に代わりがあるならば，たとえ壊れても，同じ物を調達してくれば済む話ですよね。でも，代わりがなけれ

種類物・不特定物

特定物でないものを**不特定物**といいます。不特定物は「それしかない」わけではないので，「A社のビールなら，どれでもいいから1ケース配達して」などと表示されます。また，具体的に種類（ビールでいえば銘柄）が指示されるような場合には，これを**種類物**と呼んでいます。ただ，不特定物と種類物を厳密に区別しないことも多いので，両者は同じようなものだと考えておいてけっこうです。

売買契約ってどっちが債権者？

契約の主目的で考えてみるとわかりやすいです。売買の場合は，物を買うのが主目的ですから，物を引き渡してもらう権利を持っている人が債権者です。
売買では，代金を支払わなければなりません，特にその代金債権だけに着目して債権・債務を論じる場合は，代金を払ってもらう人が債権者です。ただ，一般的に契約で債権者・債務者という場合は，主目的で考えるようにしてください。

ばそんなわけにはいきません。そうなると，やはり保管は慎重にならざるをえません。つまり，**引渡しが済むまでは大切に保管する必要があります**。

この「大切に」という行為を，法的には**善管注意義務（善良な管理者の注意義務）**といいます（400条）。これから頻繁に出てきますから，ここで覚えておきましょう。

ところで，注意義務にはもう一つ**自己の物と同一の注意義務**というものがあります（659条，827条，940条など）。つまり，民法が規定する注意義務は二種類あるということです。

両者の違いをごくシンプルに表現すれば，自分の物を扱う場合と他人の物を扱う場合の違いと思っておけば，イメージしやすいと思います。他人の物なら大切に保管するでしょうから。

ところで，一口に「大切に」といっても，けっこう曖昧なので，どれくらい大切にすればいいかが問題になります。

やはりそれは**契約に関するいろんな事情を考慮して決められるべきもの**です。たとえば，生鮮食品と缶詰では温度や湿度など保管の方法も違うでしょうし，高価なものを保管する場合には，厳重な盗難防止対策が必要になるでしょう。つまり，事案によっていろんな要素が加わってくるわけです。そうなると，やはりケースバイケースで判断せざるをえません。そのため，条文では「善良な管理者」というような，何かモワッとした抽象的な表現になっているわけです。

🏠 種類債権…代わりの物があればいつまでも調達すべき？

次は**種類債権（不特定物債権）**です。

ここで問題となるのは，**種類物**（量産品のように代わりがあるもの）について，具体的にどれを引き渡すかはどのようにして決まるかという点です。

たとえば，瓶入りのジャム（量産品）の売買で，商品を引き渡す前に瓶が割れて壊れてしまったなどという場合には，売主は同じ物を調達する必要があります。

ただ，債務者として，ジャムの引渡しのために自分のほうでできる準備はきちんと整えた！後はお客様に引き渡すだけだ！という段階になっても，それでもなお「ジャムは種類物なんだから調達できる限りは同じ物を調達しないとダメだ」

自己物と同一の注意義務の条文の例

659条 無報酬の受寄者は，自己の財産に対するのと同一の注意をもって，寄託物を保管する義務を負う。

827条 親権を行う者は，自己のためにするのと同一の注意をもって，その管理権を行わなければならない。

善良な管理者の注意義務って何？

これについて，なるほど！と思えるような「スパッとわかる定義」はありません。十分な注意を払って大切に扱っていたかどうかは，事案ごとにいろんな事情を考慮して，ケースバイケースで判断せざるをえないからです。ただ，いくら事案ごとといっても，「その事情ならば，やはり大切に扱っていたと判断せざるを得ないよね」といった一般人の**常識的**な判断はあるはずです。結局，それが，「善良な管理者」か，「自己物と同一」かの判断の分かれ道になってきます。結局，法も善管注意義務の内容を「契約その他の債権の発生原因及び取引上の社会通念に照らして定まる」としか規定していません（400条）。一般的には，本文で説明したように，他人の物なら大切に扱う，自分のものならそれなりの注意を払う，といったところで覚えておけばよいでしょう。

とされたら，売主の負担が大きすぎますよね。

やはりリミットを設けて「それ以降は用意したその物を引き渡せばOK」「仮にその物が毀損したような場合でも，別のところから探してくるなどという手間をかけなくてもいい」としておく必要があります。

そこで，法は，「これ以降は目的物に何かあっても代わりのものを調達しなくていいよ」という時点を設けました。これを**種類債権の特定**といいます（401条2項）。

具体的には，

401条

1　債権の目的物を種類のみで指定した場合(以下略)。
2　前項の場合において，債務者が物の給付をするのに必要な行為を完了し，又は債権者の同意を得てその給付すべき物を指定したときは，以後その物を債権の目的物とする。

【種類債権の特定】
①債務者が物の給付をするのに必要な行為を完了した
②債権者の同意を得てその給付すべき物を指定した

という時点です。

つまり，この時点以降は，債権の目的物はその物に限られ，たとえ代わりの物があっても，もはや売主は調達する必要はないということです。

ただ，その時期は意外に常識的で，次のようになっています。まずは①のほうです。

種類債権が
特定物債権に変わる！

特定によって債権の目的物が特定され，他の物を調達する必要がなくなったということは，種類債権が**特定物債権**に変わったことを意味します。

債務者の行為による種類債権の特定時期

	債務の内容	特定の時期
持参債務（じさんさいむ）	品物を相手に届ける	届けに行って相手がいつでも受け取れる状態になった時
取立債務（とりたてさいむ）	品物を取りに来る約束になっている（例：相手が「旅行に行くので，帰ったら時間の都合をみて取りに行くよ」と伝えてきた）	「〇〇様お渡し」などと取り分けて準備をして「いつでも取りに来てください」と相手に通知した時
送付債務（そうふさいむ）	売主・買主以外の場所に品物を届ける（例：親が契約して一人暮らしを始める子どものアパートに寝具を届けてもらう）	送付場所が決められている場合は，そこで実際に提供した時 相手の要請によって厚意で発送した場合は，発送した時

つまり，売主（債務者）としてやるべきことはすべてやったので，後は買主（債権者）が受け取るかどうかだという時点が特定の時期です。

②も同様で，指定されたらその物だけが目的物となります。

それは，**契約上の義務を負う者としてすべきことは全部やったんだったら，代わりのものの調達など，それ以上の負担を負うべきいわれはない**，という至極当然のことを表したのが種類債権の特定ということです。

金銭債権…不履行の言い訳が できない債権

　金銭債権は，一定の額のお金の支払いを目的とした債権です。お金の貸し借りの場合だけでなく，物を買ったときの代金の支払いもこれに当たります。

　金銭債権の大きな特徴に，およそ履行が不能になることはないという点があります。これが物の売買の場合なら，その物がなくなるということはありえますが，お金が世の中から消えてなくなるということは考えられません。ですから，「履行不能になった」という主張は認められません。

　それと同じように，**不可抗力**で払えなかったという主張も認められていません。物ならば，なくなることはあるとしても，お金が世の中からなくなることはないので，その調達が不可能（履行不能になる）ということはないというのがその理由です。

　つまり，こと，お金に関しては，**絶対的な責任が課されて**いることになります（419条3項）。

　以上が，債権の学習を始めるにあたって理解しておいてほしいことです。

　問題でこれまでの知識を確認しておきましょう。

履行

約束どおりに実行することです。

不可抗力

天災など，個人の力ではどうすることもできないことをいいます。

第**1**章
債権総論

 例題 1

　債権の種類に関する次の記述のうち，妥当なものはどれか。

（地方上級　改題）

1　債権の目的が特定物または種類物の引渡しであるときは，債務者はその引渡しをするまで，善良な管理者の注意をもってその物を保存しなければならない。

2　善良な管理者の注意義務の内容は，契約その他の債権の発生原因および取引上の社会通念に照らして定まるものである。

3　種類債権の特定は，債務者が物の給付をするのに必要な行為を完了した場合にのみ生じる。

4　一定額の金銭の支払いを目的とする債権で，債務者が支払い不能の状態に陥れば，それ以降，債務者は金銭の給付義務を免れる。

5　一定額の金銭の支払いを目的とする債権でも，不可抗力で支払いができなかった場合には，債務不履行にはならない。

🍦 本問のポイント！

1. 特定物は，それだけが債権の目的物となるものですから，代わりの物がない以上，引渡しをするまで大切に保管しなければなりません。そのことを「善良な管理者の注意をもってその物を保存しなければならない」といいます。

一方，ビールなどの種類物の場合には，その物が毀損しても，代わりの物を調達してくればいいだけです。そのため，保管は，善管注意義務ではなく，**自己の物と同一の注意義務**で足ります。ただし，種類物の場合にも，債務者が履行のためにするべきことをすべてやったという時点からは，「仮に毀損が生じたという場合，調達という手間のかかることを免除しよう」という意味で，その物が最終的な債権の目的物になります。これを**種類債権の特定**といいます。そして，**特定が生じると，種類債権が特定物を目的とする債権に変わります**。そのため，保管義務も特定後は善管注意義務に変更になりますが，契約から引渡しまでずっと善管注意義務が継続されるわけではありません。本肢はこの点が誤りです。

2. 妥当な記述です（400条）。一口に**善管注意義務**といっても，「これがその内容だ」と，あらかじめ決まったものがあるわけではありません。善管注意義務は，しっかりと注意を払うという意味ですが，どういうふうにしっかりと注意を払うかは，いろんな事情を考慮して決めることになります。

3. 種類債権の特定は，債務者が物の給付をするのに必要な行為を完了した場合だけでなく，債権者の同意を得てその給付すべき物を指定した場合にも生じます（401条2項）。

「債権者の同意を得て」とは，債務者が債権者に「指定は任せる」と言われて，それに基づいて債務者が指定した場合のことです。種類物ですから，指定はあまり問題になりません。たとえていえば，本屋さんで本が5〜6冊積まれていて，「一番上は嫌だ，上から3番目のきれいな本を選んでほしい」などという場合が指定といえるでしょうか。

特定では，「債務者が物の給付をするのに必要な行為を完了した場合」のほうが問題ですので，債権者の同意を得てその給付すべき物を指定した場合にも特定が生じるということを付加的に覚えておけば十分です。

4. 債権の目的物が代替性がないもの，すなわち特定物の場

毀損

「きそん」と読みます。あるものを壊すこと，あるものの価値を損なうことです。よく使われる例としては「名誉毀損」があります。ちなみに「名誉毀損」は刑法に出てくるテーマです。

善管注意義務・自己物と同一の注意義務

言葉の印象としては両方ともわかりにくいのですが，民法の注意義務にはこの二種類しかありません。ですから「しっかり注意する（善管注意義務）」「そこそこ注意する（自己物と同一の注意義務）」とか，「他人の物を扱う場合と同様に大切に扱う（善管注意義務）」「自己のものなら一応の注意を払っておく（自己物と同一の注意義務）」といったイメージでいいと思います。用語自体が抽象的なので，その用語が登場する場面で，自分ならどう扱うかを考えるようにすれば，次第に感覚がつかめてくるはずです。

合であれば，その物が火災等でなくなれば，もはや引渡しはできなくなりますから，債務者の引渡し義務は消滅します。しかし，お金の場合には，それが世の中からなくなってしまうことはおよそ考えられませんから，支払い不能に陥ったとしても，依然として支払い義務は残ったままです。

5．金銭の場合には，必ず支払いをすべきとされていますので，**不可抗力**だという言い訳は通用しません（419条3項）。
本問の正答は**2**です。

正答　2

第1章　債権総論

不可抗力

天災など，個人の力ではどうすることもできないことをいいます。

「1-1　債権の性質と種類」のまとめ

債権と物権の違い

▶物権が物に対する直接支配権であるのに対し，債権は特定の人に特定の行為を請求できる権利という点に違いがある。

▶物権には排他性があるが，債権には排他性がない。

債権の種類

▶当事者がその物の個性に着目して目的物として指定した物（代替性がないもの）を特定物といい，特定物の引渡しを目的とする債権を特定物債権という。

▶特定物債権の債務者は，引渡しまでの間，善良な管理者の注意義務でその物を保管しなければならない。

▶当事者が種類と数量を指定して債権の目的物としたもの（代替性があるもの）を種類債権という。

▶種類債権は，市場において同種同量の物を調達できる限り，履行不能とはならない。

▶種類債権において，債務者は，特定が生じるまでの間は，自己物と同一の注意義務で保管すれば足りる。

▶金銭債権の場合は，履行不能を理由とする支払い拒絶が認められていない。

債務不履行①
〜債務を履行してくれない場合，債権者をどう保護する？〜

　債権法では，まず**債務不履行**の説明から始めましょう。
「え？　なぜ履行ではなく不履行？」そう思うかもしれませんが，民法の役割はトラブルが生じた場合の解決のルールを提示することですよね。ということは，債務が順調に履行されれば，特に何も論じることはありません。なので，最初は「履行」ではなく「不履行」から始めることになります。そして，本章の２〜５項は**不履行があった場合にどうするか**，６・７項は**不履行を防止するにはどうするか**がテーマになっています。そこで，まず不履行そのものの要件や効果などの説明から始めることにしましょう。

債務はその本旨に従って
履行しなければならない

　債務は，定められたとおりに履行しなければなりません。
　このことを，法的には**債務の本旨**に従った履行といいます（415条１項，493条）。これからよく出てきますから，ここで慣れておきましょう。
　それで，「債務の本旨に従った履行」つまり定められたとおりの履行というのは，具体的には，**契約ならばそこで合意されたとおりに履行する，不当利得など法律によって発生する債権の場合はその法律の定めのとおりに履行する……など**という意味です。
　債務が定められたとおりに履行されれば問題はないのですが，そうでない場合はどうするか，そのトラブルの解決策が問題になります。
　もちろん，履行しないことに正当な理由がある場合はトラブルとはいえません。その意味で「**履行しないことが違法である**」ことが，ここでいうトラブル（債務不履行）の要件になります。
　まずは，債務不履行の形態にどんなものがあるかを見てみましょう。

債務不履行①の重要度

出題は要件や効果など広範囲にわたっています。内容がやや複雑で，また覚えるべき知識も多いので，難しいという印象を持ちやすい分野です。一つ一つの知識の意味をしっかりととらえて，苦手意識を持たないようにすることが大切です。

債務の本旨

債務といっても，ただ単にお金や物を相手に渡せばいいという単純なものではありません。いつ，どこで，どのように渡すか，また何を渡すかなど，その内容について細かいルールが定められていることもあります。また，当事者間で合意していなくても，**慣習**などでルール化されているものもあります。それらをきちんと満たすことが，**債務の本旨**(本来の目的)に従った履行ということになります。

不当利得

その利益を得る理由が何もないのに得た利益です。本来なら得られないはずの利益を得ているズルい状態なので，法律上それを返還するという債権（**不当利得返還請求権**）が発生します。後ほど「2-5事務管理・不当利得」で詳しく説明します。

債務不履行にも違うパターンがある

債務不履行には次のような三つのパターンがあります。

債務不履行の形態

	内 容
履行遅滞 (りこうちたい)	約束の期限（履行期）を過ぎても履行しなかった
履行不能 (りこうふのう)	履行ができなくなった
その他の債務不履行	上記以外で「債務の本旨に従った」といえない場合

履行遅滞と履行不能はわかりやすいと思います。
履行遅滞(りこうちたい)は履行が遅れたこと，**履行不能**(りこうふのう)は，たとえば商品が生産中止になったなど，なんらかの理由で履行ができなくなったことです。

一番イメージしにくいのは，**履行遅滞と履行不能以外の債務不履行**でしょう。その原因は，いろいろなパターンがあるからです。たとえば商品の一部が傷んでいたとか，商品の納入時に納入先の設備を壊してしまった，あるいは雇用契約で使用者が職場環境面の安全配慮義務に違反したなど，約束どおりに履行がなされていれば何も問題はないのに，それがなされなかったためにトラブルが生じたというような場合がこれに当たります。

では，これらのトラブルが生じた場合に，法はどのような解決策を講じているのでしょうか。順に説明します。

 # 履行遅滞…いつから遅滞になる？

まずは，履行が遅れてしまった**履行遅滞**からです。
債務者が履行期に履行してくれないと，債務の本旨に従った履行にはなりません。ところで，この「履行期」というのは，いつの時点のことをいうんでしょうか。

これには，三つの場合があります。
一つ目は**期限が明確に決められている場合**（**確定期限**(かくていきげん)），
二つ目は**期限が到来する時期が不明確な場合**（**不確定期**(ふかくていき)

債務不履行があった場合，相手方は契約を解除できます。でも，履行しない，あるいはできないのが**違法**でない場合，解除はできません。たとえば履行遅滞でいえば，相手が留置権を行使している場合（295条），履行不能ならば，預かっている犬が突然襲ってきたのでやむなく殺してしまったために犬を返せなくなったというような場合です（**緊急避難**といいます。720条2項）。

履行・弁済・返済

履行とは，債権の内容を実現することをいいます。「債権の**内容の実現**」というのはちょっと難しい言い回しですが，債権について責任を負っている人（債務者）が，その責任を果たすことです。つまり，「責任を果たす行為」が履行です。
弁済も，基本的には同じ意味です。定義としては「債務の内容である給付を実現させること」とされています。弁済によって債務は消滅しますが，この効果の面から「債権の内容の実現」を表現したのが弁済です。ですから，履行と弁済は視点が違うだけだとして，あまり区別されずに使われています。
これに対して，**返済**は「返すこと」ですから，返す債務でしか使えません。たとえば，寄付をするという契約で寄付を実行することは弁済ですが，それを返済とは言いません。返済は，弁済のうちの一部の行為をいうと理解しておけばいいでしょう。

限（<ruby>限<rt>げん</rt></ruby>），三つ目は期限を決めてなかった場合（**期限の定めがない場合**）です。

　確定期限については，期限が明確に定められているんですから，その時が履行期ですよね。これに関しては特に問題はないと思います。

　では，たとえば「私が社長を辞めたら，得意先の接待用に使っていた別荘を譲ってやろう」などという場合はどうでしょう。社長を辞める時期は「それがいつになるかは不明確だけれども必ず来る日」ということで，こういう場合を**不確定期限**といいます。この場合，いつから履行遅滞になるのでしょうか。

　まずは，この社長さんの身になって考えてみましょう。

　社長を辞めた瞬間からすぐに履行遅滞になるというのは，ちょっとあんまりですよね。「社長を辞めたとたんに債務不履行と言われるのは心外だ」とは思いませんか？

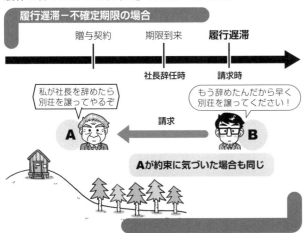

履行遅滞－不確定期限の場合

贈与契約　　期限到来　　**履行遅滞**

社長辞任時　　請求時

私が社長を辞めたら別荘を譲ってやるぞ

A

請求

もう辞めたんだから早く別荘を譲ってください！

B

Aが約束に気づいた場合も同じ

　そうなると，①「社長をお辞めになったのですから，売却をお願いします」と相手から言われた時点，あるいは，②Aが自分で約束に気づいた時点で「そういえば約束してたな！すぐに別荘を売らなきゃ！」と思うでしょう。ですから，そのどちらか早いほうが期限ということです（412条2項）。

　三つ目の**期限の定めがない場合**ですが，これも不確定期限と同じように期限が明確ではないですね。そうなると，不確定期限の①②を参考にすればいいのですが，②の「自分で気付く」という場面は，ここではありません。ならば，残るのは①の時点ですから，**相手から請求を受けた時が期限になり**

期限

法律行為の効力が発生したり消滅したり，あるいは債務を履行したりすることを，ある時期から行うというものです。
期限については「民法Ⅰ」のp.135にも書いています。そちらも参照してください。

不確定期限

「不確定」とはいえ期限ですから，いつになるかはわからなくても到来すること自体は確実な場合をいいます。到来することが**不確実**であれば，期限ではなく**条件**となります。たとえば「来季初めて雪が降ったら」というのは，毎年雪が降る地方であれば来季も雪が降らないことはありえないので「期限」になりますが，降ったり降らなかったりする地方であれば「条件」となることもあり得ます。期限と条件は，確実性の点で両者の限界が近接する場合があるといえます。

412条2項

2　債務の履行について不確定期限があるときは，債務者は，その期限の到来した後に履行の請求を受けた時又はその期限の到来したことを知った時のいずれか早い時から遅滞の責任を負う。

期限の定めのない債務

期限を定めなかった場合には，いつでも請求できるのが原則です。そして，請求は債権者がするものですから，本文の「②の自分で気づく場面がない」というの

ます。

　以上を一覧表にしておきます。知識の整理に使ってください。

いろいろな期限の履行期

	履行期（履行遅滞の責任が生じる時期）
確定期限	定められた期限が到来した時（412条1項）
不確定期限	次の①②のいずれか早い時（412条2項） ①期限が到来した後に履行の請求を受けた時 ②債務者がその期限の到来したことを知った時 理由：債務者が知らない間に履行遅滞になるというのは 　　　債務者に酷だから
期限の定めがない	履行の請求を受けた時（412条3項）

　では，期限が来たのに履行してくれない，つまり履行遅滞になった場合には，どうなるのでしょうか。

　これは，次の図のようになります。

履行遅滞（債務不履行）の効果

> **履行遅滞（債務不履行）**
>
> ↓
>
> 契約を解除できる
>
> ↓ 帰責事由があれば
>
> 損害賠償を請求できる

　解除については，「ともかく一度催促してみたら？」など，解除するための細かい要件がありますが，それは第2章の契約総論の解除の部分で説明します。

　本項で重要なのは，先ほどの図の中で，「**帰責事由**（遅れたことについて債務者に責任がある事由）があれば損害賠償を請求できる」とされているところです。反対からいうと，解除するだけならば帰責事由は不要だということです。

　この「帰責事由」というのは，ケースバイケースで判断せざるをえない曖昧な概念なんです。もし，契約解除にこの要件が必要だとすると，問題が起きてきます。次の図を見てください。

は，債務者は自分では気付けないという意味です。また，「残るのは①の時点」というのも，債権者が「期限が到来したから履行を請求する」ではなく，債権者はいつでも「期限到来だ」として履行を請求できるということです。

期限を定めなかった場合の履行期の例外

　例外が二つあります。一つは，期限を定めずにお金など「消費するもの」を借りた場合（**消費貸借**，587条）です。「私もお金が必要になったので返してもらっていいですか」という場合，相手にも返済の準備に時間が必要でしょうから，「直ちに」ではなく，準備にかかる「相当の期間」が到来した時点が履行期になります（591条1項）。もう一つは**不法行為**に基づく損害賠償債務で，これは被害者救済（すぐに治療費がいるなど）の観点から，不法行為の時点で期限が到来する（その時点で直ちに支払うべきもの）とされています。

解除

　「解除」は，契約の成立後にその契約を初めからなかったことにする行為をいいます。

　解除については，2-1契約総論のp.183以降を参照してください。

帰責事由

　帰責事由というのは「履行が遅れたのはそちらの責任でしょ！」と言える理由や原因のことです。これもケースバイケースで判断せざるを得ません。法は，少しでもわかりやすいようにと

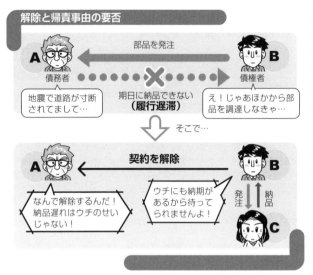

解除と帰責事由の要否

部品を発注

A 債務者 ← B 債権者

地震で道路が寸断されてまして…

期日に納品できない（**履行遅滞**）

え！じゃあほかから部品を調達しなきゃ…

そこで…

契約を解除

A ← B

なんで解除するんだ！納品遅れはウチのせいじゃない！

ウチにも納期があるから待ってられませんよ！

発注 ↑ 納品 ↓

C

組立工場Ｂが部品メーカーＡに部品を発注して，それを使って仕上げた製品を親会社Ｄに納入しているとします。ところが，部品メーカーＡが約束の期日に納品してくれません。Ｂ社は親会社Ｄから期日を守るように強く言われていますから，Ａ社に解除を通告したうえで，別の部品メーカーＣに部品を発注して，Ｃ社から納品を受けました。

これで，やれやれ，一件落着かと思いきや，Ａ社から「遅れたのはウチのせいじゃない！だから解除は無効だ！ちゃんと部品を作って納品するから，そのときは代金を払ってくれ！」と言われたら，Ｂ社はどうすればいいでしょう。

帰責事由の内容が曖昧だということは，最終的に裁判などで決着がつくまで，それがあったかどうかを確定できないということです。

でも，Ｂ社としてはそんなの待っていられません。自分にも，製品として仕上げて納めなければならない相手がいるんです。だから，**契約の解除には，債務不履行があればそれでいい，Ａ社に帰責事由がなくても解除できるとしておく必要があるんです。**

【債務不履行の解除のポイント】
- 速やかに契約の義務から解放するための手段
  （相手の責任を追及するための手段ではない）
- 責任追及の手段は「**損害賠償請求**」

「契約その他の債務の発生原因及び取引上の社会通念に照らして債務者の責めに帰すること」ができる事由としています（415条1項ただし書き）。

解除と帰責事由

たとえば，約束どおりに部品を仕上げて期日に間に合うように発送したところ，大地震が起きて道路が寸断されたという場合はどうでしょう。ひょっとしたら迂回路を探せば間に合ったかもしれません。「なぜ迂回路を探さなかった！」とか，「航空便などほかの輸送手段を考えなかったのか」など，いろいろややこしい問題が出てきます。それらを一つずつ検討しながら，本当にどうしようもなくて間に合わなかったのか，それとも間に合う方法が取れたのかなどを検証するのは，かなり時間のかかる作業です。双方に意見の食い違いがあるような場合に，解決を見るまでは解除ができないとするほうが不合理です。

解除の意思表示

電話でもかまいません。ただ，後日，相手から解除はなかったと反論されないために**証拠**を残しておくべきです。電話で済ませたいなら録音は不可欠でしょう。また，ＦＡＸとか電子メールという方法もあります。ただ，きちんと相手に届いていることを確かめることが必要です（誤送信もありますから）。届いていないなどと，反論されないためには，**内容証明郵便**で解除するのが一番確実です。

これに対して，**損害賠償**は「この日までに必ず」などというものではありません。それに，遅れたのがA社の責任じゃないなら，A社に賠償義務を負わせるのは酷です。だから，損害賠償請求のほうは帰責事由が要件とされているわけです。

以上が，履行遅滞のポイントです。

履行不能…なぜ履行できなくなったかで差が出てくる

次は，履行ができなくなった**履行不能**の場合です。

これには，次のようないろんなパターンがあります。

原始的不能	契約時点ですでに履行不能になっていた
後発的不能	契約後に履行不能になった →履行不能の原因（帰責事由）が ①債務者側にある ②債権者側にある ③双方にない…危険負担の問題

このうち，債務不履行で扱うべきテーマは，**原始的不能**と，**後発的不能①**の二つです。

なぜなら債務不履行は，債務者が債務を履行してくれなかった場合に，債権者をどう保護するかという問題だからです。

一方，後発的不能の②と③は債務不履行の問題ではありません。ただ，同じく債務不履行の一種である履行不能と似た制度なので，比較しやすいように本項で説明しておきます。

(1)原始的不能…契約成立時にすでに履行不能だった

まずは，契約成立時にすでに目的物が喪失していたなどのために，契約を結ぶ段階で履行が不可能になっていた場合です。これを**原始的不能**（原始的履行不能）と呼んでいます。この場合も，契約としての存在が認められます。

ただ，契約が存在するとなると，買主（債権者）の代金支払いの義務はどうなるんでしょうか。

商品をもらえないのに代金だけ払えというのはおかしいですよね。そもそも，商品を引き渡してもらえないのであれば，代金を請求されるいわれはありません。そのため，債権者には，この義務を逃れるために契約の解除権が認められています（412条の2第2項，542条1項柱書1号）。

法改正のポイント！

平成29年（2017年）の民法改正前は，後発的不能の①だけが債務不履行で扱う問題とされていて，原始的不能はこれに含まれていませんでした。理由は，原始的不能では，契約がそもそも成立しないとされていたからです。しかし，法改正で，原始的不能の場合にも契約が成立することが認められたため，履行不能の問題に含めることができるようになりました。

債務不履行の問題

412条〜422条の2の「第一款 債務不履行の責任等」の部分のことです。

原始的不能

契約前日に事故が起きて目的物が壊れていたなど，契約を結んだ時点ですでに履行できない状態にあった場合です。

なぜ契約の成立を認めるかというと，「目的物の存在をよく確かめなかった」など，不能な契約を結んだことについて債務者に帰責事由があった場合には債務不履行としての損害賠償責任を追及できるようにしておく必要があるからです。

ただ、「わざわざ解除するなんて面倒だ。最初から契約がなかった（契約不成立）ってことにしたらいいじゃないか」という考えもあるでしょう。でも、原始的不能の場合も、次に説明する後発的不能の場合と同じ扱いにすると、理屈としてスッキリするんです。

というのは、**履行が不能なのであれば、債権者はその事実だけで契約を解除できる**ので、契約があるとしたところで、そんなに不都合があるわけではありません。一方で、**契約は「なかった」ではなく「ある」としておけば、損害賠償を請求しやすいのです。**

右欄の条文（415条1項）を見てください。

本文のほうに、「（契約が）履行不能になったら損害賠償を請求できる」と書いてありますね。つまり、契約が存在するとしておけば、履行不能ということだけで債権者は損害賠償を請求することができます。なぜなら、条文にそう書いてあるんですから。

そして、**債務者（売主）が相手からの損害賠償の請求を避けたいのであれば、自分に帰責事由**（契約その他の債務の発生原因および取引上の社会通念に照らして債務者の責めに帰することができない事由）**がないことを証明しなければなりません。**こちらのほうが、債権者の解除の手間よりもはるかに面倒です。

契約は残っているとしておけば、以上に説明したような債権者の保護の仕組みがそのまま適用できるんです。

なお、ここで「**帰責事由がない**」というのは、隣家からの類焼で商品が灰になったなど、**行不能を生じさせたことについて自分（債務者）に責任がないということではありませ**

412条の2第2項

契約に基づく債務の履行がその契約の成立の時に不能であったことは、第415条（債務不履行による損害賠償）の規定によりその履行の不能によって生じた損害の賠償を請求することを妨げない。

415条1項

…債務の履行が不能であるときは、債権者は、これによって生じた損害の賠償を請求することができる。ただし、その債務の不履行が契約その他の債務の発生原因及び取引上の社会通念に照らして債務者の責めに帰することができない事由によるものであるときは、この限りでない。

証明責任

債務者に帰責事由がないことの**証明責任**は債務者の側に課せられています。
ところで、証明するというのは本当に大変な作業です。相手に説明するだけでも大変なのに、裁判で争いになったら、裁判官に納得してもらうことが必要で、かなり明確な証拠をそろえなければなりません。これは並大抵のことではありません。証明責任が課せられるということは、大きなハンディキャップを負わされていることと同じような意味なんです。

原始的不能（最初から履行が不能だった場合）

履行不能　契約締結

A 売主（債務者）　契約を解除　B 買主（債権者）

契約前に焼失

火事でそのバッグも焼失してたなんて知らなかったんです…

損害賠償請求

そんなの調べればわかるでしょ！誕生日が台無しじゃない！

ん。契約締結の前にちゃんと調べておけば「目的物が類焼によってなくなっている」ことがわかったという場合には，相手側は履行不能の契約を結ぶ必要がなかったのですから，債務者に帰責事由が認められます。つまり，ここでいう帰責事由とは，「履行不能になる契約を結ばせた」ことについての帰責事由という意味です。

(2)後発的不能①…履行不能になった原因が債務者側にある

　これは，契約の成立後に，債務者の帰責事由によって履行ができなくなった場合，たとえば売主（債務者）の保管状況が悪くて買主（債権者）に商品を渡せなくなったなどです。

　法の対処としては，(1) 原始的不能で説明したことと同じです。ただ，債務者に帰責事由があることが確定している場合ですから，(1) のうちの「帰責事由の存在が確定した場合」の法的処理の方法が適用されます。すなわち，契約の解除も損害賠償請求も，ともに可能ということです（415条2項柱書1号）。

後発的不能（債務者に帰責事由がある場合）

修理中の車が駐車場から盗まれた！

契約締結　履行不能　　　　　約束の履行期

契約を解除

A 売主（債務者）　←　B 買主（債権者）

損害賠償請求

盗まれたのでお返しできません……

はあ？

　ところで，上の図は履行期前に履行ができなくなったという典型的な履行不能の場合ですが，では，**履行遅滞中に履行不能になった場合**はどうなるでしょうか。

　特に問題になるのが，履行遅滞の帰責事由が債務者にあっても，その後に生じた履行不能の帰責事由は債務者にない場合です。この場合は損害賠償を請求できないのでしょうか。

　いえ，それは違います。

　この場合は，そもそも履行を遅滞せずに履行期に商品を債権者に渡していれば，その後の履行不能という事態は避けられたはずです。ですから，たとえ履行不能について債務者に

類焼

ほかのところで発生した火災によって火が燃え移って焼けることです。類火，もらい火ともいいます。

415条2項柱書1号

前項の規定（前記の条文の本文部分参照）により損害賠償の請求をすることができる場合において，債権者は，次に掲げるときは，**債務の履行に代わる損害賠償**の請求をすることができる。
一　債務の履行が不能であるとき。

履行遅滞中の履行不能

たとえば車の修理が予定より遅れて引渡し前の段階の時に，洪水が起きて車が流されてしまったなどです。

その後の履行不能

たとえ債権者のところで同じ結果になった（商品が災害などによって滅失した）としても，少なくともすでに履行は済んでいるのですから，「履行不能」にはなり得ません。

帰責事由がなかったとしても，債務者は債務不履行責任としての損害賠償責任を負わなければなりません。

　以上が，債務不履行としての履行不能に関する説明です。

　さて，ここから先の二つは，債務者の責任追及ができるかどうかという問題ではないので，債務不履行の分野の説明ではありません。ただ，履行ができなくなったという点では同じですから，債務不履行との比較のために，ここで簡単に説明しておきます。

(3)後発的不能②…履行不能になった原因が債権者側にある

　たとえば，債権者が期限前に注文した物の状態を確認しに行った際に，誤ってその物を壊してしまったなど，**債権者の責任で履行不能になった**場合には，債務者が履行できなかったことについて，債務者に責任はありません。この場合には，履行不能の責任は債権者が負うべきです。

　そうなると，効果は次のようになります。

- **債務者の履行義務**…消滅する（債務者は履行できない）
- **債権者の反対給付（代金支払い等）**
　　　　　　　　　　　　…消滅しない（536条2項本文）
- **債権者からの契約の解除**…できない（543条）
- **債権者から債務者への損害賠償請求**…認められない

(4)後発的不能③…履行不能になった原因が双方にない

　たとえば，画商に，ある有名画家の絵を注文していたのに，その引き渡しを受ける前に，絵を保管していた倉庫が地震で倒壊して，絵が修復不可能なほど損壊してしまったなど，履行は不能になったものの**債務者と債権者の双方に帰責事由がない**という場合はどうなるでしょう。

　まず，債務は履行不能になっていますから，**債務者の履行義務は消滅します**（412条の2第1項）。履行できないのですから，これは当然ですね。

　問題は，代金の支払いなどの反対給付も一緒に消滅するか，それとも残るか（買主は代金を支払わなければならないか）です。

　この点について，平成29年（2017年）の法改正では，それ以前の規定を変更して，**反対給付は当然には消滅しない**，つ

536条2項本文

債権者の責めに帰すべき事由によって債務を履行することができなくなったときは，債権者は，反対給付の履行を拒むことができない。

543条1項

債務の不履行が債権者の責めに帰すべき事由によるものであるときは，債権者は…契約の解除をすることができない。

412条の2第1項

債務の履行が契約その他の債務の発生原因及び取引上の社会通念に照らして不能であるときは，債権者は，その債務の履行を請求することができない。

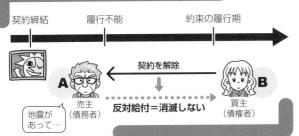

後発的不能（両当事者に帰責事由がない場合）

契約締結　　　履行不能　　　　約束の履行期

契約を解除

A　売主（債務者）　　反対給付＝消滅しない　　B　買主（債権者）

地震があって…

1　次に掲げる場合には，債権者は…直ちに契約の解除をすることができる。
一　債務の全部の履行が不能であるとき。

まり債権者の債務（例：買主の代金支払い義務）は残るとしました。

理由は，(1)で述べたことと同じです。

つまり，当然消滅としてしまうと，債務者に帰責事由が本当になかったのかどうか，その点が不明確なままで「契約はなくなった」と言われて終わってしまいます。それでは困るので，当然消滅ではなく，その点を検証する機会を確保するために契約は残るとしておくわけです。

ただ，(3)の履行不能となった原因が債権者側にある場合と違って，履行不能の原因は債権者にはありませんから，債権者の利益についてはきちんと確保しておく必要があります。

その手段は，次のとおりです。

・債権者からの契約解除…できる(543条の反対解釈)
・解除前に代金を請求されたら
　　　　　　　　　　…支払い拒絶権を認める(536条1項)

それで，帰責事由の点ですが，当初は「地震で絵画を保管していた倉庫が倒壊した」と債務者がいうので，これはしかたがないかなと思っていたところ，よくよく調べてみると，「保管料が安いというだけで安易に倉庫を選んでいた」とか，「耐震性のない倉庫だった」など，いろいろと債務者の帰責事由が見えてきた……ということもあるわけです。だったら債務不履行ということになるので，損害賠償責任を追及できる，というわけです。

一方，債務者に帰責事由がないことが明らかであれば，債権者が契約を解除すれば，それで契約関係は終了です。また，たとえ債権者が契約を解除しなくても，債務者には履行義務も損害賠償責任もありませんから，解除がなくても債務者が不利益を被ることはありません。

「それでは困る」とは

(4)は「双方に履行不能の原因がない場合」についての説明ですが，債務者に責任（原因）がないかどうかはすぐにわかるわけではありません。もしも債務者に責任があれば，債権者は415条1項本文に基づいて債務不履行として損害賠償を請求できます。これは契約上の責任ですから，そのためには，契約は「当然消滅」ではなく「残っている」としておく必要があるのです。

543条の反対解釈

同項は，「債権者に履行不能（債務不履行）の帰責事由があるときは，債権者は契約を解除できない」としています。これを反対からいうと，「債権者に履行不能の帰責事由がなければ，債権者は契約を解除できる」ことになります。これが**反対解釈**の意味です。

536条1項

当事者双方の責めに帰することができない事由によって債務を履行することができなくなったときは，債権者は，反対給付の履行を拒むことができる。

以上のように，（3）と（4）は債務不履行とは違うのですが，セットで覚えておいたほうが覚えやすいので，ここで説明しておきました。

その他の債務不履行には 多様なものがある

債務不履行の分野で重要なテーマは，これまで説明した履行遅滞と履行不能の二つです。

ただ，債務不履行の態様には，これ以外のものもあります。先にもいくつか例を挙げましたが，もう一度挙げておくと，たとえば，納入された製品の一部に規格を満たしていないものが混じっていたとか，購入した食品に細菌が付着していたために食中毒になって健康被害が生じたとか，商品の搬入の際に誤って備品を壊したとか，従業員の雇用契約で使用者が安全に仕事ができる環境を整えなかったので労働災害が発生したとか，そのパターンはさまざまです。

これらも，**債務者に帰責事由が認められれば，損害賠償を請求することができます**。

これらは，試験問題の素材とされることは少ないのですが，最後の「使用者が安全な職場環境を整える義務」は，**安全配慮義務**と呼ばれ，**契約の付随的義務として，判例によって認められています**。そして，これを素材とした問題が時折り出題されますから，以下に要旨を紹介しておきます。

【安全配慮義務の判例（最判昭50・2・25）】

「国は，公務員に対し，国が公務遂行のために設置すべき場所，施設もしくは器具等の設置管理又は公務員が国もしくは上司の指示のもとに遂行する公務の管理にあたって，公務員の生命及び健康等を危険から保護するよう配慮すべき義務（以下「安全配慮義務」という。）を負っている」。

このような「安全配慮義務は，ある法律関係に基づいて特別な社会的接触の関係に入った当事者間において，当該法律関係の付随義務として当事者の一方又は双方が相手方に対して信義則上負う義務として一般的に認められるべきもの」である。

以上が債務不履行の態様のポイントです。

安全配慮義務の契約責任的構成

使用者が安全な職場環境を整えなかったために，被用者に死亡・負傷・疾病などの被害が生じたような場合，判例のような**契約責任**ではなく，これを**不法行為**と構成することも可能です。ただ，判例が，雇用契約の安全配慮義務違反として契約責任的構成をしたのには理由があります。それは，平成29年（2017年）の法改正以前は，契約責任と構成するほうが時効期間を長く取ることができたので，その分で被害者救済に役立つと考えられたからです。しかし，平成29年（2017年）の改正法は，人の生命または身体の侵害による損害賠償請求権の消滅時効期間を統一してしまいました。すなわち，主観的起算点から5年（724条の2），また客観的起算点から20年（167条）と長期になっています。そのため，現在では，不法行為と構成するか，契約責任と構成するかで違いがなくなっています。ですから，安全配慮義務についても，雇用契約上の付随義務として，このような義務が認められるということだけを理解しておけばよいでしょう。

問題でこれまでの知識を確認しておきましょう。

例題2

債務不履行に関する次の記述のうち，妥当なものはどれか。

（予想問題）

1 不確定期限付きの債務は，期限が到来した後に履行の請求を受けた時，または債権者がその期限の到来したことを知った時から遅滞となる。

2 期限の定めのない債務は，原則としてその成立と同時に履行遅滞となる。

3 債務不履行を理由に契約を解除するには，債務者の帰責事由が必要である。

4 契約を締結する時点で，目的物の焼失などのために履行不能になっていた場合，契約は不成立無効である。

5 債権者が債務不履行に基づく損害賠償を請求するには，債務者の帰責事由が必要である。

本問のポイント！

1. 債務の履行について**不確定期限**があるときは，債務者は，その期限の到来した後に履行の請求を受けた時またはその期限の到来したことを知った時のいずれか早い時から遅滞の責任を負うことになります（412条2項）。

　本肢では「債権者がその期限の到来したことを知った時」ではなく，「債務者がその期限の到来したことを知った時」が正しい文になります。

　履行の責任を負う債務者が期限の到来を知った場合には，直ちに履行しなければなりません。期限が来たことがわかったのに履行しないでいることは責任を果たさないことになりますから認められません。

2. 履行の請求を受けた時から遅滞となります（412条3項）。これが原則です。

　ただし，期限を定めずにお金など「消費するもの」を借りた場合（**消費貸借**，587条）には，弁済の準備のための「相当の期間」が到来した時点から（591条1項），また，不法行為に基づく損害賠償債務では，不法行為の時点から遅滞となります。この二つの例外は覚えておいてください。

3. 解除には，債務者の帰責事由は必要ではありません。帰責事由を必要とすると，帰責事由の有無に争いがある場合などに，速やかに解除することができなくなるからです。

不確定期限

期限はあるものの，それがいつになるのかが明確でない場合です。

期限の到来を知る必要のある側はどっち？

知ったのが債権者か債務者かは，ミスをしやすいのでよく問題の素材に取り上げられますから，はっきり意識するようにしておいてください。

不法行為

違法に他人の権利や法的に保護されるべき利益を侵害して損害を与えた者は，その損害を償わなければなりません(709条)。これが不法行為と呼ばれる制度です。詳しくは2-6で説明します。⇒p.234

不法行為の時点から遅滞となるとは？

「不法行為の時点で速やかに支払いをすべきだ」という意味です。

4. 契約自体は有効に成立します（412条の2第2項）。契約の成立を認めることで，相手に帰責事由があった場合の損害賠償請求などが容易になります。

一方，契約の成立を認めても，代金の支払いなどの反対給付については**履行拒絶権**が認められますから（536条1項の当然解釈），債権者に不利益になることはありません。

5. 妥当な記述です（415条1項）。契約を解除するには債務者の帰責事由は必要ありませんが，**損害賠償の請求には債務者の帰責事由が必要**です。

本問の正答は**5**です。

正答　5

536条1項の当然解釈

同項は，「当事者双方の責めに帰することができない事由によって債務を履行することができなくなったときは，債権者は，反対給付の履行を拒むことができる」と規定しています。つまり，債権者に責任がなくても債権者は履行拒絶できるわけです。ならば，債務者に責任があれば，なおさら（当然）のことに債権者は履行拒絶ができます。

例題3

債務不履行に関する次の記述のうち，妥当なものはどれか。

（予想問題）

1 債務不履行の類型として認められているのは履行遅滞と履行不能の二つだけである。

2 債務不履行のうち，履行遅滞では契約の解除が認められているが，履行不能では，不能時に契約が自然消滅するので解除は認められていない。

3 債務者の帰責事由に基づく履行遅滞中に履行不能になった場合，不能の原因について債務者に帰責事由がなくても，債務者は損害賠償の責任を免れない。

4 履行不能になった原因が債権者側にある場合でも，債務者の履行義務は消滅しない。

5 債務不履行があれば，債権者は直ちにそれだけで損害賠償を請求できる。

本問のポイント！

1. 履行遅滞と履行不能以外でも，債務の本旨に従った履行がなければ債務不履行となります。

2. 履行不能の場合も，契約は当然消滅しませんし，解除も認められています（542条1項柱書1号）。

3. 妥当な記述です。

4. 履行不能になれば履行できないのですから，債務者の履行義務は消滅します（412条の2第1項）。

5. 損害賠償を請求するには，債務者の帰責事由が必要です（415条1項）。

本問の正答は**3**です。

正答　3

履行不能の場合の解除権

履行不能の場合も，債務者に帰責事由があれば損害賠償を請求できるので，契約は消滅しません。ただ，債権者に代金支払いなどの反対給付を免れさせる必要があるので，そのための手段として契約の解除が認められています。

「1-2 債務不履行①」のまとめ

債務の本旨

▶債務は，債務の本旨に従って履行されなければならない。

▶債務の本旨は，法律の規定や契約内容，慣習などから決定される。

債務不履行

▶債務不履行には，履行遅滞，履行不能，その他の債務不履行の三種がある。

▶債務不履行では，債権者は債務者の帰責事由の有無にかかわらず契約を解除できる。

▶債務不履行で，債権者が損害賠償を請求するには，債務者の帰責事由が必要である。

▶履行遅滞中に履行不能になった場合には，その不能が債務者の帰責事由によるものでなくても，債務者は責任を負う。

▶履行不能となるのは，取引社会の通念に照らして履行が意味を失ったと解される場合であればよい。

弁済の時期

▶履行期が一定の時期と明確に定められている，いわゆる確定期限付債務の場合は，期限の到来によって履行遅滞となる。

▶将来発生することが確実であるが，その時期が決まっていない不確定期限付債務の場合は，期限到来後に履行の請求を受けた時または債務者が期限の到来を知った時から履行遅滞となる。

▶当事者が履行期を定めなかった場合には，債権者から履行の請求を受けた時から履行遅滞となる。

債務不履行②
～どんな損害なら賠償請求できる？～

国総 ★★★　国般 ★★★　地上 ★★★　市役所 ★★

債務不履行の場合に契約上の義務（代金支払い義務など）から解放される手段として，解除ができることは前項で説明しました。

ただ，解除は自分の義務を免れるにすぎませんから，それだけでは債権者の保護としては十分ではありません。本項では，より積極的な救済策である**損害賠償**と**履行の強制**について説明します。

また，これに加えて，債権者が受け取りを拒んだ場合（**受領遅滞**）など，債務不履行の残された課題についても説明します。

 ## 損害賠償の要件

債務者が「債務の本旨に従った履行をしない」ときは，債務者は約束を果たしていないことになるわけです。ですから，それが自分のせいではないことを証明しない限り，その責任を負わなければなりません。

ここでいう責任というのは，債務者が約束を守らなかったことで債権者に損害が生じている場合には，それを償わなければならないということです。いわゆる**債務不履行による損害賠償責任**です。

ところで，債務者が「債務不履行になったのは自分のせいじゃない！」と主張できるということは，法的に表現すると「契約その他の債務の発生原因・取引上の社会通念に照らして債務者の帰責事由によるものではない」ことを証明するということです（415条1項ただし書き）。

何かややこしそうですが，内容を難しく考える必要はありません。債務者がその契約でどんな義務を負っていたのか，それを取引社会の常識に照らして判断すればいいということです。

 ### 債務不履行②の重要度

債務不履行のうち，本項で扱う損害賠償は比較的よく出題されます。内容的に難解なイメージを持ちやすいところですから，わかりやすさに重点を置いて説明しています。また，受領遅滞はまだ出題の可能性がありますから，気を抜かずにしっかりと理解するようにしてください。

 ### 債務の本旨

債務といっても，ただ単にお金や物を相手に渡せばいいという単純なものではありません。いつ，どこで，どのように渡すか，また何を渡すかなど，その内容について細かいルールが定められていることもあります。また，当事者で合意していなくても，**慣習**などでルール化されているものもあります。それらをきちんと満たすことが，**債務の本旨**(本来の目的)に従った履行ということになります。

 ### 取引上の社会通念

「商取引の経験もないのに，そんなのわからないよ」と思うかもしれませんが，それは思い過ごしです。毎日の買い物や通販で物を買ったりして，意外に経験は積んでいます。そこで培った考え方が，ここでいう「取引社会の常識」につながっているはずです。

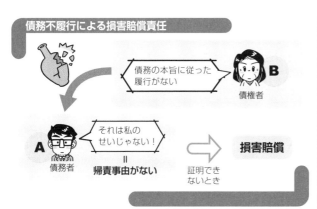

債務不履行による損害賠償責任

債務の本旨に従った履行がない

B 債権者

A 債務者

それは私のせいじゃない！ ＝ 帰責事由がない

証明できないとき

損害賠償

たとえば，高額の商品ならば，引渡しまでの間の盗難防止を厳重にするとか，紙製品を保管する場合なら湿度管理を徹底するなど，取引社会の常識といっても，通常は一般常識で判断できる場合が多いんです。ですから，常識的に判断すれば，たいていの場合，帰責事由の有無はわかります。

履行補助者を使う場合

　債務者が債務を履行するにあたって，他人の力を借りる場合があります。たとえば，通信販売で物を買う場合は，売主である販売会社の従業員が直接届けるというよりも，宅配便などの運送業者に履行（商品を届ける）を依頼するのが通常ですよね。この例の運送業者のように，他人の債務の履行を手助けする者を**履行補助者**といいます。

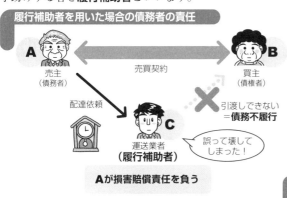

履行補助者を用いた場合の債務者の責任

A 売主（債務者）

売買契約

B 買主（債権者）

配達依頼

C 運送業者（**履行補助者**）

誤って壊してしまった！

引渡しできない＝**債務不履行**

Aが損害賠償責任を負う

帰責事由

帰責事由というのは「そちらの責任でしょ！」といえる理由や原因のことです。これもケースバイケースで判断せざるをえません。法は，少しでもわかりやすいようにと「契約その他の債務の発生原因及び取引上の社会通念に照らして債務者の責めに帰すること」ができる事由としています（415条1項ただし書き）。

故意・過失・信義則上同視すべき事由

平成29年（2017年）改正前の旧法下では，帰責事由とは「故意・過失または信義則上それと同視すべき事由」とされていました。それと比べると，表現は変わっていますが，実質については特に変わっていません。結局は，債務者が契約でどんな義務を負っていたのかを基準に判断することになります。

履行補助者

債務の履行を補助する者としては，運送業者のほかに，工務店が請け負った建築工事における内装や電気工事などの下請け業者，債務者が雇っている従業員などがあります。

では，運送業者が配達の際に誤って商品を落として壊してしまったとか，営業所にインフルエンザが蔓延してドライバーを確保できず，約束の納品日までに納品できなかったなどという場合はどうなるでしょう。

これも結局は，「債務者が契約でどんな義務を負っていたのか」という契約の解釈の問題になります。

運送業者を使うことが禁じられている場合には，運送業者を使うこと自体が債務不履行になりますし，そうでない場合には，運送業者の選定に問題がなかったかなどが帰責事由の判断材料になります。

ただ，一般的にいえば，運送業者は売主が選定するものですから，運送中のトラブルが原因で債務不履行が生じたという場合には，売主（債務者）がその責任を負うとするのが合理的な解決策といえます。

債務不履行によって生じた損害とは

債務者に帰責事由がある場合，債権者に損害があれば，債権者はその賠償を債務者に請求できます。ただし，その賠償は，債務不履行を原因として，その結果として生じた損害に限られます。これは当然のことで，債務不履行が原因でなければ，たとえ債権者に損害が生じていたとしても，それを賠償する義務は債務者にはありません。

ただ，当然のことといいましたが，その範囲の確定がちょっと厄介なんです。下の図を見てください。

債務不履行によって生じた損害（通常損害）

図の例は，Bが工務店Aに建物の建築を依頼して，Bが約束の引渡し予定日に引越しするつもりでいたところ，Aの資材発注のミスで工事が2か月遅れたため，引越しまでの間の

運送業者の利用

債務者は，運送業者を使用することで自己の活動領域を広げて利益を得ているのですから，その者の行為についても責任を負うのが妥当です。

それに，配達してもらうほうの買主は，運送業者とは直接の契約関係はありませんから，債務不履行による損害賠償責任を問うこともできません。やはり，そのリスクは配達を依頼した売主が負担するのが合理的なのです。

運送中のトラブルの後始末

運送中に運送業者の故意・過失によって商品が届けられなかった場合には，売主は別の運送業者を使うなどによって再度商品を届ける必要があります。その場合，売主は最初に依頼した運送業者に運送契約上の債務不履行責任を追及することができます。

原因と結果との結びつき

賠償責任は，債務不履行を原因としてその結果として生じた損害に限られます。この結びつきを**因果関係**と呼んでいます。

2か月間の家賃が余分にかかったというものです。

　Aがきちんと約束を守ってくれていれば，余分にかかった家賃は払わなくて済んだわけですから，これは債務不履行によって生じた損害といえます。ただ，近隣で空いている住居が古い家屋だけしかなく，やむを得ずそこで仮住まいの期間を過ごしたら，住居のカビが原因の気管支の病気にかかり，病院での治療費がかかったなどという場合はどうでしょう。

　つまり，一つの債務不履行がいろんなものに波及して，場合によっては損害の拡大を招くこともあります。その場合，その責任をすべて債務者に負わせてよいかが問題になります。

　やはりそこには「債務者が負うべき損害の範囲はここまでですよ」という限度があるはずです。そこで法は，**損害賠償の範囲は，基本的に債務不履行から通常生じる範囲の損害に限られる**としています（416条1項）。これを**通常損害**といいます。

　上記の例でいえば，余分にかかった家賃は損害として請求できますが，病気の治療費まで「通常生じる範囲の損害」というのはちょっと困難でしょう。つまり，治療費の請求まではムリだと思われます。

　では，注文者（それも不動産業者ではなく一般の人）が，自分が住むためではなく，転売目的で建築を発注したとしましょう。ところが，引渡しが遅れたために転売する予定の相手Cから解約され，転売によって得られたはずの利益を失ったという場合はどうなんでしょう。

　一般の人が，転売目的で建築の依頼をすることは，通常は考えにくいですよね。そうなると，これを「通常生じる範囲

債務不履行によって生じた損害（特別損害）

建築依頼　　引渡し予定日　　転売予定日

え？遅れる？転売するつもりだったのに困るよ！

実際の引渡し日

すみません遅れます…

引渡しが遅れるならいらないです！

建物建築・引渡し

A　工務店

請負代金3,000万円

B　注文者

4,000万円で転売予定

C　購入者

Bは購入予定者Cから解約された

通常損害

債務不履行から通常発生することが予想される損害のことです。「通常発生する損害」かどうかは，社会の一般常識で判断されます。本文の例でいえば，引渡しが遅れれば，その間の仮住まいの家賃がかかることは当然に予想されることですが，仮住まいが古い家で，その家のカビで病気になったというのは，「え？そんなことってあるんだ」という感じでしょう？　前者は通常損害に含まれますが，後者はそれには含まれません。

特別損害

債務不履行から発生した損害のうち，通常損害以外の損害のことをいいます。
これも，社会の一般常識で判断せざるをえません。一つの考え方としては，「え？そんなことがあるんだ」といえるような損害が特別損害だと思うとわかりやすいでしょう。
ただ，特別損害であっても，当事者が予見すべきであった損害については損害賠償が認められますから，債務者に**予見義務**があったもの（だから，それについて「賠償責任を負わせられてもしかたがないと債務者が納得せざるをえないようなもの」）が特別損害と考えることができます。

の損害」とするのは，ちょっと無理があると思います。このように，通常損害の範囲に含まれない損害を**特別損害**といいます。

では，このような損害についても，債務者は賠償の責任を負うべきでしょうか。

債権者Bとしては，債務者の失態によって，得られたはずの利益が得られなかったわけですから，やはり賠償請求したいと思うでしょう。

これ，どうやって考えたらいいと思います？

契約において期日（引渡し日）が定められている場合，債務者はきちんとその期日を守る義務があります。ただ，それを守れなかったら，どんな損害でも責任を取らされるというのもあんまりです。

そうなると，その**損害の発生を避けるチャンスがきちんと与えられていたかどうか**が重要になってきます。そこで法は，「当事者がその事情を予見すべきであった」ときは特別損害についても賠償責任を負うと定めています（416条2項）。それで「損害の発生を避けるチャンスがきちんと与えられていた」というのは，「転売が予定されている」ということと，「期日を守らないと転売契約が解約になる」ということですが，それらが最初からわかっていれば，いろいろ選択肢があったはずです。

・そんなリスキーな契約なら断る
・資材と人員を優先的に回すから，その分は請負代金の上積みを求める
・可能な限りの免責条項を契約の中に盛り込む

などなど……。

そして，それを承知のうえで契約して，それでも債務不履行になったというのであれば，特別損害を「払わされるのもしょうがないかな」と納得するでしょう。ですから，条文の「当事者がその事情を予見すべきであった」とは，契約の趣旨からして，債務者に予見すべき義務があったといえる場合のことをいいます。

ということになると，引渡し予定日の直前になって，突然「実は転売を予定しているんだ」などと言われても，債務者としては「損害の発生を避けるチャンスがきちんと与えられていた」とはいえませんから，特別損害の請求はできないことになります。

当事者

賠償責任を負わされる立場の債務者のことです。損害の発生を避けるチャンスがあるのは，債務者のほうですから，当事者とは「両当事者」のことではなく，債務者のことをいいます。

予見

損害が発生するような事態が起こる前に，そのことを見通して知ることです。

免責

責任を問われるのを免れることですが，この場合は債務者が債務を免れることをいいます。**免責条項**は，契約書の中の「こういった場合は責任を取りませんよ」という項目のことをいいます。

特別損害に含めることができる場合とは

特別損害，つまり通常予想される損害の範囲を超えるものについて債務者が責任を負うのは，債務者がその発生を避けることができた場合ですから，基本的には，**契約時**に「債務不履行があればその損害が発生するであろう」ことがわかっていたような場合がこれに当たります。また，契約後であっても，債務不履行を回避してその損害の発生を避けることができたと思われるような時期であれば，特別損害の賠償義務を認めてかまわないでしょう。

損害額が変動する場合はどの時点が基準になる？

今度はちょっと応用です。ただ，考え方は同じですから，復習のつもりで読んでみてください。

まずは下の図です。

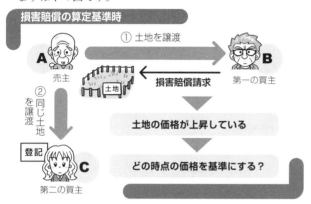

損害賠償の算定基準時

① 土地を譲渡

A 売主 → B 第一の買主

損害賠償請求

② 同じ土地を譲渡

登記 C 第二の買主

土地の価格が上昇している

どの時点の価格を基準にする？

図は不動産の二重譲渡の例です。

不動産の二重譲渡の場合には，譲受人BとCのうち，先に登記したほうが優先します。

それで，図の場合，第二の譲受人Cが先に登記を備えていますから，Cが確定的に所有権を取得します。ということは，その時点でAB間の土地の譲渡契約は履行不能になっているわけです。

そして，Aは先にBと契約しているので，「Cと二重に契約してCに登記を移す」ということになると，この履行不能はAに責任がある，つまりAの帰責事由に基づく履行不能ということになります。そうなると，BはAに損害賠償の請求ができます。

問題は，不動産の価格が上昇していて，売主Aがそのことを「予見すべきであった」とされる事情がある場合，どの時点の不動産価格が損害額になるかという点です。

まず，**不動産価格の上昇**は，その時々の経済情勢の影響を受けるという意味で，債務不履行から通常生じる範囲の損害ではありませんから**特別損害になります**。そして，売主Aが，不動産価格が上昇していることを知っている，つまり買主Bが不動産の上昇による価値を得られるであろうことを知ってなお，第二の買主Cに登記を移し，AB間の譲渡契約を

譲受人

「ゆずりうけにん」と読みます。権利や財産を譲渡される側のことです。
ちなみに譲渡する側（図のA）は譲渡人（ゆずりわたしにん）といいます。

不動産の二重譲渡

「民法Ⅰ」のp.163の「発展 物の所有権の移転時期」のところに，二重譲渡について説明しています。

履行不能における損害賠償算定の基準時

原則は，あくまでも履行不能時の時価が損害額です（最判昭37・11・16）。

履行不能にしたという事情があれば，**上昇した価格での損害賠償を請求できる**ことになります。

では，それは，具体的にどの時点でしょうか。

不動産価格が一本調子で上昇しているような場合には，Bが損害賠償の裁判を起こして，それが実質的に終了した時点，つまり訴えたほう（原告＝B）と訴えられたほう（被告＝A）の主張と反論が終了した時点（あとは判決を待つばかりという時点）の価格が賠償価格になります。Bはその時点の不動産の価値を得られたはずだからです（最判昭47・4・20）。

これに対して，不動産の上昇がある時点から下落に転じた場合，Bは中間最高価格の賠償を請求できるでしょうか。

中間最高価格

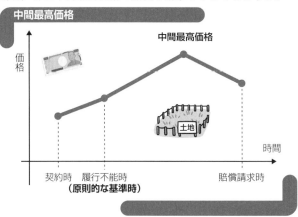

中間最高価格

価格

時間

契約時　履行不能時　　　　　　　　賠償請求時
（原則的な基準時）

答えはそう難しくありません。

中間最高価格での賠償をBが請求できるのは，Bが中間最高価格で転売するようなことをAが予測できた場合に限られます。ですから，たとえば中間最高価格を6月1日に記録したとしましょう。そして，Bがその日に第三者Dに「その時点の時価で」転売する契約をDと結んでいることをAがあらかじめ知っていた，そして，たまたまその日が中間最高価格を記録した日だったなどという，かなり特殊な事情でもない限り，Bは中間最高価格での賠償請求はできないことになります。

ただ，Aがそんな事情を知っていれば，Aの履行不能がなければBはそれだけの利益を得られたはずですから，その後に不動産価格が下落に転じても，それは賠償額の引き下げの理由にはなりません。それはわかりますよね。

以上が，損害賠償についての説明です。

 損害の事実の主張と反論が終了した時点

事実審（≒地方裁判所での審理）**の口頭弁論終了時**といいます。本当は，判決の時点で「これこれの損害が出ているので，その時点の額を賠償しなさい」と裁判所が判断するのが一番合理的なのですが，裁判所としては，判決日には判決（賠償額）を確定させておかなければなりません（そうでないと判決の言い渡しができません）。ですから，それに一番近い日で，当事者の主張・反論が終了した時点を基準にしているわけです。

損害賠償をする債務者が納得できること

損害賠償については，判例も多く，内容的にも複雑なので難解なイメージがあります。ただし，基準はあくまで「債務者がその額の賠償ならやむを得ない」と納得できることです。そして，納得できるといえるためには，それが事前にわかっていなければなりません。なぜなら「それだけの額の賠償が必要になるかもしれない。それならなんとかして履行不能になることを避けよう」という行動をとれるからです。その行動をとれるにもかかわらず，あえて履行不能にしてしまったならば，その額の賠償を請求されてもしかたがないと思うでしょう。それがこの部分を考える際のカギになります。

履行の強制…債務者が履行しない場合に備える

債務者が債務を自発的に履行してくれない場合には，強制履行の方法をとるべきことになります。

その方法については，**民事執行法**という法律で規定されています。そのため，民法では強制履行についてはほとんど出題されないのですが，たまに「どんな強制の方法がとれるか」といった問題が出題されることがあります。そこで，この点について簡単にまとめておきます。

強制の方法としては，**直接強制**，**代替執行**，**間接強制**などの方法があります（414条1項本文）。

① 直接強制…与える債務の強制履行

動産（例：売買目的物である絵画）を引き渡す，不動産を明け渡す，お金を支払うなどの給付を内容とする債務を**与える債務**といいます。この与える債務の不履行の場合に直接に債権の内容を実現することができる強制履行の手段が**直接強制**です。

方法は，執行機関（執行官）が実力で目的物を取り上げて債権者に渡す，家屋の明渡しなら住人の家財道具などを搬出して中を空っぽにして家主に引き渡す，金銭債権なら，銀行預金を差し押さえたり，債務者の財産を差し押さえて競売で現金に換えて債権者に引き渡します。

② 代替執行…なす債務の強制履行

建物を取り壊す債務のように，債務者が一定の行為をする義務（**なす債務**）があるのに，**それを履行しない場合に債務者の代わりに第三者に債務の内容を実現させることができる強制履行の手段**が**代替執行**です。

他人が代わって行うことができる債務（**代替的債務**）であることが必要です。たとえば，建物の取り壊しの場合ならば，専門の解体業者に依頼して代わりに行わせ，その費用を債務者から徴収することになります。

③ 間接強制…日々増えるペナルティの圧力

たとえば，静かな生活を確保するために，隣人に「夜10時以降は楽器の練習をしない」などの債務が課されている場合

民事執行法
強制執行，競売や，債務者の財産開示に関する手続きについての法律です。

強制履行の出題
市役所の試験で時折出題されます。それ以外ではほとんど出題はありません。

執行官
強制執行等を担当する裁判所の職員（公務員）です。各地の地方裁判所の中に執行官室があります。そこで強制執行の手続きをします。

不動産の明渡し
賃貸借契約が終了しても，賃借人が賃借家屋を明け渡さないなどがその例です。

強制執行になじまない債務
たとえば，夫婦の同居義務（752条）のように，本人の意思を尊重することが必要な債務については，強制執行は認められません（414条1項ただし書き）。

強制履行と強制執行と直接強制って違うの？
強制履行は債務不履行がある場合に強制的に履行させることをいいます。これを訴訟法上の用語でいうと**強制執行**になります。**直接強制**は強制履行の一手段で，その内容は本文に説明したとおりです。

に，それを強制する方法です。

間接強制では，「1日の不履行につき3,000円を払え」などといった方法がとられます。不履行の回数が多くなると，どんどん金額が増えていきますから，かなりの心理的な圧迫になります。そうやって履行を強制するわけです。

受領遅滞…債権者が受領しなかったらどうなる？

最後に，債務不履行に関連するその他の問題の中で，試験で時々問題にされる**受領遅滞**（じゅりょうちたい）について説明しておきます。

これは，簡単に言えば，**債務者は約束どおりに履行したのに，債権者が正当な理由なく受け取らなかった場合**です。

受領遅滞

債務の本旨に従った履行

A 売主（債務者）
B 買主（債権者）

持ち帰り

ご注文の品物を持参しました

置く場所がないから受け取れません

債権者が受け取ってくれれば，債権はそれで目的を果たして消滅します。ということは，債務者は債務を負ってないという身軽な状態になるわけです。

それなのに，債権者が自分の都合で受け取らなかった場合，債務は依然として残ったままですから，当然のことに債務者の負担が増えることになります。

この場合の債務者の不利益を，どのように救済すればいいのでしょうか。まずは債務者の不利益を列挙してみましょう。

【受領遅滞の場合の債務者の負担】

①もう一度持っていくのに費用がかかる…増加費用の負担
②その間目的物を保管しなければならない
③地震で壊れるなどのリスクの発生…危険負担

まず，もう一度持っていくのに費用がかかる点（これには保管の費用も含まれます）については，その**費用は債権者が負担すべきものとされています**（413条2項）。債務者として

受領遅滞

履行遅滞と言葉は似ていますが，**履行遅滞**は債務者が遅滞すること，**受領遅滞**は債権者が遅滞することで，主体が違います。間違えやすいので注意してください。

413条（受領遅滞）

1　債権者が債務の履行を受けることを拒み，又は受けることができない場合において，その債務の目的が特定物の引渡しであるときは，債務者は，履行の提供をした時からその引渡しをするまで，自己の財産に対するのと同一の注意をもって，その物を保存すれば足りる。

2　債権者が債務の履行を受けることを拒み，又は受けることができないことによって，その履行の費用が増加したときは，その増加額は，債権者の負担とする。

は債務が残っているので，もう一度持っていくのはしかたがありません。ただ，その費用は債権者に請求できます。

次に，債権者が受け取ってくれるまで，債務者は保管に神経を使うことになりますが，これも「大切に」から「自己の財産に対するのと同一の注意をもって保存すれば足りる」として，**注意義務の軽減が図られています**（413条1項，特定物の引渡しを目的とする場合）。

最後に，地震で壊れるなどのリスクの発生の点ですが，この場合は，前項の「後発的不能②—履行不能になった原因が債権者側にある」場合と同様に扱われ，債務者は履行しなくてよくなる一方，債権者は反対給付である契約の代金（例：売買代金）を払わなければなりません（413条の2第2項，536条2項本文，567条2項）。

受領遅滞は，債務者の負担を無用に増加させるものですから，受領しなかった債権者に一定の不利益がかかることはやむを得ないでしょう。

債権者に受領義務はある？

ところで，契約において，そもそも債権者に**受領義務**はあるのかという問題があります。

これは「受領は権利であって義務じゃないんじゃないの？」という疑問から出てきた問題点です。

それで，どんなトラブルが出てくるかというと，もし受領が義務であれば，その義務を果たさなかった場合は「義務の不履行になるから損害賠償の問題が出てくるんじゃないの？」ということなんです。

そこで考えてみると，ライブのチケットやバスの乗車券のようなものは，債権（音楽を聴く権利，バスに乗る権利）とはいっても，それを受領するか，つまり使うか使わないかは債権者の自由ですよね。場合によっては「ちょっと仕事が入ったのでライブに行けない」ということもあるでしょう。こんな場合に，ライブの主催者の側が「ライブに来ないのは受領遅滞に当たる！観客が少なくてアーティストの評判が下がったから，損害賠償しろ！」というのも，ちょっと常識にそぐわない感じがします。

一方，「価格の変動が激しい商品（原料）を，一定期間安

 後発的不能

契約後に債務の履行ができなくなったものをいいます。履行不能の原因（帰責事由）が①債務者側にある，②債権者側にある，③双方にない，の三パターンに分けられます。
⇒p.37

 受領義務

債権者に受領義務があるかどうかは，一つの問題です。契約において当事者が義務を果たさない場合，その当事者は債務不履行となりますから，仮に受領の義務があるとすれば，契約の解除が可能ですし，帰責事由があれば損害賠償の請求ができます。

この点について，以前は，受領義務があるとする説とないとする説の，どちらも一刀両断的な見解が対立していました。しかし，現在では，受領義務があるかどうかは契約内容によってケースバイケースで判断するとする考え方が支配的です。そして，たとえば，野菜の安定供給のために，1年間は定額で買い取るという契約を結んだところ，豊作続きで野菜価格が暴落し，買主が受領を拒否したなどという場合には，買主には受領義務があると認められます。ですから，売主は契約を解除してほかに時価等で転売し（そうでないと野菜が傷んでしまいます），買主に対して契約との差額分の損害賠償を請求できるということになります。

定した価格で購入する契約を結んだ」のに，契約の直後に価格が暴落したので債権者（買主）が受け取ろうとしないという場合には，やはり約束した以上は受け取る義務があるんじゃないかということになります。

　そうなると，**受領義務があるかどうかは，やはりそれぞれの契約の性質や内容で判断せざるをえません**。契約だからといって，それを一まとめにして受領義務があるかどうかを判断するのは無理があるということです。

　この「債権者に受領義務があるのか」という問題については，平成29年（2017年）の法改正以前には，受領遅滞の効果として「遅滞の責任を負う」とされていたこと（旧413条），その規定が債務不履行の部分に設けられていたことなどから，そこにいう「遅滞の責任」とは債務不履行責任のことだいう考え方が主張されて議論になりました。

　ただ，受領義務があるかどうかは契約の内容等によって判断すべきだとする現在の支配的な考え方に基づいて，現行法は「遅滞の責任」という言葉を使わずに，受領遅滞の効果を個別に列挙する方法に切り替えています。

　知識の整理を兼ねて，改正法の受領遅滞の効果を表にまとめておきます。

不特定物の場合

不特定物とは，ビールのように，同じ商品をほかから調達できるものです。**種類物**ともいいます。

ただ，不特定物であっても，たとえば持参債務（債務者のもとに届ける債務）なら，持って行って受け取れる状態にした場合には特定が生じ（401条2項），特定と同じ扱いになります。ですから，受領がない場合は特定物債権の場合と同様に考えてもらえればOKです。

受領遅滞の効果

受領がない場合に一般的に認められる効果	・債務者の保存義務の軽減（413条1項） →特定物の場合…善管注意義務から自己物と同一の注意義務に軽減 →不特定物（種類物）の場合…弁済の提供によって特定するので，特定物と同じ扱いになる ・増加費用の債権者負担（413条2項） →たとえば持参債務で，商品をもう一度持っていく費用などの費用の増加分については債権者の負担となる ・危険の債権者移転（413条の2第2項、536条2項） →受領遅滞後に当事者双方の責めに帰すことができない事由で履行が不能となった場合には，債権者は代金の支払いなどの反対給付を免れない
受領遅滞が債務不履行に当たる場合に認められる効果	・債権者に受領義務が認められる場合には，受領遅滞は債務不履行となる →債務者は契約を解除できる →受領遅滞が債権者の責めに帰すべき事由に基づく場合には，損害賠償を請求できる

問題演習で知識を整理しておきましょう。

413条の2第2項
（受領遅滞中の履行不能）

2　債権者が債務の履行を受けることを拒み，又は受けることができない場合において，履行の提供があった時以後に当事者双方の責めに帰することができない事由によってその債務の履行が不能となったときは，その履行の不能は，債権者の責めに帰すべき事由によるものとみなす。

持参債務

債務者が債権者のところに目的物を持参して履行しなくてはいけないタイプの債務のことです。
⇒p.28

例題 4

債務不履行に基づく損害賠償に関する次の記述のうち，妥当なものはどれか。

(予想問題)

1 債務不履行に基づく損害賠償を請求するには，債権者は債務不履行の事実があったことを立証すればよく，帰責事由がないことについての立証責任は債務者が負う。

2 債務不履行によって通常生ずべき損害については，当事者がその事情を予見しまたは予見することができたことを要件に，債権者はその損害の賠償を請求できる。

3 特別の事情によって生じた損害については，当事者がその事情を予見することができたときに限り，債権者はその賠償を請求することができる。

4 特別の事情によって生じた損害については，債権者がその事情を予見していれば，債務者に予見できる事情がなかったとしても，債権者はその賠償を請求することができる。

5 不動産の売買において，債務者の帰責事由によって履行不能となった場合で，不動産価格が変動しているときは，債権者は債務者の予見の有無にかかわらず，中間最高価格での賠償を請求できる。

第1章 債権総論

本問のポイント！

1．妥当な記述です。本来，**立証責任**は，「立証することで利益を得る側が果たすべきもの」とされています。不利になる側に「あなたに不利になるように頑張って立証しなさい」というのは不合理だからです。

ただ，これを債務不履行の損害賠償請求に当てはめてみると，利益を得る（損害を賠償してもらう）ほうは債権者ですから，債権者に立証責任があることになります。ところが，立証は一般に困難を伴う場合が多いので，それを債権者に負わせるというのは酷です。なぜなら，債務は，約束どおりに履行されるのが当然ですから，それが履行されなかった場合に，さらに立証の負担を強いるのは不当な負担を課すことになるからです。

そのため，債権者が債務不履行があったことを立証すれば（この立証はそれほど難しくありません），「それが債務者の帰責事由に基づくものであること」まで立証する必要はありません。債務者が損害賠償を免れたいのであれば，債務者の側が，**債務者に責任がなかった（帰責事由がなかった）**ことを立証しなければならないとされています。

立証責任

訴訟では，「立証責任ある所に敗訴あり」といわれるほど，立証は困難を伴う場合が多いのです。たとえば，過失がなかったという場合に，それを証明しなさいと言われると，そもそもどうやって証明したらいいのか，それだけで頭を抱えてしまいます。ですから，債務不履行の場合に債権者の側に立証責任を課すことになると，実際に損害が出ているのに，賠償請求が困難になるという不当な結果が生じます。本文でも説明したように，債務は履行されるのが当然ですから，損害賠償についても，立証の負担は債権者ではなく債務者側に負わせるのが妥当です。

2．いわゆる**通常損害**については予見は不要です（416条1項・2項対照）。通常損害というのは，債務不履行があれば通常生じるはずの損害ですから，予見の有無を問題にするまでもなく，当然に賠償の責任を負うことになります。

予見が関係してくるのは**特別損害**の場合ですが，その場合の要件は「予見しまたは予見することができた」ではなく，「予見すべきであったとき」です（同2項）。

3．「予見することができたとき」ではなく，「予見すべきであったとき」というのが正しい記述です（416条2項）。

4．債務者に予見できる事情がなかった場合には，特別損害についての賠償請求はできません（416条2項）。

5．**中間最高価格**での賠償を請求するには，その価格の利益を債権者が得られたであろうことを予見すべきであったことが要件です（大連判大15・5・22参照）。

よって，本問の正答は**1**です。

正答　　1

法改正のポイント！

「予見することができたとき」というのは旧法のときの要件ですが，契約のずっと後から事情を説明されて「ちゃんと説明したから予見できたでしょ？」と言われても困ります。そんな事情は，債務者が債務不履行を回避できるだけの時間的な余裕をもって説明する必要があります。そこで平成29年（2017年）の改正法では，この文言を「予見すべきであったとき」に変更しています。

例題5

受領遅滞に関する次の記述のうち，妥当なものはどれか。

（予想問題）

1 債権者が受領しなかった場合，債務者の履行義務は消滅する。

2 債務者の注意義務は，自己物と同一の注意義務に軽減される。

3 再度の履行のための増加費用は，債権者がその半分を負担する。

4 債権者に受領義務がなくても，債務者は債権者に損害賠償を請求できる。

5 受領遅滞後に，当事者双方に帰責事由がなく目的物が滅失した場合は，債権者の代金支払い義務は消滅する。

本問のポイント！

1．受領遅滞があっても，債務者の履行義務は消滅しません。

2．妥当な記述です（413条1項）。

3．増加費用は債権者がすべて負担しなくてはいけません（413条2項）。

4．受領遅滞が債権者の帰責事由に基づく債務不履行とならなければ，損害賠償の請求はできません。

5．債権者の代金支払い義務は消滅しません（413条の2第2項，536条2項）。

本問の正答は**2**です。

正答　　2

受領遅滞における債務者からの賠償請求

損害賠償請求は帰責事由がある場合の債務不履行の効果として認められているものですから，受領遅滞がそのようなものでない限り，損害賠償の請求はできません。

「1-3 債務不履行②」のまとめ

損害賠償

▶債務不履行に基づく損害賠償を請求するには，損害と債務不履行との間に因果関係が必要である。

▶債務不履行に基づく損害賠償を請求するには，債務者に帰責事由のあることが必要である。

▶債務不履行に基づく損害賠償の請求において，債権者は債務不履行があったことを立証すればよく，帰責事由の有無の点については債務者が立証責任を負う。

▶債権者は，債務不履行から通常生じる損害の賠償を請求できる。

▶通常損害以外の損害を特別損害という。

▶特別の事情によって生じたいわゆる特別損害であっても，当事者がその事情を予見すべきであったときは，債権者はその賠償を請求することができる。

履行の強制

▶履行の強制には，直接強制，代替執行，間接強制の三種がある。

▶直接強制とは，国家機関が，その権力をもって強制的に債権の内容を実現させることをいう。

▶代替執行とは，債務者の費用で，債権者または第三者に，債務者に代わって債権内容を実現する強制手段である。

▶間接強制とは，損害賠償を命じるなどの手段を用いて債務者に心理的圧迫を加え，それによって債務内容を実現する強制手段である。

受領遅滞

▶受領遅滞の一般的効果としては，債務者の保存義務の軽減，増加費用の債権者負担，危険の債権者移転などがある。

債権者代位権
～財産の確保を怠っていると代わりに確保されちゃうよ～

債権者代位権の頻出度

債権者代位権は，理論的にやや難解な部分ですので，試験の難易度が高い職種で多く出題される傾向があります。債権の性質を把握するうえで重要な部分ですので，しっかりと理解するようにしましょう。

前項までで，どんなときに債務不履行になるのかについて説明しました。では，債務者が履行してくれない場合に，債権者はどうすればいいのでしょうか。

これが質権や抵当権といった担保物権の場合なら，競売を申し立て，その代価から優先弁済を受けることができます。でも，債権にはそんな効力はありません。**債権とは，相手に一定の行為（債務の履行）を請求する権利**ですから，あくまでも「相手の行動に対する信頼」の上に成り立っている権利なのです。ただ，そうはいっても，不履行の場合に何もできないというのでは「不履行をした者勝ち」になるので，なんの対策も講じなければ不履行を助長することにもつながりかねません。そこで，法は，「ただ相手の履行を待つ」という債権の本質から一歩踏み出して，**例外的に「債権者が債務者の財産保全のために動く」**ことを認めました。本項と次項で，その方法について説明します。

強制執行は万能ではない

弁済は法的な義務で，本来なら債務者が自発的に行うべきものですが，債務者がそれを怠っている場合，その義務を強制的に履行させるために**強制執行**による債務内容の実現という手段があります。

ただ，この強制執行というのは，たとえていえば，国が強制的に債務者の財布を預かって，その中からお金を借りている人に，債務者に代わってお金を支払うというような仕組みなんです。

ということは，そもそも債務者の財布の中にお金が入っていなかったら，支払いはできません。そうなると，結局「ないものは払えない」ということで強制執行は失敗に終わってしまいます。

その場合，債権者の対策としては，債務者の財布にお金が

履行

契約に定められた義務を実行することです。
商品の売買契約の場合なら，その商品の引渡しや（売主），代金の支払い（買主）が履行に当たります。

強制執行

債務不履行の債務者に対して，裁判所などの公的機関を通して強制的に取り立てる手続きのことです。
詳しくは「民法Ⅰ」の「1-13 時効②」を参照してください。

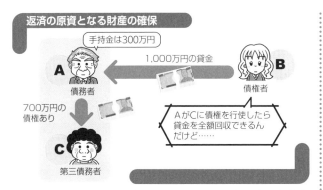

返済の原資となる財産の確保

手持金は300万円

1,000万円の貸金

A　債務者

B　債権者

700万円の
債権あり

AがCに債権を行使したら
貸金を全額回収できるん
だけど……

C　第三債務者

左の図の説明

債権者Bが現時点で債務者
Aに対して強制執行を行っ
ても回収可能なのは債務者
Aの手持ちの300万円だけ
です。しかしAは第三者C
に対して700万円の債権を
持っていますから、AがC
に対して債権を行使して、
Cが弁済してくれれば、両
方を足して1,000万円にな
るので、これでBは貸金を
回収できるようになるわけ
です。

入ったと思われる時期をうかがいながら、もう一度強制執行
の申立てを行うか（それでもダメなら何回も粘り強く繰り返
す）、それが面倒だったり、手続きに疲れてきたなら、もう
あきらめるしか方法がありません。

　でも、そうやって何もしないでいると、今度は債権自体が
消滅時効にかかってしまいます。

　つまり、強制執行は、債権の回収の方法として、必ずしも
万能とはいえないんです。

　ですから、債権者の対策としては「債務者に財産があると
き」に強制執行をするという方法を考えるのが得策だといえ
ます。

　ただし、他人のフトコロ具合、つまり債務者の財産状態を
調べるのは容易ではありません。それでも、①第三者に対し
て債権を持っているとか、②意図的に財産隠しをしたという

第三債務者

簡単にいうと、債務者の債
務者のことです。債務者が
別の人（第三者）に有してい
る債権のその債務者のこと
をいいます。

消滅時効

権利を行使しない（例：貸
金の請求をしない）という
状態が一定期間続いた場合
に、権利の消滅を認めるも
のです。
詳しくは「民法Ⅰ」の「1-12
時効①」を参照してくださ
い。

責任財産保全の制度

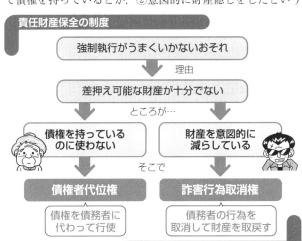

強制執行がうまくいかないおそれ

↓　理由

差押え可能な財産が十分でない

ところが…

債権を持っている
のに使わない

財産を意図的に
減らしている

そこで

債権者代位権

債権を債務者に
代わって行使

詐害行為取消権

債務者の行為を
取消して財産を取戻す

差押え

債務者が滞納している借金
や税金などを回収するため
に、財産の処分を禁じた
り、財産を強制的に押収し
たりすることをいいます。

ことがわかれば，法が対処方法を用意してくれています。その対処方法というのが，**債権者代位権**（①への対策）と次項で扱う**詐害行為取消権**（②への対策）です。

まず本項では，債権者代位権について説明します。

債権を持っているのに使わないのはなぜ？

債務者がほかの人に債権を持っている場合，それを回収すれば，確かに弁済の原資となる財産は増えます。ただ，それでも債務者自身の借入れの額が多すぎて，全額返済のめどが立たないという場合はどうでしょう。

あちこち金策に走り回ったものの，結局はどうにもならず，疲れ果ててしまったなどという場合，債務者は次第に返済の意欲を失っていきます。

つまり「貸金を回収したところで，すぐに債権者に持っていかれるだけだし……」とか「取り立てるのもけっこう大変だから，もうこんなキツイ思いをしたくないな……」「なんとなくもうどうにでもなれという気分……」などというふうになってしまって，持っている債権を行使しない人がいるんです。

一般には，債務者に債権を行使する意欲がないというのは，債務超過の状態に陥っている場合に起こりやすく，会社ならば経営が行き詰まっている，そして個人ならば生活が破綻しかかっている状態といえます。

債権者平等の原則
ほかにも債権者がいたらどうなる？

このように，返済のめどが立たないというのは，特に債権者が複数いる，それも無担保であちこちからお金を借りているなどという場合に目立ちます。

債権者が**抵当権**などの担保を持っている場合は，他の債権者に優先して弁済が受けられます。しかし，無担保債権者もしくは一般債権者といわれる「担保を持っていない債権者」の場合は，そのような優先権がないので，みんな平等の扱いになります（**債権者平等の原則**）。

そして，ここで平等とは，**強制競売（強制執行）**の場合

債権者代位権

債務者が弁済に充てるための財産（**責任財産**）を確保できるにもかかわらず，その努力（**責任財産の保全**）を怠っている場合に，債務者に代わってその権利行使を債権者に認めようというものです。

詐害行為取消権

債務者の「不当に財産を減少させている」ような行為を取り消して，弁済に充てるための財産を確保（保全）する権利のことです。
詳しくは次項で説明します。

債務超過

借金の総額が資産の総額より大きくなって，資産をすべて売却しても借金を返済できない状態のことです。

担保

債権の履行を確実にするための手段です。頻繁に用いられている担保として「保証人を立てる」「抵当権を設定する」などがあります。

抵当権

登記が可能なものについてその目的となる権利を利用しながら担保として融資を受けられる仕組みです。
わかりやすくいえば，家と土地を担保に融資するけど，住宅ローンの支払いができなくなったときには，家と土地を銀行が競売にかけますよと契約する権利です。詳しくは「民法Ⅰ」の「3-4，3-5，3-6」を参照してください。

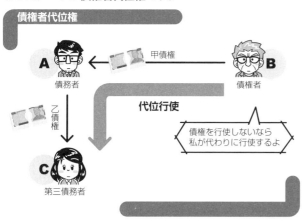

債権者平等の原則

1,000万円の債権

A
債務者

B
債権者

**実際に弁済を
受けられる額**

500万円

資産
800万円

800万円を
5：3で分配

600万円の
債権

C
債権者

300万円

競売

債権を回収するために，裁判所に申し立てて売却してもらう手続き（裁判所によるオークション）のことです。
民法ではこれを「けいばい」と呼びます。

案分比例

あるものを定められた比率に分けることで比例配分ともいいます。
ちなみに「案分」は「按分」という字を使うこともありますが，意味は同じです。

には，それぞれの債権額に応じた**案分比例**の割合でしか弁済を受けられないという意味です。そのため，債権者は，強制執行の手続きが始まる前になんとか少しでも多くの弁済を受けようとして，債務者のもとに押しかける事態が起こり，それでさらに債務者が疲れ果てて弁済の意欲を失うといった悪循環が起こるわけです。

ただ，債権は，本来は誠実に弁済されるべきものですから，**債務者が意欲を失って債権回収を怠っているような場合**には，誰かがこれを回収するのが望ましいんです。そこで，法は，**債権者が債務者に代わってこれを行使することを認め**ました。これが**債権者代位権**です。

5：3で分配

左上の図を説明すると，債権者Bは1,000万円，債権者Cは600万円の債権を持っていますが，実際に回収できるのは債務者Aの資産800万円だけですから，債権の割合に応じてこの800万円を分配することになるわけです。
ちなみに，BとCの債権の比率は「1000：600」ですね。これをそれぞれ10で割ると「10：6」，さらにそれぞれを2で割ると「5：3」となるわけです。

債権者代位権

A
債務者

甲債権

B
債権者

代位行使

乙債権

債権を行使しないなら
私が代わりに行使するよ

C
第三債務者

甲乙丙丁

法律では，「Aさん，Bさん」などの呼称のほかに，「甲土地，乙債権」など，漢字で特定のものを示すことがよく行われています。これも慣れていきましょう。
ちなみにそれぞれ「こう」「おつ」「へい」「てい」と読みます。

では，債権者代位権の要件について見ていきましょう。

債権者はどんな場合に債務者の権利を行使できる？

　債権者が債権者代位権を行使するためには，一定の要件が必要です。

　たとえば，債務者が弁済に必要な資産を十分に持っている場合にまで，代位行使を認める必要はないでしょう。そんな場合は，さらに手もとの現金を増やすために債権を行使するかどうかは債務者が判断すればいいことです。つまり，**債権者が債務者の判断に干渉する以上，それを正当化するだけの合理的な要件が必要なのです。**

　まず，要件を列挙してみます。

【債権者代位権行使の要件】
① 被保全債権が金銭債権であること
② 履行期が到来していること
③ 債務者が無資力であること
④ 債務者が権利を行使しないこと
⑤ 被代位債権が一身専属権ではないこと

　まずは，ザッと目を通しておいてください。これからそれぞれの要件について説明します。

　なお，その要件を理解する際には，**債権者代位権は，次項で説明する詐害行為取消権とともに強制執行の準備段階の制度である**ということ意識しておいてください。つまり，ほかに債権者がいる場合には，その後に強制執行が開始されると，その人たちも配分してもらう権利があるということになるんです。

　債権者代位権が，総債権者のための責任財産の保全の制度だといわれるのは，このためです。

① 被保全債権が金銭債権であること

　被保全債権とは，保全（＝保護）されるべき債権，つまり弁済の確保が必要な債権という意味です。次ページの図でいえば，「B→A」の債権がこれに当たります。

　後の箇所で「本来の適用場面じゃないけど使っちゃおう」という債権者代位権の転用形というのが出てきますが，その転用形でない通常の代位権，つまり原則形の場合，**被保全債**

被保全債権

代位権の行使によって守ろうとしている債権，その実現を図ろうとしている債権のことです。
前ページの下の図でいえば甲債権が被保全債権に当たります。

被代位債権

債務者に代わって行使されようとしている債権のことです。
前ページの下の図でいえば乙債権が被代位債権に当たります。

一身専属権

たとえば弟が兄に扶養を求める権利（877条）のように，その権利を行使するかどうかの判断が権利者の意思にかかっている権利のことです（行使上の一身専属権）。その人の意思を無視して他の人が勝手にその権利を行使することは認められません。

債権者代位権の転用形

p.71を参照してください。

権は金銭債権に限られます。

　ちなみに，金銭債権以外にはどんなものがあるかというと，典型的なものに物の引渡し債権があります。

　たとえば，ある作家の絵画の引渡しを被保全債権（「B→A」の債権）とするような場合，それを履行できるのはAだけです。ということは，債務者Aが第三債務者Cになんらかの債権を有していて，仮にAがそれを行使してくれたとしても，被保全債権が弁済可能になるわけではありません。つまり，**被保全債権が金銭債権でなければ代位権の行使は意味がない**のです。

債権者代位権の被保全債権

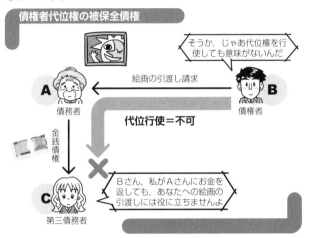

A　債務者
そうか，じゃあ代位権を行使しても意味がないんだ
絵画の引渡し請求
B　債権者

金銭債権

代位行使＝不可

C　第三債務者
Bさん，私がAさんにお金を返しても，あなたへの絵画の引渡しには役に立ちませんよ

② 履行期が到来していること

　債権者は，履行期前には債権を行使できないのですから，履行期前に代位権を行使させる必要はありません。たとえ，履行期前の段階では十分な資力がなくても，「期限までには資金確保のめどが立っている」という場合もあるでしょうから，余計な干渉は控えるべきです。

　ただし，これには一つ例外があって，たとえば第三債務者に対する被代位債権が時効にかかりそうなのに，債務者が何もしないなどという場合には，弁済期前でも時効の完成を妨げる行為を代行行使できます。それは，債務者の財産の現状を維持するもので，このような行為を**保存行為**といいます。

　現状を維持するだけであれば，不当な干渉にはなりませんし，また時効の完成が迫っているなどの状況では，急いでこれを行使する必要があるからです。

**代位される債権は
金銭債権に限られない**

左の図でいえば，AのCに対する債権が代位される債権です（**被代位債権**）。これは，金銭債権に限られず，広く債権者の共同担保の保全に適する権利は代位権の目的となります。たとえば，AがCの詐欺によって10万円の物を100万円で売りつけられたような場合，Bが詐欺を理由に取消権を代位行使することは認められます。

履行期の到来

債権者の債権だけでなく，債務者が第三債務者に対して有する債権についても履行期が到来していることが必要です。なぜなら，第三債務者は，代位権の行使によって履行期前に弁済を強制されるいわれはないからです。

**時効の完成を妨げる
行為の代位行使**

もうすぐ時効が完成しようとしている債権があるのに債務者が何もしないでいると，そのまま時効が完成してしまいます。そこで，債務者に代わって時効の完成猶予・更新の効果を生じるような行為を債権者に代わって行うことです。

保存行為

権利をそのあるべき状態で保存する（わかりやすくいうと，冷蔵庫みたいに鮮度を保ってそのまま保存する）という意味で，保存行為という言葉を使います。

③ 債務者が無資力であること

　債務者が十分な資力を有していれば，債務者に弁済を求めれば済むことなので，代位権の行使を認める必要はありません。もしも十分な資力があるのに弁済しないというのであれば，債務者の財産を強制執行すればよいだけの話です。

　ですから，代位権を行使できるのは，債務者が無資力の場合に限られます。ここでいう**無資力**とは，無一文という意味ではありません。**債務（負債）が責任財産（資産）を上回っている状態**をいいます。

　責任財産とは競売にかけて売却・換金できる債務者の財産のことで，これには布団など生活するのに必要な財産は除かれます（民事執行法131条，151条など）。そのような差押禁止財産を除いた債務者の財産が責任財産です。

　それで，ちょっと下の図を見てください。

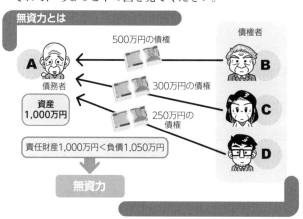

無資力とは

500万円の債権
債権者
A
債務者
B
300万円の債権
資産
1,000万円
C
250万円の債権
D

責任財産1,000万円＜負債1,050万円

無資力

　債務者の資産が1,000万円あれば，500万円の貸金債権を持っているBは「まだ十分な資力があるじゃないか」と思ってしまいがちですが，そう安心はできないのです。Aの資力が危ないとわかると，債権者がドッと押しかけてきて，たとえ1,000万円の資産があっても，Bは債権者平等の原則によって，全額の返済を受けられないおそれがあるんです。ですから，少しでも多く返済を受けるには，Aの責任財産を増やしておく必要があるわけです。

　したがって，それなりの財産があっても，すべての債務を返済できない場合は，無資力として代位権行使が可能になります。

無資力＝債務超過ってこと？

そうです。**無資力**というのは，資産がない（いわば預貯金がゼロでサイフの中身も空っぽ）という意味ではなくて，負債が資産を上回っている状態（すなわち**債務超過**）のことをいいます。

差押禁止債権も代位の対象にならない

差押禁止債権とは，法が権利者の生存の確保等のために政策的に差押えを禁止している債権のことです。たとえば，賃金は，その全部を差し押さえられると，労働者は生活を維持できません。そのため，差押えは，生存を危うくしない一定の範囲でしか認められていません（民事執行法152条）。同様に，生活保護受給権なども差押えは禁止されており（生活保護法58条），これらについては代位権の行使は認められません。

全額の返済を受けられないとは

たとえば，他の債権者の債権額の合計が1,500万円という場合なら，500万円という債権額は総債権額の4分の1にすぎませんから，債務者の資産1,000万円を平等に分けると250万円しか弁済を受けられないということです。

④債務者が権利を行使しないこと

　債権者代位権は，債務者が権利を持っているのにそれを行使しないので，債権者が代わって権利を行使するというものです。ですから，そもそも債務者が最初から権利を行使しているのであれば，債権者が代わって行使する必要はありません。

　では，債権者が代位行使をした場合，債務者はもう権利を行使できないかというと，そんなことはありません。本来は，債務者が権利を行使するのがスジですから，債権者が代位権を行使していても，債務者が権利を行使することは可能です（423条の5）。

　その場合，第三債務者Cは，債務者Aに債務を弁済すれば，それで債務は消滅します。

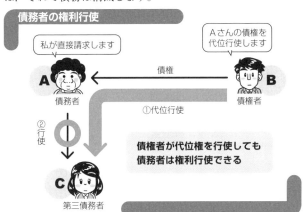

債務者の権利行使

私が直接請求します

Aさんの債権を代位行使します

A 債務者

債権

B 債権者

①代位行使

②行使

債権者が代位権を行使しても債務者は権利行使できる

C 第三債務者

⑤ 被代位債権が一身専属権ではないこと

　債務者の第三債務者に対する債権が，一身専属権ではないことが必要です。

　ここで**一身専属権**とは，簡単に言えば債務者だけが行使できる権利をいいます。たとえば，認知された子が，父親に対して養育費を請求できる権利（877条以下）などがその例です。それを行使するかどうかは，その子自身が自分の心情をもとに決めるべきことで，他人がそれに干渉することは許されません。ですから，一身専属権は代位権の対象とはなりません。

債権者は自己の権利として代位権を行使する

　債権者代位権は，債権者が自分の権利として行使するもので，債務者の代理人として行使するものではありません。

　代理と根本的に違うところは，**代理権は「本人のため」に行使するものですが，債権者代位権は，債権者が「自分のため」に行使するものです。**代位債権者は，債務者本人の利益を考えて債権を行使しているわけではありません。

　債権者代位権は，債務者の責任財産の保全を目的とするものですが，それは必ずしも債務者のためにやっているわけではありません。債権者代位権は，債務者の権利を債務者に代わって行使することから，代理と間違えやすいのですが，代理とはまったく違う制度です。このことは，明確に意識しておいてください。

代理

本人以外の者の法律行為によって，本人にその行為の効果を帰属させる制度のことです。
詳しくは「民法Ⅰ」を見てください。

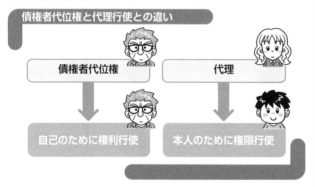

債権者代位権と代理行使との違い

債権者代位権	代理
自己のために権利行使	本人のために権限行使

債権者代位権は自己の債権額の範囲でしか行使できない

　次は行使の範囲ですが，債権者代位権の行使は自己の債権額の範囲に限られます（423条の2）。

　次の図の例でいえば，Dはほかに債権者がいても，その債権者の債権額と自己の債権額を合算した額（800万円）を第三債務者に代位請求することはできません。**ほかの債権者が債権を行使するかどうかがわからない状態で，自己の債権額を超えて権利行使させる必要はないからです。**

　もし，他の債権者が債権を行使するのであれば，その債権者が別途代位権を行使して債務者の責任財産（強制執行の対

423条の2
（代位行使の範囲）

債権者は，被代位権利を行使する場合において，被代位権利の目的が可分であるときは，自己の債権の額の限度においてのみ，被代位権利を行使することができる。

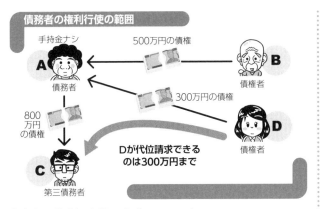

債務者の権利行使の範囲

手持金ナシ　　　500万円の債権
A ← B
債務者　　　　　　債権者

300万円の債権

800万円の債権

D
債権者

Dが代位請求できるのは300万円まで

C
第三債務者

象となる財産）を増やせばいいのです。

相手方は自分の持っている抗弁をすべて主張できる

この要件はややこしいので，図を見ながら考えてください。

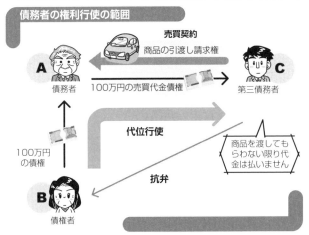

債務者の権利行使の範囲

売買契約
商品の引渡し請求権

A
債務者

100万円の売買代金債権

C
第三債務者

代位行使

100万円の債権

抗弁

商品を渡してもらわない限り代金は払いません

B
債権者

　債権者代位権というのは，債務者Aが第三債務者Cに対して有している債権を行使しないので，債権者Bが代わって行使するというものですよね。つまり，本来は債務者A自身が行使すべきものなわけです。

　ということは，代位権というのは，単に債権者が債務者に代わって行使するだけのことですから，第三債務者Cとしては債務者Aが行使してきた場合に比べて不利な立場に置かれる理由はありません。

抗弁

相手方の主張を否認・排除するために，反論できる事由をいいます。

債権者が第三債務者に有している主張

左の図で，債権者Bが第三債務者Cになんらかの主張ができる事由を有している場合，債権者Bはそれを主張できるでしょうか。
答えはノーです。代位行使というのは，あくまで債務者Aの権利をAに代わって行使するものですから，代位債権者Bの立場は，Aが権利行使した場合と同じでなければなりません。ですから，Bが独自になんらかの主張をCに持っていたとしても，それを主張することはできません。
判例も，債権者Bが第三債務者Cに対して独自に有する抗弁は，代位権行使に際しては主張できないとしています（最判昭54・3・16）。

ですから，第三債務者Cが債務者Aに主張できる抗弁（履行を拒絶できる事由）は，代位行使の場合にもすべて行使（主張）できます。これは当然のことです。

前ページの図はAC間で商品の売買契約が結ばれている場合の例です。売主AはCに対して代金債権を有していますが，それはあくまで商品をCに引き渡すことが前提です。

でしたら，債権者Bが代金債権の支払いを代位行使によって第三債務者Cに求めてきた場合でも，Cは商品の引渡しがない限り代金を支払わないと抗弁できるはずですよね（同時履行の抗弁権）。

法も，明文でこのことを認めています（423条の4）。

金銭と動産は債権者が自己への引渡しを請求できる

ところで，本来，代位権の行使は，債務者の責任財産を確保するために認められたものです。つまり，債務者の責任財産を少しでも多く確保して，その後の強制執行（差し押さえて競売にかける）を通じて金銭に変え，それを，債権を申告してきた債権者に案分比例した額で配分するわけです。

ですから，本来の趣旨からいえば，第三債務者（図のC）から弁済を受けたものは，債務者（図のA）に渡すのが筋です。

ただ，債務者は，受け取っても「どうせ債権者（図のB）に差し押さえられて持っていかれるだけ」として，受領を拒否することもあるようです。

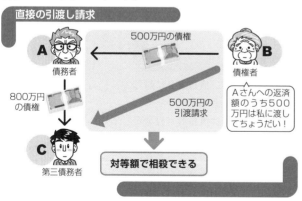

直接の引渡し請求

500万円の債権

A 債務者

800万円の債権

C 第三債務者

B 債権者

500万円の引渡請求

Aさんへの返済額のうち500万円は私に渡してちょうだい！

対等額で相殺できる

そのため，金銭と動産については，代位債権者が直接その

**423条の4
（相手方の抗弁）**

債権者が被代位権利を行使したときは，相手方は，債務者に対して主張することができる抗弁をもって，債権者に対抗することができる。

同時履行の抗弁権

「代金の支払いと同時でないと商品は引き渡さない！」または「商品と引換えでなければ代金は支払わない！」と主張できる権利です。
2-1で詳しく説明します。

相殺

「そうさい」と読みます。貸し借りを互いに打ち消し合って帳消しにすることです。

引渡しを請求できるとされています（423条の3）。

　ところで，債権者は，第三債務者から引き渡された金銭と，自己の債権額を対等額で相殺することができるとされています。ということは，債務者から支払ってもらったのと同じ結果になりますね。強制執行に移る前であれば，債権者が複数いても，そのうちの誰に弁済するかは債務者の判断に任されています。ですから，それと同じ結果になるということです。これを，**事実上の優先弁済**といいます。

　なにか抜け駆けのような印象もありますが，これは，債権者代位権を積極的に行使して，債権回収に努力した者に対するいわばご褒美のようなもので，結果的に優先弁済を認めることになってもやむを得ないとされています。

　これに対して，不動産の場合には，債務者に登記を移転すればよいので，受け取りを拒否するという事態はそもそも起こり得ないため，代位債権者への直接の登記移転請求は認められていません。

転用…代位権を金銭債権以外で使える場合がある

　代位権は，強制執行によってきちんと弁済が得られるように，債務者の責任財産を保全すること（十分に弁済が得られるように増やすこと）を本来的な目的とした制度です。簡単にいえば，強制執行で債務者の財産をオークションにかけてお金に替え，それを弁済に充てようというものです。

　そして，お金に替えて弁済に充てるというわけですから，その弁済というのは金銭債権ですよね。

　じゃあ，不動産を購入したのに登記を移してくれないといった「金銭債権以外の債権」には，この代位権は使えないんでしょうか。

　次ページの図を見てください。

　A所有の不動産をBが購入し，それをCに転売したとします。この場合，BはAに移転登記を請求できますし，CもまたBに，自分に登記を移すように請求できます。ただ，BがAに移転登記請求をしなければ，CはBから登記を移してもらえません。ところが，Bは，もう代金ももらったから面倒なことはしたくないとして，Aに対しての移転登記請求をサボっています。

動産

土地とそれにくっついているものを**不動産**といいます。それ以外のもの，つまり土地にくっついていないものが**動産**です。
不動産は，読んで字のごとく動かない（あるいは容易に動かせない）財産で，動産は動かせる財産です。

423条の3（債権者への支払又は引渡し）

債権者は，被代位権利を行使する場合において，被代位権利が金銭の支払又は動産の引渡しを目的とするものであるときは，相手方に対し，その支払又は引渡しを自己に対してすることを求めることができる。この場合において，相手方が債権者に対してその支払又は引渡しをしたときは，被代位権利は，これによって消滅する。

動産の直接引渡し

動産については，金銭と同様に，代位債権者が自己への直接の引渡しを請求できます。ただ，代位債権者は，それを勝手に処分するようなことはできません。動産については，競売を経て配当という形で弁済を受けなければなりません。

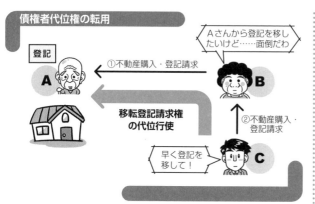

債権者代位権の転用

登記

① 不動産購入・登記請求

Aさんから登記を移したいけど……面倒だわ

A　B

移転登記請求権
の代位行使

② 不動産購入・登記請求

早く登記を移して！

C

　こんな場合，Cとしてはどんな手段が取れるでしょうか。

　実は，ここで代位権を使うという手段があるんです。もしこれを使えると，すごく便利なんです。なぜかというと，Bがなかなか動いてくれない場合でも，Cがすべて自分で手続きを済ませてしまえるからです。

　だったら「こんな場面で使ってもいいじゃないか！」「むしろ使うべきだ」（社会的必要性）ということになるわけです。

　確かに，代位権の本来の制度目的は責任財産の保全，つまり弁済の資力の確保という点にあります。でも，そこには，「債務は誠実に履行されるべきだ」という考え方と，「誠実に履行されないなら，必要な範囲で干渉を認める」という考え方があります。

　このような考え方は，登記請求権のような金銭債権以外の債権の保全にも当てはまるんです。

　結局，「代位権を使えばいいじゃないか。それで妥当な結果が得られるなら」ということで，金銭債権以外にも認められています（423条の7）。これを，**債権者代位権の転用**といいます。

　法が明文で認めているのは登記・登録請求権ですが，これ以外にも，次ページの図のような場合にも転用が認められます。

　事例は，AがCに不動産を賃貸したところ，その不動産には不法占拠者Bがいて，Cはその不動産を使えません。そこで，Aに所有権に基づく妨害排除請求権を行使してBを排除し，自分が使えるようにしてほしいと頼むのですが，Aは面倒に思って，なかなか動こうとしません。そんな場合には，

**転用…
制度の柔軟な運用**

法律上のさまざまな制度は，それぞれが，あくまで社会生活を豊かにするための道具にすぎないものです。ということは，制度目的とは多少違っていても，それをうまく活用して合理的な解決が得られるならば，必ずしも制度目的に固執する必要はありません。この点について，判例は，早い時期から柔軟な解釈を行って転用を認めてきました（大判明43・7・6）。それが，平成29年（2017年）の法改正で条文化され，現在では法的にも承認された制度になっています（427条の7）。

423条の7本文

登記又は登録をしなければ権利の得喪及び変更を第三者に対抗することができない財産を譲り受けた者は，その譲渡人が第三者に対して有する登記手続又は登録手続をすべきことを請求する権利を行使しないときは，その権利を行使することができる。

妨害排除請求

所有権の「物を自由に支配する」という権限を侵害されているとして，その妨害の排除を求める権利です。所有権の物権としての性質から導かれるものです。詳しくは「民法Ⅰ」を参照してください。

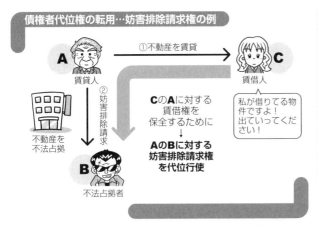

債権者代位権の転用…妨害排除請求権の例

①不動産を賃貸

A　賃貸人
C　賃借人

CのAに対する
賃借権を
保全するために

AのBに対する
妨害排除請求権
を代位行使

私が借りてる物
件ですよ！
出ていってくだ
さい！

②妨害排除請求

不動産を
不法占拠

B　不法占拠者

妨害排除請求権の
代位行使

なぜ条文に書いてないかと
いうと，現在では用いる場
面がほとんどないからで
す。賃借権は，今日ではか
なり強化されていて，代位
権を使わなくても権利の保
全ができるんです。たとえ
ば，借地権ならば，借地上
の建物の登記があれば，そ
れで借地権を第三者にも対
抗できます（借地借家法10
条1項）。また，借家の場
合はもっと簡単で，建物の
引渡しで（つまり建物を利
用していれば）対抗力が認
められます。そうなると，
直接に排除請求ができるの
で，わざわざ代位権を使う
必要がないのです。

CがAの妨害排除請求権を代位行使して，不法占拠者Bを不
動産から排除するわけです（大判昭4・12・16）。

　このような転用は，債務者の責任財産を確保するためのもの
ではありませんから，債務者に十分な資力があっても認め
られます。つまり，債務者の無資力は要件とされていませ
ん。この点は，原則形と要件が違いますから，ちょっと注意
が必要です。

　問題演習で知識を整理しておきましょう。

例題 6

　債権者代位権に関する次の記述のうち，妥当なものはどれか。

（国家一般職　改題）

1　債権者は自己の債権を保全するためであっても，債権の期限が到来しない間
は，債務者のなすべき保存行為を代位して行うことはできない。

2　債務者が自ら権利を行使している場合でも，その行使の方法または結果の良
否によっては，債権者は債権者代位権を行使することができるとするのが判例
である。

3　債権者が債務者に対する金銭債権に基づき債務者の第三債務者に対する金銭
債権を行使しうるのは，自己の債権額の範囲内に限られる。

4　不動産がAからB，BからCと譲渡された場合において，Cが自己への移転
登記請求権を保全するために，BのAに対する移転登記請求権を代位行使する
場合でも，債務者は無資力であることを要するとするのが判例である。

5　債権者の有する債権の履行期が到来していない場合であっても，債権者は，
必要があれば，債務者の権利を代位行使することができる。

本問のポイント!

1. 期限到来前であっても，**保存行為**については代位権を行使できます（423条2項ただし書）。

2. 判例は「債権者代位権の行使は，債務者が自ら権利を行使しない場合に限り許される」ものであって，「債務者がすでに自ら権利を行使している場合には，その行使の方法又は結果の良いと否とにかかわらず，債権者は債務者を排除し又は債務者と重複して債権者代位権を行使することはできない」としています（最判昭28・12・14）。代位権は債務者が責任財産の保全（＝権利行使）を怠っている場合に債権者が代わってこれを行うものだからです。

3. 妥当な記述です（423条の2）。債権者代位権は，債権者の債権を保全するために認められたものですから，**行使の範囲も，その債権の保全に必要な限度に限られるべきだ**からです。

4. **無資力要件**が必要とされるのは，**資力があればあえて代位権を行使する必要はないという理由からです。債務者の資力の有無と関係のない 移転登記請求権のような債権の保全のために代位権を行使する場合には，無資力要件は必要ではありません**（大判明43・7・6）。

5. 債権者は，その債権の期限が到来しない間は，保存行為を除いて，債権者代位権を行使することができません（423条2項）。

本問の正答は**3**です。

正答　3

保存行為

権利をそのあるべき状態で保存する……わかりやすく言うと，冷蔵庫みたいに鮮度を保ってそのまま保存するという意味で，保存行為という言葉を使います。

423条の2
（代位行使の範囲）

債権者は，被代位権利を行使する場合において，被代位権利の目的が可分であるときは，自己の債権の額の限度においてのみ，被代位権利を行使することができる。

423条2項
（債権者代位権の要件）

2　債権者は，その債権の期限が到来しない間は，被代位権利を行使することができない。ただし，保存行為は，この限りでない。

「1-4 債権者代位権」のまとめ

意義

▶債務者が責任財産の保全を怠っている場合に，債権者が，債務者に代わって債務者の権利を行使できる制度を債権者代位権という。

要件

▶債務者が権利を行使していないことを要する。債務者が権利を行使していれば，それが債権者に不利益であっても代位権の行使はできない。

▶債権は，保存行為の場合を除いて，弁済期が到来していることを要する。

▶金銭債権を被保全債権とする場合には，債務者の無資力が必要であるが，金銭債権以外の債権を被保全債権とする場合には，債務者の無資力は必要でない。

代位行使の対象となる権利

▶財産的権利は広く代位行使の対象となるが，行使上の一身専属権や差押えを許さない権利は代位行使の対象とならない。

▶解除権や取消権なども代位行使の対象となる。

行使の方法や範囲

▶代位権は，債権者が自己の名で行使するものであり，債務者の代理人として行使するものではない。

▶代位権の行使として第三債務者に対して動産や金銭の引渡しを求める場合には，債権者は直接自己へ引き渡すよう請求することができる。

▶第三債務者は，債務者に主張できるすべての抗弁を代位債権者に対しても主張できる。

▶行使の範囲は，債務者の債務額全額ではなく，そのうちの債権者の債権額を限度とする範囲に限られる。

効果

▶債権者は，第三債務者から受領した金銭を自己の債権と相殺して，事実上の優先弁済を受けたのと同様の結果を生じさせることができる。

詐害行為取消権
～財産隠しや一部債権者への優遇は許さない！～

　前項は，**債務者の怠慢行為**（債権回収を怠って支払資金を確保しない）への対処でしたが，本項では，よりタチの悪い「**強制執行を困難にするような債務者の財産隠し行為への対処**」について説明します。これはどんなものかといいますと，読んで字のごとく債権者を害する（詐害する）不誠実な財産隠匿等の行為を，債権者が取り消して，債務者のもとに財産を戻し，その戻った財産に強制執行して競売代金から債権を回収するというものです。では説明を始めましょう。

債務者の財産状態が
危機的状況になるとどうなる？

　債務者の財産状態が悪化しても，それが一時的なものであれば，何も対策を講じる必要はありません。

　ただ，「あちこちに負債を抱えて資金繰りに行き詰まっていて，かなり危ない状況になっている」などとなると，債権者は危機感を持って債権回収の準備を始めます。

　そして，法が，**詐害行為取消権（債権者取消権）**の制度を設けたのは，その段階における無秩序な混乱を回避すること

債務者の財産状況の悪化とは

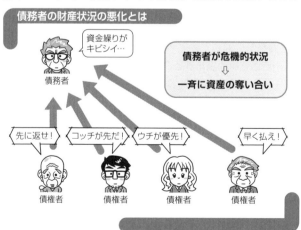

資金繰りがキビシイ…

債務者

債務者が危機的状況
⇩
一斉に資産の奪い合い

先に返せ！　コッチが先だ！　ウチが優先！　早く払え！

債権者　　債権者　　債権者　　債権者

詐害行為取消権の重要度

やや難解なテーマであるにもかかわらず公務員試験においては出題頻度が高く，主に要件を中心に出題されています。どんな制度なのか，またどのような行為が詐害行為となるのかなど，ポイントを絞ってしっかりと理解しておきましょう。

責任財産

競売にかけて売却・換金できる債務者の財産のことで，これには布団など生活するのに必要な財産は除かれます（民事執行法131条，152条など）。

詐害行為取消権

債務者の「不当に財産を減少させている」ような行為を取り消して，弁済に充てるための財産を確保（保全）する権利のことです。（424条）
ちなみに「**債権者取消権**」という言い方をする場合もあります。
なお，**詐害行為**については，後ほど説明しますので，このまま読み進めてください。

が，大きな目的になっています。

　債務者が破産寸前の状態だということになると，債権者が押しかけて来て，債務者に一斉に弁済を迫るという事態が起こりやすいんです。「経営が危なそうだ」などというウワサはすぐに広まりますから，大勢の債権者が押しかけて来るような事態になると，もう大混乱です。

　ただ，これは本来法が予定する債権の回収方法ではありません。法は，債務者が債務を支払えなくなった場合には，破産手続きという法的な手続きを経て，各債権者に公平に財産を分配する方法を用意しています。これによって，無秩序な混乱を避けることができます。

　しかし，この方法では，競売可能な財産である責任財産が総債権者の債権額に満たないと，各債権者は案分比例した額でしか配当を受けられません。つまり，債権全額を回収することが難しいんです。

　そのために，債権者は破産手続きに移る前に，なんとか自分だけでも全額の弁済を得ようとして，債務者のところに一斉に押しかけるわけです。

破産手続き

債権者などの申立て（破産法18条，19条）に基づいて，裁判所が破産手続開始決定を行い，破産管財人を選任します。その破産管財人が債務者の財産を金銭に換えて債権者に配当を行います。

総債権者

「債権者全員」という意味です。「総債権者の債権額」というのは「債権者全員の債権の総額」という意味です。

破産手続きによる配当例（案分比例）

1,000万円の債権

A 債務者

B 債権者

資産 800万円

600万円の債権

C 債権者

実際に弁済を受けられる額

500万円

800万円を5：3で分配

300万円

案分比例

あるものを定められた比率に分けることで，比例配分ともいいます。
ちなみに「案分」は「按分」という字を使うこともありますが，意味は同じです。

　ただ，法が予定するのは，あくまで責任財産をできるだけ多く確保して，債権者にその債権を公平に回収させることです。

　そこで，このことを念頭に置いて，詐害行為の要件や効果などを考えていきましょう。

詐害行為…債権者を害する行為とは何か

　債務者の債務が膨らんで，返済が困難になるのには，いろんな理由があるでしょう。債務者の事情だけではなく，景気に左右されるとか，社会情勢の変化などの影響を受けることも多いかもしれません。

　とはいえ，債務者が債務を返済できない状態になった場合には，債務者は少しでも履行義務を果たせるように配慮しなければなりません。そして，そこでは「**債務者の誠実な対応**」がカギになります。

　ですから，財産隠しを目的とした親族等への財産贈与などはもってのほかです。これは当然，債権者を害する行為，すなわち**詐害行為**となります。

　一方，下の図のように，債権者Bが，期限が来たので債務者に請求して，債務者がBに600万円を支払った場合はどうでしょう。

　Cから見ると責任財産がその分だけ減っていくので，責任財産の保全に反するようにも思えます。でも，Bが，債務者の資産状態の悪化などを知らずに，**期限が来たから請求した，そして，Aも期限が来たから支払ったというのであれば，これは単に債務を履行したにすぎません。**

　となると，それは債権者による法的な権利の行使と債務者による義務の履行というだけで，そこになんら問題視されるべき要素はありません。ですから，他の債権者Cを害する行為（詐害行為）とはなりません。

詐害行為

詐害（さがい）とは，事実を偽って他人に害を与えるという意味です。
詐害行為とは，債務者が故意に自分の財産を減らして，債権者が十分な弁済を受けられないようにする行為をいいます。いわゆる財産隠し（資産隠し）などがその代表例です。

一部債権者への弁済の詐害性

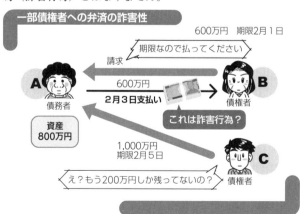

600万円　期限2月1日

期限なので払ってください

請求

600万円
2月3日支払い

A　債務者
資産
800万円

B　債権者

これは詐害行為？

1,000万円
期限2月5日

え？もう200万円しか残ってないの？　C　債権者

後ほど説明

左の図にあるような，一部の債権者への弁済の詐害性については，後ほどまた説明します。

ただ，債務者の資産状況が悪化していて，ほどなく破産手続きに移るだろうと思える状況の中で，AとBが通謀して，Bを優遇する意図で弁済をしたという場合はどうでしょう。

これはやはり問題です。債務者は誠実な対応をしたとはいえず，他の債権者にとっては容認できない財産減少行為になるのです。

そうなると，詐害行為とは，総債権者にとって，自分たちの公平を害するような（その意味で，とても容認できないような）不誠実な財産減少行為のことであるといえます。

つまり，単に責任財産を減らしたからといって詐害行為になるというのではなく，行為の悪質性が詐害行為かどうかの判断の材料になっているわけです。

そこで，イメージがしやすいように詐害行為の基本的な要件を簡単にまとめておきましょう。

【詐害行為の要件】
① 債務者が無資力であること
② 債権者を害する法律行為であること
③ 詐害の意思があること

上記で注意してほしいことがあります。それは，①は必須の要件ですが，②と③は相互に関連し合って詐害行為か否かが判断されるということです。上述のように，詐害行為かどうかは「行為の悪質性」で判断されるものですから，そこにいう悪質かどうかは行為（②）と意思（③）の両者を関連させながら判断する必要があります。

具体的には，強制執行を免れるための親族等への贈与のように行為の詐害性が高ければ，認識としては，「債権者は困

詐害性の有無

 詐害性—高 債権者が困るという認識で足りる

 詐害性—低 債権者を害する意図までが必要

 詐害行為

 通謀

相手方と事前に示し合わせて，悪いことをたくらむことです。共謀ともいいます。「民法Ⅰ」の「1-6意思表示①」では「通謀虚偽表示」という言葉が出てきました。

 「通謀して優遇する意図で」とは？

「通謀して他の債権者を害する意図をもって行われた」ことをいいます。一部の債権者を優遇するたくらみのことです。このような意図を通謀的害意といいます（424条の3第1項2号）。

 無資力

債務額全額を弁済するに足りる資力を欠くことをいいます。つまり，負債が資産を上回っている状態です。決して「無一文」という意味ではありませんので注意してください。

 資力が回復したら

取消権を行使している途中で債務者の資力が回復した場合には，もはや取消権の行使はできません。取消権を行使しなくても弁済が望めるのであれば，あえて取消権を行使する必要がないからです。

 強制執行

債務不履行の債務者に対して，裁判所などの公的機関を通して強制的に取り立てる手続きのことです。「民法Ⅰ」の「1-13　時効②」を参照してください。

るだろうね」という程度でよいのですが、「期限が来たので支払った」など、行為の詐害性が低い場合には、「債権者を害する意図」までが要求されることになります。

このように、意思（主観面）と行為（客観面）を相関させながら詐害性の有無を判断する考え方を**相関関係説**といいます（支配的な考え方です）。

ただ、主観・客観の相互関連で詐害性の有無を判断するとなると、個別の事案ごとに詐害行為性を判断する必要が出てきます。そこで、以下では、いくつかのケースを取り上げながら、詐害性の有無を考察することにしましょう。

どのような行為が詐害行為に当たるか

まずは、債務者が、所有する財産を債権者以外の人に処分する行為から見ていきます。

なお、詐害行為取消権は総債権者の責任財産の保全を目的としているので、財産権を目的としない行為は対象となりません（424条2項）。

① 相当な対価を得て行った処分行為

債務者が唯一の資産である不動産を親族等に無償で贈与するような行為は、明らかに債権回収を困難にする行為です

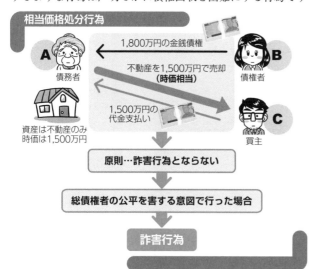

相当価格処分行為

1,800万円の金銭債権

A 債務者 ← 不動産を1,500万円で売却（時価相当） → B 債権者

1,500万円の代金支払い

資産は不動産のみ時価は1,500万円

C 買主

原則…詐害行為とならない

総債権者の公平を害する意図で行った場合

詐害行為

被保全債権の弁済期

債権者の債権（弁済を保全して確保しようとする債権という意味で**被保全債権**といいます）の弁済期は到来している必要はありません。弁済期まで待っていたのでは、「財産が全部なくなってしまった」などという事態に陥りかねないからです。

財産権を目的としない行為

たとえば、相続の承認や放棄などは、それによって債務者の財産に増減が生じるとしても、それ自体は財産権を目的とした行為ではなく家族法上の行為ですから、詐害行為取消権の対象にはなりません。

離婚に伴う財産分与

夫婦が離婚した場合に、共同で築いてきた財産を分与して、一方配偶者のその後の生存を保障するという意味で**財産分与請求権**という権利が認められています（768条）。この権利は、その趣旨のどおりに使われるのであれば、家族法上の行為なので詐害行為取消権の対象とはなりません。しかし、「これを使って別れた妻に財産を預かってもらい、ほとぼりが冷めた頃に返してもらおう」など、それが不相当に過大で、財産分与を装った財産処分（財産隠し）と認められる場合には、詐害行為として取消しの対象となります（最判昭58・12・19）。

から，詐害行為に当たることは明白です。

では，左ページの図のように，それ相当の対価で処分する行為（**相当価格処分行為**）はどうでしょう。

不動産が，消費が容易な現金に変わるということはあるものの，資産価値としては減少はしていません。ですから，その点からすると責任財産の減少には当たらないようにも思えますよね。

この売買で，債務者Aとしては，買主Cから受け取った代金の1,500万円を，とりあえず借入金の一部として債権者Bに返済する意図かもしれません。そうなると，債務者の悪質性は認められないので，詐害行為とはなりません。

ただ，現金は不動産に比べて使ったり隠したりすることが容易ですから，それだけ強制執行が困難になることは確かです。

そのため，支払う意図だったのか，それとも隠す意図だったのかが重要なポイントになってきます。そこで，法は，相当価格処分行為について，次のような判断基準を設けています。

【相当価格処分行為は詐害行為となるか】

原則…詐害行為とはならない

次の要件を「すべて」満たした場合には詐害行為となる

・債務者において隠匿や無償の供与，その他の**債権者を害する処分をするおそれを現に生じさせる**ものであること
・債務者が，その行為の当時，対価として取得した金銭その他の財産について，**隠匿等の処分をする意思を有していた**こと
・**受益者**（処分契約の相手方）が，その行為当時，**債務者が隠匿等の処分をする意思を有していたことを知っていた**こと

要するに，相当な価格での処分は，それ自体はプラマイゼロ（プラス・マイナス・ゼロ）の行為ですから，原則として詐害行為ではありません。

でも，後でお金を隠したり，親族に無償で供与したりした場合には「あ！やっぱり強制執行の妨害行為だ！」ということになるので，そうなると詐害行為と評価できます。

どうでしょう？　**悪質性**ということが，イメージとして理解できたでしょうか。結局，これが詐害行為の基本的な判断基準になります。

「消費が容易な現金」の意味

手軽に消費できる，そして消費すればあっという間になくなってしまうのが現金の特徴です。これに対して，不動産の場合には，それを処分しようとすると，買い手を探して価格の交渉を行い，代金の引換えと交換に登記を移さなければなりません。登記には権利証や実印なども必要で，とにかく手がかかるんです。そうなると，現金のように，「ちょっと使おう」などということができません。この面倒さが，財産減少の阻止につながると評価されて，これを現金に換えることが問題視されるわけです。

隠匿

見つかると都合の悪いものをバレないように隠しておくことです。

無償で供与

通常，形としては贈与として行われますが，「後で返してもらうつもり」という場合が多いので「無償で供与」と表現されます。「無償で贈与」なら，完全に相手のものになってしまいます。

強制執行

債務不履行の債務者に対して，裁判所などの公的機関を通して強制的に取り立てる手続きのことです。

第1章 債権総論

② 不動産を担保にして新たな借り入れをする行為

①は不動産の売却行為でしたが，今度は不動産を担保にしてお金を借りる行為です。このような行為を**同時交換的行為**といいます。

これも，結局は①と同じように考えます。

下の図の例で説明すれば，債務者AはBに1,800万円の債務を負っているのに，新たに不動産に抵当権を設定してCから1,500万円の融資を受けたとします。この場合，確かにAには，融資として1,500万円の現金が入ることになりますが，その代わりに抵当権が実行されると，不動産の競売代金はすべてCに持っていかれます。

つまり，現金が1,500万円増える代わりに，1,500万円の責任財産（時価1,500万円の不動産）が減少するということです。

ですから，プラマイゼロという意味では，財産の減少はありません。ただし，不動産を現金に換えたことで，使ってしまったり隠したりすることが容易になります。

そうなると，①と同じように判断すればよいだけです。

つまり，原則として詐害行為とはならないけど，後でお金を隠したり，親族に無償で供与したりした場合には「あ！やっぱり強制執行の妨害行為だ！」ということになるので，その場合には詐害行為と評価されるということです。

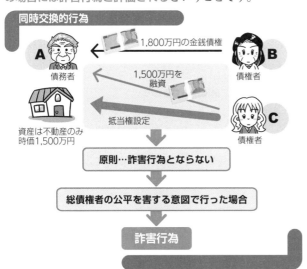

以上が，債権者以外の人への処分行為の場合の詐害性に関する判断です。

③ 弁済期が到来した債権を弁済した

次に，債権者の中の一部の人への弁済等について考えます。

債権者が複数いる場合，それぞれの債権者の弁済期はバラバラなのが一般的です。では，先に弁済期が到来した債権者に対して弁済した場合はどうでしょう。このような行為を，義務を果たす行為なので**義務行為**（ぎむこうい）と呼びます。

ここでも，考え方の基本は同じです。すなわち，

【債権者の一部の者への弁済等の詐害性】
他の債権者にとって，自分たちの公平を害するような（その意味で，とても容認できないような）不誠実な財産減少行為に当たるかどうか

つまり，単に責任財産を減らしたから詐害行為になるというのではなく，一部の債権者だけを優遇して，債権者間の平等を害するかどうかが問題なわけです。このような債権者間の平等を害するような行為を**偏頗行為**（へんぱこうい）といいます。

これに該当する可能性があるのは，「債務の消滅に関する行為」と「担保の供与」の二つです。

問題となるのは，これらの行為がどのような状況下で行われたかという点です。まずは弁済について考えてみましょう。なお，抵当権の設定なども同じように考えてかまいません。

次の図を見てください。

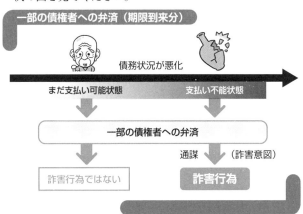

まだ，他の債権者への支払いの可能性がある（資金的に余裕がある）状態で先に期限が来た債務を弁済しても，なんら問題はありません。

これに対して，債務者が支払い不能に陥った中で一部の債

偏頗行為

偏頗（へんぱ）とは，一方のみに偏ったという意味です。そして，偏頗行為（**偏頗弁済行為**）は，一部の債権者だけを特別扱いして先に返済したりするような詐害行為のことをいいます。

p.78の図

p.78の図が，ちょうど一部の債権者への弁済の例になっているので，併せて見てみましょう。
図のBが持っている債権は支払いの期限が到来していて，なおかつ債務者Aも支払いが可能な状態だったわけなので，債務者Aが一部の債権者Bだけに弁済を行っても，債権者Cへの詐害行為とはならないということです。

権者を優遇するような弁済や担保提供を行うと，債権者が押しかけて目ぼしい資産の奪い合いが始まるなど，大きな混乱を招くおそれがあります。ですから，支払い不能になった時点では，破産手続きなど，すべての債権者の平等を確保できるような手段を講じることが望ましく，勝手に一部の債権者に弁済するようなことは適切ではありません。

法は「支払い不能のときに」「債務者と受益者とが通謀して他の債権者を害する意図をもって行われた」場合には，詐害行為になるとしています（424条の3第1項）。後者を通謀的害意と呼びます。この言葉は頻繁に出てきますから覚えておいてください。

なお，ここで「支払い不能状態」とは「弁済期にあるものにつき，一般的かつ継続的に弁済することができない状態」（同項柱書），つまり，支払いを続けられる見込みがなく，いつ破産の申立てがあってもおかしくないような状態のことをいいます。

④ 弁済期が到来していないのに債権を弁済した

債務状況が悪化する中で，まだ弁済期が到来していない債権について先に弁済するのは（まだ期限が来ていない＝支払いが義務になっていないので非義務行為といいます），その債権者だけを優遇して，他の債権者との公平を害する行為ですから，義務行為よりもちょっと悪質です。

そこで，法は「債務者が支払不能になる前30日以内に行われ」「債務者と受益者とが通謀して他の債権者を害する意図をもって」行われた場合には，詐害行為になるとしています（424条の3第2項）。

「あちこちから借りすぎて近々返済に行き詰まりそうだ。期限前だけど，破産申立て前にあなたには全額弁済しておきたい」「そりゃいい！申し出を受けよう」というわけです。

まだ支払い不能の状態に陥ってはいませんが，「30日以内には確実に支払いが不能になる」などというアブナイ状態の中で，期限が来ていないのに一部の債権者への弁済を行うことは，それだけで詐害性があると判断されるわけです。

ただ，債権者という「権利を持っている人」に弁済するわけですから，財産隠しなどと比べると悪質性はまだ低いといえるので，主観面は詐害の認識ではなく詐害の意図（通謀的害意）が必要とされています。

424条の3第1項

1　債務者がした既存の債務についての担保の供与又は債務の消滅に関する行為について，債権者は，次に掲げる要件のいずれにも該当する場合に限り，詐害行為取消請求をすることができる。

一　その行為が，債務者が支払不能（略）の時に行われたものであること。

二　その行為が，債務者と受益者とが通謀して他の債権者を害する意図をもって行われたものであること。

詐害の認識と意図

詐害の認識とは，その行為が詐害行為になるとわかっていることをいいます。一方，**詐害の意図**とは，より積極的に「害しよう」という意図を有していることです。**相関関係説**(p.79)によれば，行為の詐害性（客観面）が低い場合，主観面が高くないと詐害行為にはなりません。ですから，単なる認識ではなく，より積極的な害意（**通謀的害意**）が必要なのです。

⑤ 過大な代物弁済

　最後に，過大な代物弁済が行われた場合を考えましょう。

　下の図で，債務者Aが，債権者Cに800万円を弁済する代わりに1,000万円の不動産の所有権を移転した（**代物弁済**）という場合の詐害性はどうでしょう。

過大な代物弁済行為の詐害性　❶

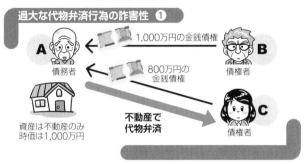

1,000万円の金銭債権

A 債務者　B 債権者

800万円の金銭債権

資産は不動産のみ
時価は1,000万円

**不動産で
代物弁済**

C 債権者

　この場合は，債務者の責任財産は，プラマイゼロではなく200万円のマイナスになっています。ただ，代物弁済では，必ずしも価格をイコールにする必要はありませんし，完全にイコールにするのは困難な場合が多いのです。たとえば，10万円の借金の返済に際して，「お金がないから，この腕時計ではどう？」という場合，その時計の時価が8万円だろうが12万円だろうが，相手がそれでいいというのなら，それを渡せば債権は消滅します。その場合に，きっちり10万円の価値のある物を探すことのほうが難しいでしょう。

　価値が一致しない場合，法は，オーバーしている200万円分については，詐害行為の基本的な成立要件を備えることを要件に（424条），詐害行為となるとしています（424条の4）。

過大な代物弁済行為の詐害性　❷

| 200万円 | 過大部分 | → | **原則詐害行為となる**（詐害の意思が要件） |
| 800万円 | 価値相当部分 | → | **偏頗行為に該当する場合だけ詐害行為となる** |

　これに対して，価値がプラマイゼロの部分については，③の「弁済期が到来した債権者に弁済した」場合，すなわち偏頗行為の要件を備えない限り，詐害行為とは認められません。

代物弁済

債務を弁済する代わりに債務者の特定の資産を債権者へ譲渡することをいいます（482条）。図の例のように，現金を弁済する代わりに不動産で弁済するなどがその例です。

代物弁済は，期限が到来したのに「資金が調達できない」という場合に，「じゃあ，返済の代わりに二台持っている車のうちの一台をもらえないか。それで借金はチャラにしよう」などという場合などに用います。

詐害行為の成立要件

①債務者が無資力であること
②債権者を害する法律行為であること
③詐害の意思があること

424条の4（過大な代物弁済等の特則）

債務者がした債務の消滅に関する行為であって，受益者の受けた給付の価額がその行為によって消滅した債務の額より過大であるものについて，第424条に規定する要件に該当するときは，債権者は（略）その消滅した債務の額に相当する部分以外の部分については，詐害行為取消請求をすることができる。

偏頗行為

偏頗（へんぱ）とは，一方のみに偏ったという意味です。そして，偏頗行為（偏頗弁済行為）は，一部の債権者だけを特別扱いして先に返済したりするような詐害行為のことをいいます。

第1章　債権総論

詐害行為取消権の行使の要件とは

債務者の行為に詐害性が認められたとして，では実際に詐害行為取消権を行使するにはどんな要件が必要かを説明します。最初に，要件を列挙しておきます。

【詐害行為取消権行使の要件】
①債権者の債権(被保全債権)の成立時期
　　…詐害行為以前に成立していることが必要
②行使方法…裁判所に訴えて行う
③請求の範囲…自己の債権額の範囲に限られる
④直接の引渡し請求…金銭と動産なら可，不動産は不可

以下，これらを順に説明していきましょう。

① 債権者の債権(被保全債権)の成立時期

詐害行為取消権によって弁済が保全（確保）される債権は，**詐害行為以前に成立していることが必要**です。

ある一定額の資産があるので安全だと思って融資をしたのに，その融資後に債権者を害することを認識しつつ資産をどんどん減らされると，債権者は何を信頼していいのかわかりません。そして，詐害行為取消権は，そういった行為への対処方法を定めたものです。ということは，「債権者を害する」行為というのは，債権成立後の財産減少行為でなければなりません。これがあくまで基本です。

ただし，債務者から頼まれて，その資産状況を信頼して保証人となったのに，債務者の悪意の財産減少行為によって自分（保証人）が支払う羽目になったという場合はどうでしょう。立て替え払いをした場合，保証人には債務者に対して「肩代わり分を請求する」という債権（**求償権**といいます）が発生します。そうすると，求償権の発生は詐害行為の後（立て替え払いしたとき）ということになりますが，その原因が詐害行為の前なら，やはり詐害行為取消権の成立が認められます（424条3項）。例外事例として覚えて下さい。

② 行使方法…裁判所に訴えて行うことが必要

責任財産を確保（保全）する制度には，先に説明した債権者代位権もありますが，代位権の場合はすでに行使できる状

詐害行為取消権を行使
債権者が不当に財産を減少させるような行為を実際にやめさせて取り消すということです。

債権成立前の財産減少行為
債権が成立する前に，債権者が財産を減らす行為をしていても，債権者は，その減少した資産状態を基準に取引をするので，「あまり資産状態がよくない」と思えば，取引をしないか，もしくは取引をしてもその額を低く抑えるはずです。つまり，詐害行為は，あくまで債権成立後の不当な財産減少行為のことですから，それによって保全される債権(被保全債権)は詐害行為の前に成立しているものに限られます。

不動産処分→債権成立→登記移転ならどうか
不動産の売買契約後に債権者の債権が成立し，その後に不動産の登記が移転されたという場合，登記移転行為は詐害行為とはなりません。

保証人
主たる債務者が弁済しなかった場合に補助的に弁済の義務を負う人のことです。

求償権
他人の債務を代わりに支払った人がその肩代わりした分をその人に請求する権利のことです。

態になっている債権を代わって行使するというだけですから，わざわざ裁判所に訴えて行使する必要はありません。

　しかし，詐害行為取消権の場合は，すでになされた行為を，その行為の当事者ではない債権者が取り消すものです。そのため，その影響は広範囲に及びます。たとえば，財産を処分した相手に返還を求めたり，弁済を受けた人については債権が復活したりなどと，法律関係はかなり複雑になります。

　ですから，裁判所という法律の専門機関の判断を通じて，画一的に法律関係を処理することが求められます。そこで，詐害行為取消権は必ず裁判所に訴えて行使すべきものとされています（424条1項本文，**裁判上の行使**といいます）。

③ 請求の範囲…自己の債権額の範囲に限られる

　各債権者が裁判所に取消しを請求できる範囲は，自己の債権額の範囲に限られます。

　詐害行為取消権は，「総債権者」の責任財産の保全を図る制度ですが，他の債権者が請求するかどうかはそれぞれの債権者が判断すべきことですから，とりあえず，自己の債権額の範囲に限って，行使が認められています。

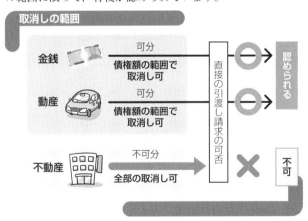

　ただ，不動産のように，自己の債権額の範囲に限定できないようなもの，つまり分けられないもの（不可分物）は，その全部を取り消すことができます。

　その際，不動産は登記を戻せばいいのですが，金銭や動産は受取りという行為が必要です。そして，債務者がこれを拒否する場合もあるので，取消権を行使した債権者（**取消債権者**といいます）は，直接自分に物を引き渡すように請求でき

「原因が詐害行為の前」とは
たとえば，左ページの求償権の例だと，求償権は詐害行為後に成立したものですが，求償権発生の原因である保証契約は詐害行為前に成立しています。
ほかの例を挙げてみましょう。
たとえば，詐害行為の前からお金を貸していて，詐害行為の後に期限が来たが払わないという場合，そこから遅延利息が発生します。この遅延利息は詐害行為後に成立したものですが，原因である金銭貸借契約が詐害行為前に成立しているので，取消権の対象になる被保全債権に含まれます。

424条（詐害行為取消請求）
1　債権者は，債務者が債権者を害することを知ってした行為の取消しを裁判所に請求することができる。（以下略）
2　（略）
3　債権者は，その債権が第1項に規定する行為の前の原因に基づいて生じたものである場合に限り，同項の規定による請求をすることができる。

動産が可分？
たとえば，債務者が総額100万円ほどのいろいろな家財を友人に供与して財産減少を図っているケースで考えてみます。
債権者が持っている債権額が50万円だったとしましょう。この場合はすべての家財供与を取り消すのではなく，家財のうちで50万円分の供与だけを取り消すことができますよということです。

ます。

　ただ，それはあくまで総債権者の責任財産の保全の手段として受け取っているので，本来であれば「総債権者のために預かる」という形になるのですが，**金銭についてだけは，自己の債権額と対等額で相殺することが認められています。**これは，一生懸命に裁判所に訴えて手続きをした債権者に対するご褒美の意味があります。

　一方，動産については，自分が持っていても，それは預かっているものですから，競売にかけて弁済を得るという形になります。「競売にかけて」という点は不動産も同じです。

取消しの効果は
取り消して逸出財産を取り戻すこと

　詐害行為の取消しの効果については，かなり複雑なので，試験にはあまり出題されません。ですから，出題されそうなポイントに絞って簡単に説明しておきます。

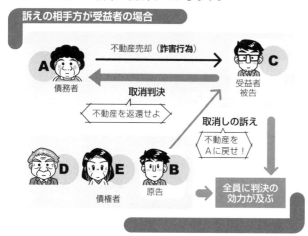

訴えの相手方が受益者の場合

　まず，この権利は，詐害行為「取消」権という名称が付されていますが，取消しだけでなく取戻しも認められます。つまり，**詐害行為取消権は，債務者の法律行為を取り消して，出ていった財産（逸出財産）を債務者のもとに取り戻す権利です**（取消し＋取戻し）。

　そこで上の図の例ですが，債権者の一人であるBが取消しの訴えを提起したとします。訴えの相手は，図の場合（転得者がいない場合）には受益者Cになります。**債務者は被告に**

債務者が受取りを拒否

債権者代位権のところにもありましたが，受け取ったところでどうせ債権者に持っていかれるだけですから，そんな面倒なことはしたくない！などということで拒否する場合があるのです。

相殺

貸し借りを互いに打ち消し合って帳消しにすることです。

訴えの相手方 424条の7

1　詐害行為取消請求に係る訴えについては，次の各号に掲げる区分に応じ，それぞれ当該各号に定める者を被告とする。
　一　受益者に対する詐害行為取消請求に係る訴え　受益者
　二　転得者に対する詐害行為取消請求に係る訴え　その詐害行為取消請求の相手方である転得者

原告と被告

民事裁判を起こした人を**原告**，起こされた相手方を**被告**と呼びます。
ちなみに「被告人」というのは，刑事裁判で訴えられた人のことなのでお間違えなく。

転得者

不動産を譲り受けた第三者から，さらにその不動産を譲渡された者をいいます。

はなりません。なぜなら，受益者を相手に詐害行為を取り消して，債務者に不動産を返還させれば，それで十分だからです。

　ただ，取消判決の効果は債務者Aにも及びます（425条）。関係者間で法律関係がバラバラになると混乱を生じることが理由です。

　以上をまとめると，次のようになります。

　「詐害行為を取り消す」という判決が確定すると，ＡＣ間の不動産売買契約は取り消され，ＣはＡに登記を戻さなければなりません。そして，判決の効力は，訴訟当事者Ｃだけでなく，債務者，そして他の債権者にも及びます。これも，関係者の間で法律関係を統一しておく必要があるからです。

転得者が被告の場合は受益者に判決の効力は及ばない

　転得者がいる場合は，取消訴訟は転得者を被告として訴えることになります。債務者や受益者は被告にはなりません。受益者の場合と同じように，転得者に逸出財産を債務者に戻させれば，それで十分だからです。

訴えの相手方が転得者の場合

A 債務者 —— 不動産売却（1,000万円）詐害行為 —→ C 受益者

取消判決　不動産を返還せよ

C —→ 転売 1,000万円 —→ D 転得者 被告

B 債権者 原告 —— 取消しの訴え —→ D

不動産をAに戻せ！

　ただ，受益者が被告である前のケースと違うところは，取消判決の効力は，訴訟当事者である債権者と転得者に加え，債務者と他の債権者には及びますが，それ以外の者には及ばないという点です。

　「え？関係者間で判決の効力を統一するんじゃなかったっけ」

425条
詐害行為取消請求を認容する確定判決は，債務者及びその全ての債権者に対してもその効力を有する。

判決の効力が債務者に及ぶ理由
たとえば，詐害行為である売買契約である場合，取消しの効果が債務者に及ぶとしておかないと，受益者は売買代金の返還を債務者に請求できないという不都合な結果が生じることになります。

不動産を取り戻された転得者の保護
転得者Ｄが被告の場合に受益者Ｃに判決の効力は及ばないとすると，受益者Ｃは債務者Ａから「有効に」不動産を取得し，これを転得者Ｄに「有効に」売却したということになります。ですから，転得者Ｄが「取消判決によって不動産を債務者Ａに戻さなければならなくなったので，あなた（Ｃ）に払った代金1,000万円を返してほしい」と受益者Ｃに主張しても「有効な売買だから代金を返す必要はない」と主張されて終わりです。しかし，それでは転得者Ｄの保護は不十分です。その一方で，債務者Ａは，「不動産が戻ってくる」プラス「受益者Ｃから1,000万円受け取っている」ので二重取りになってしまいます。そこで，法は，転得者Ｄに債務者Ａが受益者Ｃに売った代金1,000万円を請求することを転得者Ｄに認めています（425条の4）。これによって不動産を取り戻されるＤの保護を図ろうというわけです。

確かにそうなんですが，債務者のもとから逸出した不動産が，その後に何人もの人に転売されたような場合に，その全員について，「取消判決が出たので，あなたの譲渡契約は無効ですよ」とすると，かえって混乱を招くんです。たとえば，逸出不動産が訴えの提起までの間に5回転売されたとして，その5回の転売について，すべて取消判決の効力が及ぶとすると，法律関係は大混乱に陥ります。

ですから，判決の効果は，合理的な範囲で関係者に及ぶとして，後は，転得者Dに「受益者Cが取消訴訟の被告として取り消されたとしたら，Cが返還を請求できるはずの売買代金」について返還請求を認めれば，途中の法律関係を安定させたままで妥当な結論を導けます。そのため，法は，上記のような処理をしています（425条の4）。

そして，もう一つ，法律関係をむやみに複雑にさせないための配慮があります。

それは，転得者の中に詐害の意思がない者が一人でもいると，それ以降の人には，たとえ詐害の意思があっても取消訴訟を提起できないということです（424条の5柱書2号）。

「取消判決の効力が及ぶ」ためには

そのためには，5回の転売について，そのすべての当事者に詐害の意思があることが必要です。

訴えの相手方が善意者の後の転得者の場合

A 債務者 → B 転得者 詐害意思あり → C 転得者 詐害意思なし（善意者） → D 転得者 詐害意思あり

E 債権者 原告

取消しの訴え＝不可

善意者の後の者には訴えを提起できない

いわば**絶対的構成**と同じ考え方で，これも法律関係をいたずらに複雑にしないようにするためです。

詐害行為取消権には期間制限がある

以上のような詐害行為取消権には，一定の期間制限が設けられています（426条）。

絶対的構成

一度詐害の意思のない人がいるために取消権がそこで寸断されてしまえば，その後は，たとえ詐害の意思があっても取消権の行使はできないということです。
絶対的構成の逆の相対的構成の考え方ならば，「詐害の意思がなければ取消権は行使できないが，それがあれば行使できる」など，その人ごとに訴えの可否を判断することになります。ただ，その考え方では，法律関係が不安定になることは否めません。
ちなみに絶対的構成は「民法Ｉ」の意思表示①でも出てきています。

【詐害行為取消権の期間制限（消滅時効）】

①詐害行為の時から**10年**を経過すれば，提起できなくなる

②債務者が債権者を害することを知って行為をしたことを債権者が知った時から**2年**を経過したときも同様である

②では，なぜ，「債権者を害することを知って行為をしたことを知った」，つまり債務者に詐害の意思があることを知ったことが必要なのかというと，取消訴訟の提起には詐害行為（不当な財産減少行為）だけでなく，詐害の意思が必要なので，その両方の存在を知らないと，訴えを提起できないからです。

426条

詐害行為取消請求に係る訴えは，債務者が債権者を害することを知って行為をしたことを債権者が知った時から二年を経過したときは，提起することができない。行為の時から十年を経過したときも，同様とする。

詐害行為取消権と債権者代位権の対比

知識の整理のために，表にまとめておきます。

債権者代位権と詐害行為取消権

	債権者代位権	詐害行為取消権
制度目的	債務者の責任財産の保全	
被保全債権	金銭債権（原則形） 特定の債権（転用事例）	金銭債権のみ
被保全債権の発生時期	代位される債権以前に成立している必要はない	詐害行為以前に成立していることが必要
無資力要件	金銭債権の場合には必要 転用の場合には不要	必ず必要
主観的要件	不要	必要（詐害の意思）
債権の弁済期	到来していることが必要 （例外：保存行為）	未到来でも行使可 （理由：積極的な財産減少行為なので債権者保護の必要性が強い）
行使方法	裁判上で行使する必要はない	裁判上での行使が必要
消滅時効	規定なし	特別の規定あり（上記参照）

問題演習で知識を整理しておきましょう。

詐害行為取消権に関する次の記述のうち，妥当なものはどれか。

（国家一般職　改題）

1　債権者の一人が不動産の所有権移転を詐害行為として取り消す場合には，直接自己に対する所有権移転登記を求めることは許されない。

2　債権者の債権が成立する前に贈与された不動産についても，債権者取消権の対象となりうる。

3　相続の放棄のような行為であっても，債務者の財産状態を悪化させるような場合には取消しの対象となる。

4　不動産を売却して金銭に換えることは，責任財産が処分が容易なものに変わることから，原則として詐害行為となる。

5　取消債権者は，金銭については直接自己への引渡しを請求できるが，受領した金銭と自己の債権を相殺することは認められていない。

本問のポイント！

1．妥当な記述です。詐害行為取消権は，総債権者の共同担保の保全を目的とするものですから，**目的物が不動産の場合，取消債権者は受益者に対し，直接自己への移転登記請求はできない**とされています（最判昭53・10・5）。

　取消しの判決を得れば，債務者の協力がなくても移転登記の抹消ができ，それによって登記は債務者へ復帰して責任財産保全が可能となるので，金銭や動産の場合のように「債務者が受領しないために責任財産の保全が困難になる」ような事態は生じないからです。

2．債権者が債権を取得する以前にすでに贈与契約が成立し，不動産の所有権が移転している場合には，債権者はその状態での資力を責任財産として債権を取得したものといえますから，その後に移転登記がなされたとしても不動産を戻せという請求（**抹消登記請求**）はできません（最判昭55・1・24）。

3．相続放棄のような財産権を目的としない行為は，詐害行為取消権の対象とはなりません（424条2項）。本人の意思を第一に考える必要があるからです。

4．相当対価での処分は，責任財産の減少をもたらさないので，原則として詐害行為とはなりません（424条の2）。

5．相殺することも認められています。

　本問の正答は**1**です。

正答　1

 債務者への移転登記

裁判所の取消判決をもらって法務局に行けば，それで債務者への移転登記を行うことができます。

「1-5 詐害行為取消権」のまとめ

▶詐害行為取消権は，悪質な財産隠しなどの不当な財産減少行為を取り消して，総債権者のための責任財産の保全を図るための制度である。

要件

▶詐害行為によって，債務者が無資力に陥ることが必要である。

▶無資力とは，債務額全額を弁済するに足りる資力を欠くことをいい，無一文という意味ではない。

▶取消権を行使している途中で債務者の資力が回復した場合には，もはや取消権の行使は許されない。

▶被保全債権は，弁済期が到来している必要はない。

▶相続放棄などの行為は，それによって債務者の責任財産の減少を来す場合であっても，行為者の意思を尊重するという観点から，取消権の対象とはならない。

▶離婚による財産分与は，原則として取消しの対象とはならない。ただし，それが不相当に過大であり，財産分与に名を借りた財産処分と見られる場合には取消しの対象となる。

▶詐害行為取消権で保全される債権は，原則として詐害行為の前に成立していなければならない。

▶取消しが認められるには，債権者を害する行為を行った当事者双方に詐害の意思が存在することが必要である。

詐害行為

▶相当価格処分行為は，それが債権者を害する処分をするおそれを現に生じさせるもので，そのことを当事者が知っていれば詐害行為となる。

▶義務行為は，支払い不能のときに，債務者と受益者とが通謀して他の債権者を害する意図をもって行われた場合には，詐害行為となる。

▶非義務行為は，債務者が支払不能になる前30日以内に行われ，債務者と受益者とが通謀して他の債権者を害する意図をもって行われた場合には，詐害行為となる。

行使方法

▶詐害行為取消権は，必ず裁判上で行使しなければならない。

▶詐害行為取消権は，受益者(または転得者)のみを被告として訴えを提起すれば足り，債務者までも被告とする必要はない。

▶取消しの効果は，すべての債権者に及ぶ。

連帯債務
～複数人が同じ債務を負担する場合～

　前2項では，債務不履行に陥り，もしくは陥りそうになった場合の対処方法を説明しました。ただ，**債務不履行への事前の防衛策**があれば，それに越したことはありません。そこで，本項と次項でそのような対策を説明します。その一つは，いわば複数の同一人物といえる債務者がいる状態にする（責任者が複数倍になる）方法（例：三人連名で事業資金の融資を受けるなど），もう一つは**保証人**を付けるという方法です。どちらも**債権の強化策**としてとても有効です。

　本項では，このうちの前者である「複数の債務者が同一の支払責任を負う」という**連帯債務**について説明します。

 ## 連帯債務…複数の債務者がみんなで 負担する債務

　上記の例のように，三人が連名でお金を借りるという場合，その三人は，それぞれ「自分が借りたのは3分の1だけ」とは思っていません。

　下の図の場合で説明しましょう。

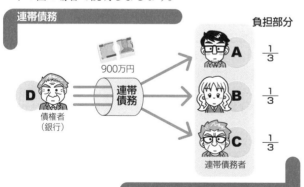

連帯債務

負担部分

900万円

D
債権者
（銀行）

連帯
債務

A　$\frac{1}{3}$

B　$\frac{1}{3}$

C　$\frac{1}{3}$

連帯債務者

　たとえば，ABCの三人が共同事業を立ち上げるためにD銀行から900万円を借りる場合，ABCはそれぞれ，「自分たちは900万円の全額について返済の責任を負っている」と思

連帯債務の重要度

債権総論分野の中では出題数はそれほど多くありません。ただ，突然各種の試験で一斉に出題されたこともあるので，油断できない分野です。
なお，平成29年（2017年）の法改正によって変更された部分も多いので，気を抜かずに取り組む必要があります。

連帯

二人以上の者が結びついている状態で，その全員が共同で行為や結果に対して責任を負うことをいいます。「連帯責任」をイメージするとわかりやすいでしょう。

連帯債務

数人の債務者がそれぞれ全部の給付義務を負うが，その中の一人が給付するときはすべての債務者が債務を免れるという債権関係をいいます。

っているはずです。ですから，期限になって債権者であるD
銀行から900万円を請求された場合に，「いや，自分が借りた
のは３分の１の300万円だけだ」とは言わないでしょう。D
銀行から請求があれば，三人共同で全額を返済するか，また
は誰か一人が返済したうえで，他の者にも分担を求めるはず
です。

　このように，**全員が全額について第一次的な支払い義務を
負っている場合を連帯債務**といいます。

　連帯債務の特徴をもう少し正確に表現してみましょう。次
のようになります。

【連帯債務の特徴】

- 債務者全員が，同じ内容の債務を負う
- それぞれ独立に全部の給付（弁済）をすべき責任がある
  →債務者の数だけの独立の債務である
- 一人が給付すれば，他の債務者も債務を免れる
- 内部では，分担割合が決められている
  →分担は，金額ではなく割合で決める

　まず，「独立に」というのは，「借り入れとしては一つなん
だけど，債務者の誰に対しても全額（もしくは一部）を請求
できる」ということを示すために，「債務者の数だけの独立
の債務」としています。

　図では債務が三本あるように書いていますが，借入れの数
は一本です。でも，それぞれの債務を独立させておかない
と，債権者は全員に対して一括してでないと債務の請求がで
きません。ですから，「それぞれが独立の三本の債務」とし
ているわけです。独立というと，何か「分割」のように思っ
てしまいますが，そうではありません。あくまでも，「全員
がそれぞれ責任を負っている」ことを明確にするために，
「独立」という表現を用いたほうがわかりやすいということ
です。もちろん，弁済について，一人が全額を弁済した場合
には，当然に他の債務者の債務も消滅してしまいます。

　次に，内部では分担割合というものがあります。

　連帯債務では，債権者はどの債務者にも全額を請求できま
すが，債権者は単独で債務を負っているわけではなく，他の
債務者と共同で債務を負っています。ですから，連帯債務者
の一人に債権者から請求が来たので支払いをしたという場

第一次的債務

この言葉は，これからよく
登場します。保証のように
誰かの代わりに債務を負う
というのではなく，自分が
主体となって債務を負うと
いう意味です。連帯債務で
は全員が第一次的な責任を
負うとされていますが,こ
れは，全員が「自分が責任
の主体だ」という意味です。

独立に

「連帯なのに独立？」ちょっ
とわかりにくい表現です
が，「連帯債務者の一人に
いろんな出来事があって
も，他の連帯債務者は影響
を受けない」とするための
テクニックです。たとえ
ば，連帯債務者の一人が未
成年者（制限行為能力者）
で，そのことを理由に取り
消された場合でも，「他の
人の責任はちゃんと残って
ますよ」とするために（437
条），「独立とする」として
いるわけです。

**連帯債務者の一人
についての保証**

連帯債務者の一人について
だけ保証債務を成立させる
こともできます。たとえ一
人でも保証債務が成立す
ることは債権者にとって有利
になるので，歓迎すべきこ
とだからです。
なお，保証債務については
次項で説明します。

第1章 債権総論

合，「自分が払った分については公平に分担してね」という意味で，**負担部分**というものがあるわけです。

ところで，この負担部分は金額ではなく割合です。これが金額の場合だと，もしも一部しか弁済できなかったときには，マジメに弁済した人が損をする可能性があるんです。

先ほどの図の例で考えると，900万円の連帯債務について，ＡＢＣの負担部分が「３分の１ずつ」（割合）ではなく，「300万円ずつ」（金額）だとしましょう。Ａがなんとかお金を工面して，やっと300万円を弁済できたとして，その後に債権者から「もう残りは返さなくていいです」と言われた場合，金額ならばちょうどＡの負担部分ピッタリですから，ＡはＢＣには求償ができません。でも，負担部分が割合ならば「負担割合は３分の１なんだから君らも100万円ずつよこせ！」と言えるんです。そのほうが公平なので，負担部分は「割合」とされているのです。

「当事者の一方が複数」なのは連帯債務だけ？

ところで，当事者の一方が複数という債権・債務関係には，連帯債務だけではなくいくつかのケースがあります。

ただ，試験に出題されるのは，ほとんどが連帯債務です。それ以外のものが出題されることはめったにありません。

いちおうどんなものがあるかを列挙しておきます。下の表をサラッと見てください。

多数当事者の債権・債務関係

分割債権・債務	例：ＡがＢから100万円を借りている，あるいはＡがＢに100万円を貸している状況で，Ａが死亡し，子ＣＤがＡを相続した。 法律関係：ＣＤはそれぞれＢに「100万円÷2＝50万円」を返済する義務を負う or 請求できる（それ以外は一切関係なし）
連帯債権	例：弁護団（複数の弁護士からなる訴訟遂行チーム）を組んで訴訟してもらった場合の各弁護士の報酬請求権（報酬債権） 法律関係：連帯債務の債権者と債務者をひっくり返せばいい
不可分債権・債務	例：ＡとＢが共有する車をＣに売った場合の車の引渡し債務 法律関係：連帯債務と同じ（連帯債務は金銭債権，不可分債務は物の引渡し債権という点が違うだけと思っておけばよい）

最初の**分割債権・債務**は，たとえば一本の債権が相続など

のきっかけで分割されて当事者が複数になったというだけ
で，分割後はそれぞれ1対1の債権・債務関係になります。
ですから，特にこれまでと変わった債権・債務関係ではあり
ません。

　また，**連帯債権**や**不可分債権・債務**は，連帯債務のことが
わかっていれば，それぞれの法律関係はおおよそ推測できま
す。たとえば，連帯債権は連帯債務の債権者と債務者を逆に
すればいいだけですし，不可分債権・債務では連帯債務のよ
うな金銭のやり取りではなく物の引渡しの関係で考えればい
いだけです。

　ですから，すべて基本は連帯債務の知識なんです。

　だからこそ，当事者の一方（または双方）が複数という，
いわゆる多数当事者の債権・債務関係の中で，連帯債務が出
題の中心を占めているわけです。

　そこで，ここからは連帯債務の法律関係について説明して
いきます。

連帯債務はどうやって発生する？

　連帯債務は，「法令の規定または当事者の意思表示によっ
て」発生します（436条）。

　まず，「法令の規定」というのは，たとえば，数人が共同
の不法行為によって他人に損害を加えたような場合のことを
いいます。

共同の不法行為による連帯債務の発生

双方の過失　事故

A　衝突の勢いで歩行者Cをはねた　C　B

AとBは連帯してCに賠償責任を負う
（それぞれの過失割合はABの内部問題）

連帯債務の発生

連帯債務と不可分債務

連帯債務は金銭債務を，不可分債務は物の引渡しのような金銭債務以外の債務がおおよそ想定されていると考えてよいでしょう。
判例の中には，賃借料が共同相続された場合の賃料債務（これは金銭債務です）を不可分債務としているものがありますが（大判大11・11・24），学説の多くはこれを連帯債務とすべきとしています。

連帯債務の例　共同の不法行為

法令の規定によって連帯債務が発生する例として，共同の不法行為があります。左の図でいえば，AとBが双方の過失（前方不注意や徐行義務違反など）で車を衝突させ，その衝撃でAの車が跳ね飛ばされ，近くの歩道を歩いていたCに車を追突させて，Cを負傷させたような場合です。この場合，Cの負傷（損害）についてABは連帯して賠償責任を負うことになります。

不法行為

故意・過失に基づく加害行為をいいます。
また，これによって他人に損害を与えた場合に，加害者に被害者の被った損害を賠償させる制度のことです。詳しくは2-6を見てください。

この場合，法は，「各自が連帯してその損害を賠償する責任を負う」としています（719条1項）。このような事例で，不法行為者に意思の連絡はありませんが，被害者保護のために，**共同不法行為**者全員に，**連帯債務として全額の賠償責任**が課されています。

次に，「当事者の意思表示」というのは，先に示した「三人が共同事業のために一緒に銀行から融資を受ける」というような場合のことです。「三人共同で，責任を持って返済します」という意思表示がその中に含まれていると判断されて，連帯債務が発生していることになります。

連帯債務では債権が強力になっている！

連帯債務は，多数当事者の債権・債務関係の中でも，債権者にとって有利なものになっています。債権回収の確実性が高められているからです。これを「債権の効力が強化されている」といいます。

これは，具体的には「債権者が，連帯債務者の一人または全債務者に，同時もしくは順次に，全部または一部の履行を請求できる」（436条）という点に表れています。

なぜこれが債権の強化になっているかというと，下の図を見てください。

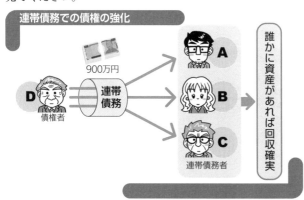

連帯債務での債権の強化

900万円　連帯債務　D 債権者　A　B　C 連帯債務者　誰かに資産があれば回収確実

連帯債務では，連帯債務者ＡＢＣのうちの誰か一人にでも資産があれば，その者に全額を請求して融資したお金の回収を図ることができます。また，「Ｂは600万円しか持ってないが，ＡとＣは150万円ずつなら持っている」という場合，こ

被害者保護とは

すぐに治療費が必要な場合もあるので，被害者はどの不法行為者に対しても全額の賠償を請求できるとしておけば，資金を有している者から賠償を得ることができます。

債権の強化

要するに，連帯債務ではまったく同じ債務を負っている者が複数いるということです。債務者が一人なら「返済は大丈夫かな？」と心配になるところですが，まったく同じ債務を負っている者が何人もいると，それだけ安心感が増すことになります。

れらの金額をそれぞれの連帯債務者に請求すれば，同様に全額の回収を図ることができます。

これって，債権者側にはすごく有利なんです。

なぜかというと，たとえばこれが保証債務の場合なら「主たる債務者Aは資産が乏しそうだけど，保証人であるBは裕福そうだ」という場合，その裕福そうなBに先に請求しても，「融資を受けたのはAなんだから，先にAに請求してもらいたい」と言われて突っぱねられてしまうんです。

このように，**請求を拒絶できる事由**を**抗弁**といいますが，保証の場合にはこの抗弁が二種類もあって，第一弾・第二弾と二回にわたって主張する（つまり履行を拒絶する）ことが認められています（452条，453条）。

保証債務

主たる債務者が履行しなかった場合に，二次的に履行の責任を負う場合の債務をいいます。
なお，詳しいところは次項で説明します。

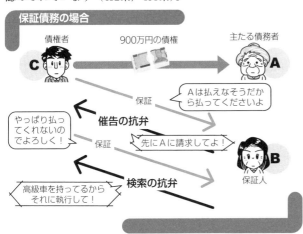

保証債務の場合

債権者 900万円の債権 主たる債務者
C A
保証 Aは払えなそうだから払ってくださいよ
催告の抗弁
やっぱり払ってくれないのでよろしく！
保証 先にAに請求してよ！ B
検索の抗弁 保証人
高級車を持ってるからそれに執行して！

保証債務の抗弁

第一の抗弁は，債権者が主債務者よりも先に保証人に請求してきた場合に，「まず，主債務者に先に請求してください」と主張して弁済を拒否できる抗弁です（**催告の抗弁**，452条）。
第二の抗弁は，債権者が「先に主債務者に請求したけど払わなかった！」といってきた場合に，「主債務者には十分な資産があって強制執行も容易だ」ということを証明して弁済を拒否できる抗弁です（**検索の抗弁**，453条）。

それに比べると，債務者のうちの誰にでも気兼ねなく請求できて，その中の資金のありそうな者から確実に融資を回収できる連帯債務は，債権者にとってかなり有利な制度といえます。

となると，債権の回収を確実にするという点からいえば，融資の条件として「保証ではなく連帯債務でいこう！」とすればいいのでしょうが，必ずしもそうはうまくいきません。

たとえ保証人になってもいいという人でも，さすがに「私はあくまで保証人であって，共同で借りた（＝連帯債務）ことにされるのは困る！」というのが心情でしょう。「一緒に借りたから，第一次的な返済の責任を負う」というのが，連帯債務と保証債務の基本的な違いなので，このハードルを越えるのはちょっと難しそうです。

連帯債務者の一人に生じた事由は他の者にどう影響する？

今度は，連帯債務者の内部的な問題について説明します。

これまでに何度か述べてきましたが，連帯債務者の一人が全部もしくは一部を弁済すれば，その分だけ，他の連帯債務者も債務を免れます（全部を弁済した場合は，連帯債務は消滅します）。借りている融資は一本ですから，弁済があればその分だけ借金が減るのは当然です。

このように，**連帯債務者の一人について，債務の消滅に関する事由が生じると，他の連帯債務者にも影響を及ぼす（他の連帯債務者の債務も減る）**ことになります。

では，それ以外の事由についてはどうでしょうか。

まず，**基本は「影響なし」です**（441条）。ただ，連帯債務者の一人が「債権者に貸していたお金で連帯債務を相殺した」という場合など，一部の事由については影響を及ぼすことがあります。この影響を及ぼす場合を「絶対的効力があ

相殺

「そうさい」と読みます。貸し借りを互いに打ち消し合って帳消しにすることです。

441条（相対的効力の原則）

第438条（連帯債務者の一人との間の更改），第439条第1項（連帯債務者の一人による相殺等）及び前条（連帯債務者の一人との間の混同）に規定する場合を除き，連帯債務者の一人について生じた事由は，他の連帯債務者に対してその効力を生じない。ただし，債権者及び他の連帯債務者の一人が別段の意思を表示したときは，当該他の連帯債務者に対する効力は，その意思に従う。

絶対的効力事由と相対的効力事由

	事項	内容
絶対的効力事由（他者に影響を及ぼす）	**弁済**（べんさい）	弁済すれば，その分の債務は消滅する
	代物弁済（だいぶつべんさい）	一人が「何か代わりの物」で弁済すれば，それで全額弁済と同じ効果をもたらし，他の連帯債務者の債務は消滅する →代物弁済した者には他の連帯債務者への求償権が発生する
	供託（きょうたく）	弁済の目的物を供託所に寄託することを供託といい，債務消滅の効果が認められているので（494条1項柱書），他の連帯債務者の債務も消滅する
	更改（こうかい）	更改とは，債務の要素を変更して「旧債務消滅＆新債務成立」になるようにする契約のこと。更改によって旧債務は消滅する
	相殺（そうさい）	一人が相殺すれば，その分，他の連帯債務者の債務も消滅する
	混同（こんどう）	連帯債務者の一人が債権者を相続するなどによって，債権と債務が同一の者に属するようになることを混同といい，混同があると連帯債務は，混同を生じた者だけでなく，他の連帯債務者との関係においても消滅する
相対的効力事由（他者に影響を及ぼさない）	**請求**（せいきゅう）	一人に請求しても，他の連帯債務者に請求したことにはならない
	免除（めんじょ）	一人が免除を受けても，他の連帯債務者の債務は減少しない
	時効の完成（じこう かんせい）	一人について時効が完成しても，他の連帯債務者の債務は全額が残ったままである

る」といい，その事由を**絶対的効力事由**（**絶対効事由**）と
呼びます。

　反対に，「連帯債務者の一人が免除を受けても他の連帯債
務者の債務は減らない」など，影響がない場合を「相対的効
力しかない」といい，その事由を**相対的効力事由**（**相対効
事由**）と呼びます。これらの用語は頻繁に出てきますから，
まずはここで覚えておいてください。

　では，どんな事由について影響の有無が問題になるのか，
個別に説明する前に，表にまとめておきましたので，前ペー
ジの表をザッと見ておいてください。

「請求」は相対的効力事由 →他の連帯債務者に影響なし

　債務の履行を**請求**する（支払いを求める）と，履行遅滞
（相手が履行に応じない場合）や，時効の完成猶予・更新と
いった効果が生じます。

　では，債権者が連帯債務者の一人に対して請求した場合，
他の連帯債務者にもこのような効果が生じるでしょうか。

　答えはノーです。

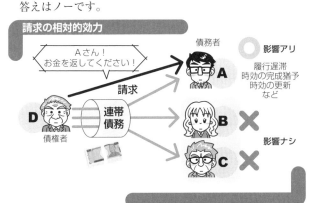

請求の相対的効力

Aさん！
お金を返してください！

請求

D　債権者

連帯債務

債務者

A　影響アリ
履行遅滞
時効の完成猶予
時効の更新
など

B　✕

C　✕　影響ナシ

　つまり，連帯債務者の一人に請求しても，原則として他の
連帯債務者には，時効の完成猶予などの効果は生じません
（結局，なんの効果もありません）。

　連帯債務は見知らぬ者どうしの共同の不法行為によっても
発生します。そのような場合に，加害者の一人に請求した際
に，他の加害者にも「同様に請求があったことにしよう」と
いうのは非現実的だからです。

絶対的効力・相対的効力

連帯債務者の一人が全額を
弁済すれば他の債務者の債
務も消滅するという場合の
ように，連帯債務者の一人
に生じた事由が他の連帯債
務者にも影響を及ぼす場合
を**絶対的効力**（**絶対効**）があ
るといいます。一方，「連帯
債務者の一人に請求しても
他の連帯債務者に請求した
ことにはならない」など，他
の連帯債務者に及ぼさない
場合を**相対的効力**（**相対効**）
しかないといいます。

履行遅滞

履行期に債務の履行が可能
だったのに，履行期を過ぎ
ても債務を履行しないこと
です。

時効の完成猶予

完成猶予の事由（例：裁判
手続きによる請求など）が
終了するまでの間，時効の
完成が猶予されることをい
います。

時効の更新

それまでの時効期間がノー
カウントになって，新たに
イチから時効期間がスター
トすることです。

ただ，共同で事業を営むために融資を受けたというように，連帯債務者の相互の間に密接な連携がある場合には，その全員にいちいち請求するというのも面倒です。そこで，そんな事情がある場合には，**当事者の合意によって「一人に請求したら全員に請求の効果が生じるようにしよう」とすること**ができます（441条ただし書き）。

なお，請求の相対的効力は，保証債務の項で説明する連帯保証債務の場合も同様です。すなわち，**連帯保証人に請求しても，主たる債務者に請求したことにはなりません**。この点については，次項の連帯保証のところで改めて説明します。

🏠 「更改」は絶対的効力事由 →他の連帯債務者に影響を及ぼす

更改とは，債務の重要部分を変更するなどして，それまでの債務に代えて新たな債務を発生させる契約のことをいいます（513条）。

たとえば，900万円の連帯債務について，連帯債務者の一人が，その所有する時価900万円の有価証券を譲渡する旨の契約を債権者との間で結んだような場合です。

それまでの債務である連帯債務は，更改によっていったん返済されたことになるので，それによってBCの債務は消滅します（438条）。

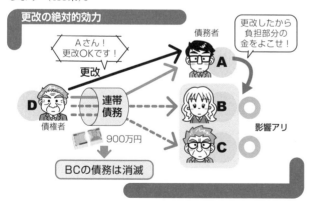

更改の絶対的効力

Aさん！更改OKです！
更改

D 債権者
連帯債務
900万円

BCの債務は消滅

債務者
A
更改したから負担部分の金をよこせ！
B
C
影響アリ

ただ，更改があると，それからはAが一人で債務を負うことになるので，Aが債権者に返済した900万円について，AはBCに対して，それぞれの**負担部分について分担を求める**ことができます。これを**求償**といいます。

請求の効果を他の連帯債務者に及ぼす合意

連帯債務者の一人に請求しても，他の連帯債務者にはなんの影響もないのが原則です。ただ，共同で車を購入するなど，連帯債務者相互間に密接な関係が認められる場合には，一人に請求することで全員に請求したのと同じ効果が生じるようにしておいたほうが，債権者にとっては有利です。なぜなら，いちいち全員に請求する手間を省けるからです。そのため，このような合意（特約）を結ぶことが，例外的に認められています（441条ただし書き）。

連帯保証

保証人が，主たる債務者と連帯して債務を負担する場合をいいます（454条）。

更改

既存の債務の重要な部分を変更して，新たな債務を成立させる当事者間の合意ををいいます（513条）。

438条（連帯債務者の一人との間の更改）

連帯債務者の一人と債権者との間に更改があったときは，債権は，全ての連帯債務者の利益のために消滅する。

「相殺」は絶対的効力事由
→他の連帯債務者に影響を及ぼす

　相殺（そうさい）とは，お互いの貸し借りを対等額でチャラにすることです（505条1項本文）。

　たとえば，ZがYに1万円を借りていて，別の日に，YがZに9千円を借りたとしましょう。そんなときどうします？

　普通は，ZはYに1万円を返して，YはZに9千円を返すなんてことはしないで「9千円分は貸し借りをチャラにしよう！だから残りの千円を返すよ」となりませんか？

　こういった簡易決済の機能を持っているのが相殺の仕組みなんです。

　そこで，連帯債務者の一人が債権者に金銭債権を有している場合（反対債権がある場合）の法律関係について説明します。次の図を見てください。

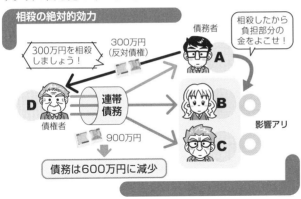

相殺の絶対的効力

相殺したから負担部分の金をよこせ！

300万円を相殺しましょう！

債務者

300万円（反対債権）

D 債権者

連帯債務

900万円

影響アリ

A

B

C

債務は600万円に減少

　900万円の連帯債務について，Aが300万円の反対債権を有しているとします。Aがその**反対債権を使って連帯債務と相殺した場合**，Aが300万円を**弁済したのと同様の効果が生じます**（439条1項）。Aが債権を行使してDから300万円の弁済を受け，同時にそれをDへの弁済に充てたのと同じことになるからです。

　Aの相殺によって，BCはその分で債務が減少していますから，AはBCに対して，**それぞれの負担部分に応じて求償する**ことができます。

　では，Aが相殺しない間に，債権者Dが連帯債務者BCに請求してきた場合はどうなるでしょう。

　BまたはCは，Aが相殺してくれれば600万円だけ用意す

反対債権

連帯債務と反対の矢印になるのでこれを反対債権といいます。連帯債務者が，逆に債権者に対して持っている債権のことです。なお，単に対立しているので「反対」債権と呼ぶだけで，その内容は通常の債権です。

300万円の反対債権

Aは債権者に900万円の連帯債務（借金）を負っている状態で，反対にAはこの債権者に300万円を貸していたというような場合に，この300万円の債権を「反対債権」と呼ぶわけです。

439条（連帯債務者の一人による相殺等）

1　連帯債務者の一人が債権者に対して債権を有する場合において，その連帯債務者が相殺を援用したときは，債権は，すべての連帯債務者の利益のために消滅する。

2　前項の債権を有する連帯債務者が相殺を援用しない間は，その連帯債務者の負担部分の限度において，他の連帯債務者は，債権者に対して債務の履行を拒むことができる。

れば足りますよね。ですから，本当は相殺してほしいんですが，Aの意思がわかりません。こんなときはどうすればいいでしょうか。

　Aが相殺するかどうかはAの自由ですから，Aとしてはむやみに干渉されても困ります。そこで，法は，反対「**債権を有する連帯債務者が相殺を援用しない間は，その連帯債務者の負担部分の限度において，他の連帯債務者は，債権者に対して債務の履行を拒むことができる**」としています（439条2項）。つまり，Aが相殺するかどうか決めない間は，債権者がBやCに請求してきても，BCは，「Aが相殺するかもしれないので，Aの負担部分については弁済しません」（履行を拒絶する）と主張できるということです。

援用

ある事実を自己の利益のために相手方に主張することをいいます。
この場合は「相殺しますよ」という意思表示をすることです。

「混同」は絶対的効力事由 →他の連帯債務者に影響を及ぼす

　連帯債務者の一人について，債権者との混同が生じた場合について説明します。

　ここで**混同**とは，**債権者と債務者の地位が同一人に帰属すること**をいいます（520条）。たとえば，下の図でAが債権者Dの地位を相続したような場合です。

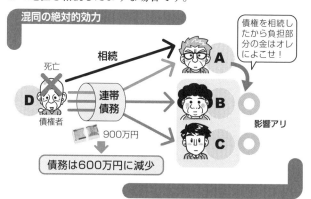

混同の絶対的効力

相続　死亡　D　債権者　連帯債務　900万円

債務は600万円に減少

債権を相続したから負担部分の金はオレによこせ！　A　B　C　影響アリ

混同

たとえば，会社を立ち上げる資金を親Aから融資してもらっている子B（Aの唯一の相続人であるとして）が親を相続した場合，資金を借りているBは，「資金を貸しているAの相続人であるB」に融資金を返済することになります。要するに，自分で自分に借金をしていることになりますから，借金は帳消しになります。これが混同の例です。

　Aは相続（混同）によってDの地位を引き継いで債権者になるので，連帯債務者であるAは，債権者であるAに弁済する必要はありません。自分で自分に返済するという無意味なことになるからです。

　ですから，Aの負担部分については弁済されたのと同じ効果を生じます（440条）。結果として，連帯債務はAの負担部

440条（連帯債務者の一人との間の混同）

連帯債務者の一人と債権者との間に混同があったときは，その連帯債務者は，弁済をしたものとみなす。

分に相当する額だけ減少することになります。

　なお，この場合も，ＡはＢＣに，それぞれの負担部分に応じて求償することができますし，債権者であるＡはＢＣに残額全部を請求することができます。

「免除」は相対的効力事由 →連帯債務の額は減少しない

　債権者が連帯債務者の一人に債務を**免除**することがあります。この場合，免除の効果が他の債務者に及ぶかは，債権者がどういう趣旨で免除をしたのかという意思解釈の問題とされています。

　通常の場合，債権者はその者には請求しない（次ページの図で，債権者Ｄが連帯債務者Ａに免除した場合は，「ＢＣから全額を支払ってもらう」）という趣旨で免除しているとされています。

　では，Ｂ（またはＣ）が全額を支払った場合，Ｂ（またはＣ）はＡに対して求償できるでしょうか。

　免除といっても，単に債権者が「Ａには請求しない，ＢＣから全額を支払ってもらう」という意図であれば，後は内部関係の問題が残るだけです。ＢＣがＡには求償しないとするか，Ａにも分担してもらうかは内部で決めるべきことで，債権者が「どうしろ，こうしろ」と指図できることではありません。

　このような事情から，法は求償を認めています（445条）。

　つまり，ＢＣはＡの負担部分について求償することができます。ということは，通常の場合の免除の意味とは，単に「Ａには請求しない」というだけということになります。それによってＢＣの債務が減少するわけではないのです。

「時効完成」は相対的効力事由 →連帯債務の額は減少しない

　連帯債務者の一人について**時効（消滅時効）**が完成したら，その分だけ債務は減少するでしょうか。

　これには，ちょっと注意が必要です。

　なぜかというと，時効が完成した債務者が時効を援用すると「その債務者は債務を免れるはずだ」（ということは，負

免除の相対的効力

「免除するんだったら，その分の債務が減るべきじゃないか」と思うかもしれませんが，そう簡単ではないんです。仮に，免除が「負担部分については払わなくていいよ」という趣旨だとして，免除を受けた者の負担部分が10割で，他の連帯債務者がゼロだったような場合には，債権者としては「ええっ？均等割合だと思っていたのに……」などという予想外の結果を招いてしまいます。免除者の意思としては，「その人には請求しないというだけのもの」と解するのが，やはり一番合理的なんです。

消滅時効

権利を行使しない状態が一定期間継続した場合に，その権利を消滅させる制度です。
詳しくは「民法Ⅰ」を参照してください。

担部分について求償を受けることもない）と思いがちなんですが，実は違うんです。

　時効が完成した場合の法的な処理は，免除の場合とまったく同じなんです。

　次の図でいえば，Aに時効が完成した場合，Aが時効を援用すると，債権者DはAには請求できなくなります。

　でも，効果はそれだけです。

　Aの時効が完成したからといっても，BCの債務がAの負担部分の分だけ減少するわけではないので，債権者DはBCには全額を請求できます。そして，B（またはC）が全額を支払った場合，B（またはC）はAにその負担部分を求償できるんです。

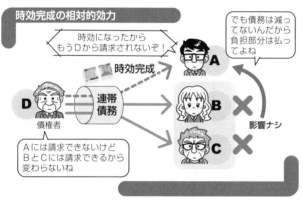

「これじゃあ，時効完成の意味がないじゃないか！」

　実は，ここが連帯債務の特質で，連帯債務というのは債務者全員で一本の債務について責任を負っているわけですよね。ということは，一人について時効が完成してもダメで，**全員について時効が完成しないと債務は消滅しない**というわけです。

　これまで，いくつかの事由を見てきましたが，そこから見て取れることは，**弁済か，それに準ずる事由でないと，債務はその負担部分についてであってもなくならないということ**です。

　絶対的効力事由とされる更改も相殺も混同も，結局は，その事由が生じた連帯債務者の一人が弁済したのと同じような扱いになるものでした。

　そして，最初に保証債務との比較で説明したように，連帯

援用

ある事実を自己の利益のために相手方に主張することをいいます。

この場合は，時効の完成によって権利の取得または消滅という状態が生じているので，自分は時効を使うということを，時効によって不利益を受ける相手（真の権利者）に伝えることをいいます。

時効の相対的効力

時効を相対的効力とすると，時効完成の意味がないように感じてしまいますが，必ずしもそうではありません。時効を援用すれば，もう債権者からの請求を受けることはありません。これってけっこう大きいんです。なぜかというと，もし請求に応じて弁済しなければ，場合によっては強制執行ということもあり得ます。時効によって，その心配をしなくてよくなるというのは，かなり心理的に楽なんです。もちろん，他の連帯債務者が弁済した後で求償を受ける場合には同じ事態に陥ります。でも，全額を請求されるのと，負担部分だけを請求されるのでは，負担の重さが違います。時効の完成も，決して意味がないわけではないんです。

債務というのは，債権の効力が極めて強化されている（債権者がより確実に弁済を受けられるように工夫されている）点に特質があるので，その点から考えても，一人にだけ時効が完成しても「連帯」からは免れられないということです。

「連帯債務では債権が強化されている」

そして，時効が相対的効力とされているのも，この点から来る政策的判断に基づくものです。

別々に全額を弁済した場合，求償関係はどうなる？

連帯債務では，複数の債務者の間に意思の連絡があるとは限りません。そこで，別々に弁済して二重弁済になるようなことを避ける方策が必要になります。

まず，**連帯債務者が弁済をする場合には，事前に「今から弁済します」ということを他の連帯債務者に通知しなければなりません**（**事前の通知**）。そうすれば，自分の弁済が有効であることを主張できますし，共同の免責をもとに他の連帯債務者に求償ができます（443条1項）。

なお，これは他に連帯債務者がいることを知っていることが要件です。たとえば，ＡＢが数分間隔で意思の連絡なくＣを誤って負傷させた場合のように，不法行為者ＡＢが互いの存在を知らなければ事前の通知はできません。ですから，Ｂの存在を知らないＡがＣに先に賠償して，その後にＢの存在がわかったという場合には，ＡはＢに過失割合に応じた金額の求償ができます。

また，他に連帯債務者がいることを知っている場合で，事前の通知が間に合わなければ，「共同の免責を得られた」旨の**事後の通知**をする必要があります。それを怠っている間に，他の連帯債務者が弁済すれば，その連帯債務者は自己の弁済を有効なものとみなすことができます（443条2項）。

では，問題演習で知識の整理をしておきましょう。

共同の免責

弁済だけでなく，相殺なども含まれます。他の連帯債務者の債務がその分消滅するものが，ここでいう共同の免責ということです。

「事前の通知が間に合わなかった」とは

たとえば，ＡＢ二人の過失でＣにけがを負わせて，ＡＢがともに全額の賠償責任を負った場合に，ＡがＣから「すぐに治療費がいる」といわれて，請求と同時に全額を支払ったなどがその例です。

例題8

連帯債務に関する次の記述のうち，妥当なものはどれか。

（国家一般職　改題）

1　連帯債務者の一人がその債務の免除を受けた場合には，その債務者の負担部

分について他の債務者も債務を免れる。

2 連帯債務者の一人が，債権者に対して有する反対債権により相殺した場合には，その分だけ他の連帯債務者も債務を免れる。

3 連帯債務者の一人が債権者に対して反対債権を有する場合において，その連帯債務者が相殺を援用しない間は，他の連帯債務者は反対債権を有する連帯債務者の負担部分について，相殺を援用することができる。

4 連帯債務者の一人がその債務の一部を弁済した場合には，自己の負担部分を超える額を弁済したときに限り，他の債務者に対しそれぞれの負担部分に応じて求償することができる。

5 連帯債務者の一人について時効が完成した場合，その連帯債務者が時効を援用すれば，その者の負担部分について，他の連帯債務者も債務を免れる。

本問のポイント！

1. **免除**は，他の連帯債務者に影響を及ぼさない**相対的効力事由**とされています（441条）。すなわち，連帯債務者の一人が債務の免除を受けたとしても，債権者は，「その債務者には請求しない。その代わり，他の債務者から全額の弁済を受ける」という趣旨で免除をしているとされ，したがって，免除を受けた債務者の負担部分について，連帯債務の債務額が減少するわけではありません。

2. 妥当な記述です。**相殺**は，弁済したのと同様の効果を生ずるものです。そして，弁済したということは，債務が相殺された分だけ減少するわけですから，それは他の連帯債務者にも効力が及ぶ**絶対的効力事由**になります（439条1項）。すなわち，他の連帯債務者の債務額も，その分減少することになります。

3. 相殺を**援用**することはできません。相殺するかどうかは，反対債権を持っている連帯債務者の意思を第一に考える必要があるからです。ただ，そうなると，「相殺するかもしれない」という状況の中で，なお全額を弁済しなさいというのもちょっと不合理です。そのため，「（反対債権を）有する連帯債務者が相殺を援用しない間は，その連帯債務者の負担部分の限度において，他の連帯債務者は，債権者に対して債務の履行を拒むことができる」とされています（439条2項）。

4. 弁済額がその負担部分を超えない場合でも求償は可能です。負担部分は金額ではなく割合で決められているからで

 免除の相対的効力

免除は相対的効力しかありませんが，だからといって，免除を受けてもしかたがないということではありません。なぜなら，免除されれば，債権者から「全額を」請求されることはないからです。他方で，債権者に弁済した他の連帯債務者から求償を受けることはあります。でも，その場合の請求額は，免除を受けた連帯債務者の負担部分に限られます。全額を用意するのと，一部（負担部分の分）だけ用意すれば足りるのとではかなりの違いがあります。免除には，それだけの効果があります。

す。

5. 時効の完成も免除と同様に**相対的効力事由**です（441条）。ですから，連帯債務者の一人について時効が完成しても，他の連帯債務者には影響がなく，債権者はなお債務の全額を他の連帯債務者に対して請求できることになります。

　本問の正答は**2**です。

正答　2

「1-6 連帯債務」のまとめ

連帯債務の性質

▶連帯債務は，連帯債務者の数に応じた数個の独立した債務である。

▶連帯債務者の一人について無効や取消しの原因があった場合でも，他の連帯債務者の債務はこれによって影響を受けない。

▶連帯債務者の一人についてのみ，保証債務を成立させることができる。

連帯債務の効力

▶債権者は，連帯債務者の一人に対して，あるいは，すべての連帯債務者に同時もしくは順次に，連帯債務の全部または一部の履行を請求することができる。

▶連帯債務者の一人と債権者との間に更改があったときは，債権はすべての連帯債務者の利益のために消滅する（更改は絶対的効力事由）。

▶連帯債務者の一人が債権者に対して債権を有する場合において，その連帯債務者が相殺を援用したときは，債権はすべての連帯債務者の利益のために消滅する（相殺は絶対的効力事由）。

▶債権者に対して反対債権を有する連帯債務者が相殺を援用しない間は，その連帯債務者の負担部分の限度において，他の連帯債務者は，債権者に対して債務の履行を拒むことができる。

▶連帯債務者の一人と債権者との間に混同があったときは，その連帯債務者は，弁済をしたものとみなされる（混同は絶対的効力事由）。

▶連帯債務者の一人に対して請求したとしても，他の連帯債務者に同時に請求の効力が生じるわけではない。

▶連帯債務者の一人に対して免除がなされたとしても，その者の負担部分について，他の連帯債務者が債務を免れるわけではない（免除は相対的効力事由）。

保証債務
～保証債務は債権担保の代名詞～

　前項では，同一責任を負う債務者が複数という債権の強化策について説明しました。では，**債務者が一人の場合に債権を強化する（弁済の確度を高める）方法はないか**といいますと，それが本項で扱う**保証**です。この制度は，債務者が弁済できない場合に備えて，保証人となった者に請求を可能とすることで弁済を得られる可能性を高めようというものです。

　保証は，抵当権のように「債権者（抵当権者）が自ら競売してその代価から優先弁済を受ける」といった強力な効力はありませんが，書面で合意すればよく，登記などの手間がかからないなどの手軽さから広く利用されています。

保証…主たる債務者の履行をサポートする制度

　保証とは，**主たる債務者が弁済しなかった場合に，代わりに弁済することを約束するという債権者と保証人との間の契約**です。

　保証人（ほしょうにん）は，主たる債務者が弁済しなかった場合に補助的に弁済の義務を負う**二次的債務**という点が保証債務の特徴です。

　そして，この二次的債務とは逆に，主体となって弁済の責

保証債務の重要度

保証債務は，取引社会で頻繁に利用されていることもあって，公務員試験でも重要な出題箇所になっています。内容がやや複雑で覚える知識も多いので，制度趣旨などと絡めて効率よく知識を整理しておくことが必要です。

人的担保・物的担保

保証は「保証人」という人の信用をアテにするので「**人的担保**」と呼ばれています。「民法Ⅰ」で出てきた担保物権は，物の価値を引き当てにするので「**物的担保**」と呼ばれています。

主たる債務者

保証を受けるもともとの債務（一次的債務）を負っている人のことです。「主債務者」と表現することもあります。

保証債務とは

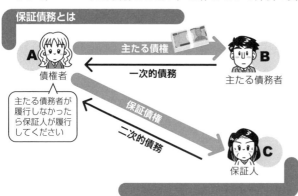

主たる債権
一次的債務
A 債権者
B 主たる債務者

保証債権
二次的債務
C 保証人

主たる債務者が履行しなかったら保証人が履行してください

任を負うのは主たる債務者で，このことを「主たる債務者は**一次的債務を負う**」といいます。

主債務者からの依頼がなくても保証人になれる

保証は，債権者と保証人との間の契約によって成立します。よく，「保証人になってほしいと頼まれた」という話を耳にすることがあると思います。でも，主たる債務者に頼まれることは保証契約が成立するための要件ではありません。

保証債務の成立

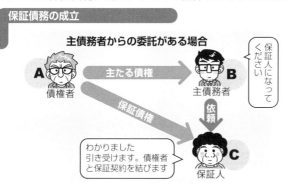

主債務者からの委託がある場合

A 債権者 ─ 主たる債権 → B 主債務者
保証人になってください

A 債権者 ─ 保証債権 → C 保証人
依頼
わかりました 引き受けます。債権者と保証契約を結びます

主債務者からの委託がない場合

A 債権者 ─ 主たる債権 → B 主債務者
え？何を勝手に……

A 債権者 ─ 保証債権 → C 保証人
それはありがたい では保証契約を結びましょう
私が保証人になります

保証は，あくまでも債権者と保証人になろうとする人の契約で成立します。主たる債務者は保証契約の当事者ではありません。ですから，主債務者からの依頼がなくても，もっといえば主債務者がその人に「保証人になってほしくない」と思っていたとしても，保証人となることは可能です（これを，**意思に反する保証人**といいます）。

債権者にとっては，保証人がいることは弁済の確実性を高めるという意味で有利ですし，主債務者も融資が受けやすく

二次的債務

保証人は，主たる債務者が弁済しなかった場合に，主たる債務者に代わって弁済するので，二次的債務と呼ばれています。要するに「自分が借りているわけではない，人の代わりに債務を負っている」という意味です。

保証契約

保証は契約によって成立します。ただし，安易に保証人となることを防止するために，**書面性**が要求されるなど，規制が強化されています（446条2項，465条の6）。保証契約の当事者は，債権者と保証人です。つまり，主債務者は保証契約の当事者ではありません。ですから，主債務者が知らないうちに保証人となることも可能です。

将来の債務の保証契約

主たる債務がまだ発生していなくても，保証は可能です。保証とは，「主たる債務の履行を担保する」ことを目的とするものですから，主たる債務が将来的に発生してくれればよく，保証契約の時点で主たる債務が存在していることは要件ではありません。また，保証人があらかじめ確保できていれば，債権者も主債務者に対して安心して融資ができるなどのメリットも生じます。

第**1**章 債権総論

111

なるというメリットがあります。

　また，なってほしくない人が保証人になったとしても，主債務者は期限に弁済すればなんら問題はないのですから，そんな保証人に対して主債務者が負担を感じる必要はありません。ですから，意思に反して保証人になることが主債務者を不利にするわけではないんです。

　ただ，主債務者から頼まれてもいないのに保証人になった場合には，頼まれて保証人になった場合と比べて，いくつか権利が制限されています。これは，主債務者から頼まれて，「わかった！引き受けよう」として厚意で保証人になった人を保護するという意味です。具体的には，保証人が債務を肩代わりした場合の求償の要件や範囲などで差が出てきます。

 ## 保証人にはどんな人がなれる？

　保証人になる資格に，特に制限はありません。原則として誰でも保証人になれます。

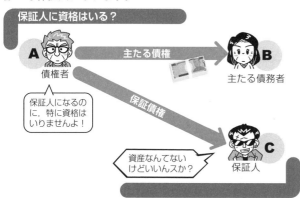

　なぜかというと，誰が保証人になろうと，債権者にとって，保証人がいない状態よりも不利になることはないからです。ただ，まったく無一文の人が保証人になった場合には，保証契約を結ぶ手間がムダになるというだけのことです。

　また，たとえ無一文の人でも，弁済期には資力（財産状態）が回復しているかもしれませんし，保証契約を結んだ時に資力があっても，その後に無一文になるおそれもあります。そのあたりは，経験から判断するしかないんですね。

　それに，保証人は一人でなければならないという決まりは

委託を受けない保証人の求償権

主債務者から委託を受けた保証人の場合，主債務の弁済期後に保証人が弁済すれば，①その日以後の法定利息，②避けることができなかった費用，③その他の損害の賠償の請求ができます（459条2項による442条2項の準用）。しかし，委託を受けない保証人については，このような請求は認められていません。

また，主債務者の資産状況がどんどん悪化していて「弁済期には主債務者は弁済できないかもしれない」などというときに，保証人が「自分だけが責任を負わされるのはたまらない」として，あらかじめ主債務者に求償しておく事前求償権は，委託を受けた保証人にしか認められていません（460条）。

なお，これらは試験にはほとんど出題されませんから，詳しく覚える必要はありません。

ありませんから，ある保証人があまりアテにならないと思えば（例：高校の同じクラスの友人が保証人になったなど），別の人（例：親など）に新たに保証人になってもらってもかまいません。

ただ，「どうしてもちゃんとした保証人が必要だ！」という場合はどうでしょう。

このような場合には，誰でもいいというわけにはいかないので，次の要件が必要とされています。

①債務者が保証人を立てる義務を負う場合の保証人の要件
- ・行為能力者であること
- ・弁済をする資力を有すること

②どのような場合に①の保証人が必要とされるか
- ・契約で定めた場合
- ・法律の規定による場合
  →委任事務の処理のために受任者が債務を負担したが，期限に委任者が払ってくれるか怪しいので担保を供させる場合（650条2項）など
- ・裁判所の命令による場合
  →裁判所が，不在者の管理人に対して，その管理する財産の返還について担保を提供させる場合（29条1項）

②は細かく覚える必要はありませんが，①についてはきちんと覚えておいてください。

保証債務を主たる債務よりも重くするのはダメ！

保証債務は，主たる債務よりも重いものであることは許されません。保証というのは，主たる債務が履行されない場合に，主債務者に代わって二次的に「主たる債務の内容を履行する」ものですから，「重くするのはダメ」というのは保証の性質から導かれることです。

では，債権の一部を保証するのはどうでしょうか。

先に，保証人の資力のところで「どんな人が保証人になろうと，債権者にとって保証人がいない状態よりも不利になることはない」と説明しましたが，ここも考え方は同じです。

たとえ一部であっても，保証してくれる人がいることは，債権者にとって助けになります。ですから，「全額の保証はキツイけど一部なら保証していい」という場合（これを一部）

保証人の人数
保証人の員数に特に制限はありません。何人立ててもOKです。通常，借り入れの金額が大きい場合には，一番身近な人を連帯保証人にして，それ以外で確実な収入がある人を保証人にするようなことがよく行われています（例：奨学金の借入で親権者を連帯保証人に，またすでに社会人になっている兄や姉を保証人にするなど）。
なお，連帯保証については後ほど説明します。

行為能力者
単独で有効に法律行為を行うことができる能力のある人のことです。未成年者などの制限行為能力者は該当しません。

債務者が保証人を立てる義務を負う場合
契約で定めた場合の典型例として，住宅ローンの借入れがあります。金融機関との契約で，借入れの際には，必ず保証人を立てることが約定されます。その場合，金融機関は，保証人について，市区町村が発行した所得証明書（数年分）の添付を求めて，弁済の資力を有するかどうかを判断することになります。

主たる債務が軽くなった場合
保証債務は，あくまでも主たる債務の履行を担保するものですから，利率の変更等により，主たる債務が軽くなれば，保証債務もそれに応じて軽くなります。保証債務だけ重いままということは許されません。

保証といいます），そのような保証契約は有効です。

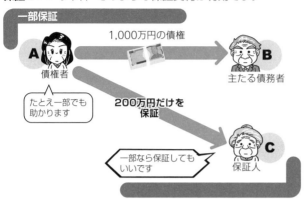

一部保証

1,000万円の債権

A 債権者

B 主たる債務者

たとえ一部でも助かります

200万円だけを保証

一部なら保証してもいいです

C 保証人

売買契約の売主の保証ってなんのためにある？

売買契約で，売主のために保証人を立てたという事例がありました。

「え？買主のための保証ならわかるよ。代金の支払いを保証するってやつでしょ。でも，売主のための保証ってナニ？」って思われるかもしれません。

ところが，そんな保証があるんです。それも，代わりの物がない物の売買，つまり**特定物**の売買です。

特定物というと，世の中にそれしかない物ですよね。つまり，売主しか持っていないわけです。その引渡しを売主以外の者が保証するって，そんなことできるんでしょうか。ちょっと疑問が出てくると思います。

次ページの図を見てください，A（買主）は有名な画家がかいた絵画（特定物）を購入するためB（売主＝主たる債務者）に代金を払ったのに，Bは期限に履行しませんでした。特定物は同じものが二つとない物ですから，当然ですが保証人が持っているわけがないので，保証人も履行はできませんよね。

結局，債権者である買主Aは，契約を解除して払った代金の返還を請求しました。ところが，売主がその代金を返さなかったため，保証人のほうに返還を請求したんです。これは認められるでしょうか。

特定物・不特定物

特定物とは，物の個性に着目して債権の目的とされたものをいいます。一方，不特定物とは，単に種類や数量，品質等を指定して債権の目的とされたものをいいます。

期限に履行しない

この左の例の場合，「期限に履行しなかった」というのは「特定物を買主に引き渡さなかった」ということです。

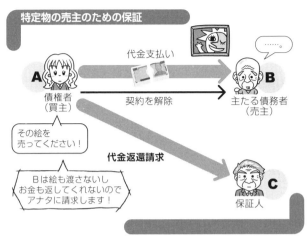

特定物の売主のための保証

代金支払い

A　債権者（買主）

契約を解除

B　主たる債務者（売主）

……．

その絵を売ってください！

代金返還請求

Bは絵も渡さないしお金も返してくれないのでアナタに請求します！

C　保証人

結論として，判例は認められるとしました（最大判昭40・6・30）。

　理由は「同じものが二つとない物の引渡しを保証するというのはそもそも不合理で，この場合は，主たる債務者が履行しなかったときに損害賠償や代金の返還（原状回復）を保証する趣旨で保証契約を結んでいると解釈すべきだ」というものでした。

　これ，ちょっと民法の考え方の参考になるので注目です。

　なぜかというと，保証人としては「いや，そういう趣旨じゃなかったんだ」などと，後から言ってもダメだからです。

　つまり，「同じものが二つとない物の売主の保証でしょ！」「売主が履行しないのに，保証人が引き渡せるわけがないじゃない」「それでも保証したっていうことは，履行できない場合の後始末（解除の場合の代金の返還）の保証だよね」ということなんです。

保証人の保護①…保証契約には書面性が必要

　話を保証人の保護に移しましょう。

　いろんな保護の仕組みがあるのですが，まずは**書面性**（しょめんせい）について説明します。

　これまで，保証とは債権者と保証人の間の契約で成立するものだと説明してきました。そして，民法では，契約は当事者間の合意があれば，それで成立するのが原則です。

　売主のための保証の判決

民法では数少ない大法廷判決なので，判旨を掲げておきます。

特定物の売買における売主のための保証においては，通常，その契約から直接に生ずる売主の債務につき保証人が自ら履行の責に任ずるというよりも，むしろ，売主の債務不履行に基因して売主が買主に対し負担することあるべき債務につき責に任ずる趣旨でなされるものと解するのが相当であるから，保証人は，債務不履行により売主が買主に対し負担する損害賠償義務についてはもちろん，特に反対の意思表示のないかぎり，売主の債務不履行により契約が解除された場合における原状回復義務についても保証の責に任ずるものと認めるのを相当とする（最大判昭40・6・30）。

ところが，保証の場合には，単なる合意だけでは不足で，それをきちんと書面に表しておかないと効力が生じないとされています（446条2項）。これは，安易に保証人となることを防止するためのものです。

書面性の要件

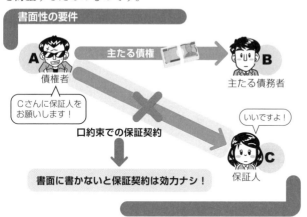

「本当に保証人を引き受けるかどうかをしっかり考えて署名・捺印してほしい」，法が書面性を要求するのは，それを期待しているのです。

　そのうえで保証人となるというのであれば，それなりの覚悟があるでしょうから，今度は責任を持って保証人としての義務を果たさなければなりません。

　なお，個人が保証人となる保証契約のうち，事業のために負担した貸金等の債務を主たる債務とする保証契約については，書面は，公証役場で公証人が作成する公正証書によることが必要とされています（465条の6）。事業資金については，一般にその金額が多額にのぼることなどから，法律の専門家である公証人から，保証人になることによってどんなリスクを負うことになるかなどの説明を受ける機会が設けられています。そうやって，より厳格な要件が求められて保証人の保護が徹底されているわけです。

保証人の保護②…保証人への 情報提供義務

　保証契約では，主債務者から委託を受けることは要件とされていませんから，主債務者が知らない間に第三者が勝手に保証人となることもあり得ます。

446条2項

2　保証契約は，書面でしなければ，その効力を生じない。

署名・捺印

署名は，書類に本人が直筆で名前を書くことです。捺印は，書類に本人のハンコを押すことです。

公証役場

公証役場は，法務省や法務局が所管する公的機関で，遺言などの公正証書の作成や会社等の定款の認証など，高い信用性が求められる文書の作成等を行います（各地にあります）。公証人は，公証役場で公証事務を担当する人たちです。

465条の6

1　事業のために負担した貸金等債務を主たる債務とする保証契約…は，その契約の締結に先立ち，その締結の日前1箇月以内に作成された公正証書で保証人になろうとする者が保証債務を履行する意思を表示していなければ，その効力を生じない。

事業にかかる債務の保証契約

事業の場合は，経営の悪化によって保証額が予想しなかったほどに多額になるおそれがあることから，慎重な判断を求める意味で，平成29年（2017年）の改正の際に，**公正証書**という厳格な書面による確認が要求されることになりました。なお，中小企業などで会社が

そうなると，主債務者から保証人に必要な情報が提供されないということも起こり得ます。また，主債務者の委託を受けて保証人となった場合でも，必ずしも必要な情報が伝えられるとは限りません。

そこで，法は，契約の当事者である債権者に保証人への情報提供義務を課して，保証人の保護を図ることにしました。

必要な情報とは，次の図のようなものです。

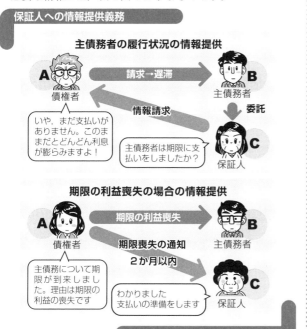

情報提供には二種類ありますが，要件が違いますから注意してください。

【保証人への情報提供義務】

①主債務者の履行状況の情報提供
→請求権者は委託を受けた保証人
→保証人から請求があった場合の情報提供義務

②期限の利益喪失の場合の情報提供
→委託を受けた保証人に限られない
→債権者は，期限の利益喪失を知ったときから2か月以内に通知する必要がある

まず，①の情報提供ですが，主たる債務者が債務を履行し

借り入れをする際に，経営者個人が保証人となることがありますが（これを**経営者保証**といいます），この場合には公正証書の作成は不要です（465条の9）。

主債務者からの委託

「主債務者からの委託を受けた保証契約」というのは，主債務者から保証人になってくださいと頼まれて，それを引き受けた場合のことです。

主たる債務の履行状況に関する情報の提供義務

458条の2 保証人が主たる債務者の委託を受けて保証をした場合において，保証人の請求があったときは，債権者は，保証人に対し，遅滞なく，主たる債務の元本及び主たる債務に関する利息，違約金，損害賠償その他その債務に従たる全てのものについての不履行の有無並びにこれらの残額及びそのうち弁済期が到来しているものの額に関する情報を提供しなければならない。

期限の利益喪失

期限まで債務の弁済を強制されないなど，期限が到来しないことによって当事者が受ける利益を「**期限の利益**」といいます。

ただ，分割払いを何度も滞納するなどの契約違反が続いたり，勝手に担保を売却するなど，債務者の信頼が失われるような事由が生じると，期限の利益は失われます。簡単に言えば「あなたは信用できないのでもう貸せません！今すぐ全額を返してください！」ということです。

ないまま時間が過ぎていくと，その間，どんどん利息が増えていきます。そこで，保証人が債権者に対して，主債務者が支払いを済ませているかなどの情報提供を求めた場合には，債権者はその情報を提供しなければなりません。

②の情報提供については，主債務者からの委託のあるなしにかかわらず認められています。たとえば，主債務者が破産手続き開始の決定を受けたりすると，突然そこで弁済の期限が到来してしまいます。保証人としては，期限がまだずっと先だと思って安心していたのに，突然期限が到来して，そこからどんどん利息が増えていくということになると，思わぬ損害を被るおそれがあります。

そこで，債権者が期限の到来を知ったときには，2か月以内に期限が到来したことを保証人に通知する義務が課されています。債権者が2か月以内にこれを行えば，保証人から弁済があるまでの利息を請求できます。でも，それを怠ると，遅れた期間の利息は請求できません。

催告・検索の抗弁…「先に主債務者に請求して！」

期限到来後に，債権者が主債務者よりも先に保証人に請求してきた場合，保証人はこれに応じなければならないでしょうか。答えはノーですよね。

保証というのは，主債務者が履行しない場合に備えた保険のようなものですから，保証人は「先に主債務者に請求してほしい」と主張することができます。これを**催告の抗弁**といいます（452条本文）。

ただ，これ自体は当たり前の制度なんですが，本来真っ先に支払いを行うべき主債務者に支払いを行わせるという点では，意外に効果が薄いんです。なぜかというと，債権者は，その場で主債務者に電話をかけて「支払いをしてください」と言えば，それで請求を済ませたことになるからです。

つまり，債権者に「主債務者に請求したけどお金がないので払えないと言われました」と主張されれば，もうこの抗弁は使えなくなります。

そこで，第二弾として，**検索の抗弁**というものがあります（453条）。これは，上記のような催告がなされることが前提ですが，「保証人が主たる債務者に弁済をする資力があり，

137条（期限の利益の喪失）
次に掲げる場合には，債務者は，期限の利益を主張することができない。
一　債務者が破産手続開始の決定を受けたとき。

委託を受けない保証人の情報提供請求
これは認められていません。主たる債務者が支払いをしたかどうかは個人の信用情報に関することなので，情報提供請求ができるのは，委託を受けた保証人に限られています。

催告
催促とか督促とかと同じ意味です。

抗弁
相手の主張に反論することです。

452条（催告の抗弁）
債権者が保証人に債務の履行を請求したときは，保証人は，まず主たる債務者に催告をすべき旨を請求することができる。（以下略）

453条（検索の抗弁）
債権者が前条の規定に従い主たる債務者に催告をした後であっても，保証人が主たる債務者に弁済をする資力があり，かつ，執行が容易であることを証明したときは，債権者は，まず主たる債務者の財産について執行をしなければならない。

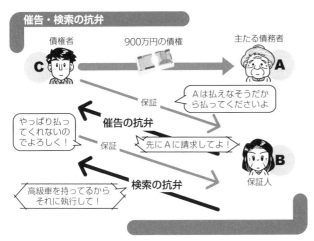

催告・検索の抗弁

債権者　　　　900万円の債権　　　　主たる債務者

C　　　　　　　　　　　　　　　　　　　A

保証　　　　Aは払えなそうだから払ってくださいよ

やっぱり払ってくれないのでよろしく！　　**催告の抗弁**

保証　　　先にAに請求してよ！　　　　B

検索の抗弁　　　　　　　保証人

高級車を持ってるからそれに執行して！

かつ，執行が容易であることを証明したときは，債権者は，まず主たる債務者の財産について執行をしなければならない」というものです。

　弁済する資力があって執行が容易であることを証明しなければならないというハードルはあるものの，保証人が履行を拒絶できる強力な手段になっています。

🏠 主債務者が持っている抗弁を有効利用しよう！

　上記の催告・検索の抗弁は，保証人に認められた抗弁です。では，主たる債務者が抗弁（支払拒絶事由）を持っている場合，保証人がそれを使うことはできないでしょうか。

　保証の二次的債務という性質からして，これは使えるはずですよね（457条2項）。今度はそれを説明しましょう。

①主たる債務について時効が完成している

　主たる債務について時効が完成している場合，主債務者が時効を援用すれば，主債務はそれによって消滅します。そうすれば，保証債務も一緒に消滅します。これを**消滅に関する付従性**といいます。理由は，保証すべき債権がなくなるので，保証債務を残しておく意味がないからです。

　たとえ，主債務者が時効を援用しなくても，保証人は時効の援用権者ですから（145条），独自に時効を援用して保証債務の履行を免れることができます。

457条2項

2　保証人は，主たる債務者が主張することができる抗弁をもって債権者に対抗することができる。

付従性

債権があってはじめて債務も存在し，債権が消滅すれば債務もまた消滅するという性質です。

「民法Ⅰ」の担保物権でも出てきました。

援用

ある事実を自己の利益のために相手方に主張することをいいます。

この場合は，自分は時効を使うということを，時効によって不利益を受ける相手に伝えることをいいます。

時効の援用については，「民法Ⅰ」の時効のところで詳しく説明していますので，そちらも見てみてください。

②主たる債務者が相殺権・取消権・解除権を持つ場合

主債務者が，相殺権・取消権・解除権を持っている場合，保証人はこれらを理由に，履行を拒絶する権利が認められています（457条3項）。保証とは，主債務の履行を担保する手段ですから，主債務がこれらによって（その分で）消滅すれば，保証債務は履行の必要がなくなるからです。

457条3項

3　主たる債務者が債権者に対して相殺権，取消権又は解除権を有するときは，これらの権利の行使によって主たる債務者がその債務を免れるべき限度において，保証人は，債権者に対して債務の履行を拒むことができる。

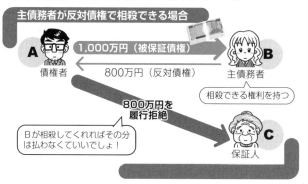

主債務者が反対債権で相殺できる場合

A 債権者　1,000万円（被保証債権）→　B 主債務者
←800万円（反対債権）
相殺できる権利を持つ

800万円を履行拒絶

Bが相殺してくれればその分は払わなくていいでしょ！

C 保証人

相殺を例に考えてみましょう。

上の図で，主債務者Bが800万円について相殺してくれれば，1,000万円のうち800万円を弁済したのと同じことになるので，支払うべき残りの額は200万円です。ただ，相殺するかどうかは，反対債権を有するBが判断すべきことで，保証人Cが「どうしろこうしろ」と言えることではありません。

でも，主債務者が相殺してくれれば，800万円については履行しなくて済むんですから，このような保証人の利益を考えて，**反対債権の範囲で履行を拒絶できる**としています。

このような配慮は，取消権や解除権の場合も同様です。

たとえば，主たる債務が債権者の強迫によって成立している場合，主債務者が強迫を理由に取り消してくれれば（96条1項），保証人は保証する必要がなくなります。同様に，主たる債務についてなんらかの解除事由が生じていて（例：契約で，債権者が先に履行するとの約束を守らないため債務不履行になっているなど），主債務者が解除すれば，やはり保証人は保証の必要がなくなります。

ですから，主債務者がこれらの権利を持っている場合，それを行使すれば，保証人は保証債務を履行しなくて済みます。ただ，これらの権利を行使するかどうかは主債務者が決めることですから，保証人は履行拒絶ができるにとどまります。

行為能力の制限による取消しの場合

同じ取消しであっても，主債務者が成年被後見人と知っていて保証して，主債務が行為能力の制限を理由に取り消されることがわかっている場合には，事情が異なります。

たとえば，主債務者である成年被後見人が「重度の認知症で債務の意味を理解できないだろう」などと思いつつ保証人となったなどという場合には，「自分（＝保証人）が債務を負担する意図だ」と考えるのが自然です。そのため，このような場合には，保証人が独立の同一の債務を負担したものと推定されています（449条）。

普通保証と連帯保証の違いとは

　これまでに説明してきた保証を**普通保証**といいますが，それとは別に**連帯保証**というものがあります。

　どういうものかというと，イメージとしては「保証ではあっても，催告・検索の抗弁を使えなくしたもの」と思ってください。普通保証の場合は，主債務者より保証人のほうが資産がありそうだからと思って，保証人に先に請求しても，「主債務者から払ってもらうのがスジでしょう」と言って抗弁（催告・検索の抗弁）を主張されてしまいます。

　これ，債権者にとってはちょっと面倒なんです。

　たとえば主たる債務者が行方をくらましたというような場合には，催告の抗弁を出されると債務者を捜さなくてはいけなくなるので，かなりの負担になります。

　そこで，保証人に資力がありそうなら，債権者としては，手っ取り早く保証人から支払ってもらったほうが簡単だということで，「最初から保証人に請求させてほしい」というのが連帯保証です。

　あと，もう一つの普通保証との大きな違いは，分別の利益をなくしたことです。この特徴は，保証人が複数いる場合（**共同保証**といいます）で現れます。

　保証人の数が増えれば，それだけ保証力が強化されるかというと，必ずしもそうではありません。なぜかというと，保証人が複数いる場合，保証の額が人数分で均等に分割されてしまうからです。これが**分別の利益**と呼ばれるものです。

　たとえば保証人が三人いる場合，それぞれの保証額は3分の1ずつで済みます。でも，それでは保証人を増やした意味がありません。そこで，連帯保証ではこの分別の利益をなくしています。つまり，連帯保証人が複数いても，それぞれの連帯保証人は主たる債務額全額を保証しなければいけないのです。

　連帯保証というと，何か複雑な保証のようなイメージがありますが，連帯保証は普通保証から催告・検索の抗弁をなくして分別の利益を取り払ったものという点を覚えておけば十分です。

　では，問題演習で知識の整理をしておきましょう。

連帯保証

保証人が，主たる債務者と連帯して債務を負担する場合をいいます（454条）。

催告の抗弁

先に主債務者に請求してほしいという主張です。

検索の抗弁

主たる債務者に弁済の資力のあることを証明して，その財産に対して先に執行してほしいという主張です。

分別の利益

保証人が何人もいる場合，それぞれの保証人は，主たる債務を平等に分割した額についてだけ保証債務を負担すればいいというものです（456条）。
たとえば，100万円の借金について二人が保証人となっている場合なら，それぞれの保証人は50万円だけ保証していることになるということです。

保証債務に関する次の記述のうち，妥当なものはどれか。

（国家一般職　改題）

1 特定物の売買において売主のために保証人となった者は，特約のない限り売買契約の解除による代金返還義務についてまで保証の責を負うことはないとするのが判例である。

2 主たる債務者が債務の消滅時効の利益を放棄した場合，保証債務の付従性から保証人はその債務の消滅時効を援用することができない。

3 主たる債務者は，保証人が主張することができる抗弁をもって債権者に対抗することができる。

4 債権者が保証人に債務の履行を請求したときは，保証人は，まず主たる債務者に催告をすべき旨を請求することができるが，これを検索の抗弁という。

5 債務者が保証人を立てる義務を負う場合には，その保証人は，行為能力者であって，かつ弁済をする資力を有する者でなければならない。

本問のポイント！

1．判例は，代金返還義務についても保証人の責任を認めます（最大判昭40・6・30）。

2．主たる債務者が時効の利益を放棄した後でも，保証人は主たる債務の消滅時効を援用することができます（大判大5・12・25）。

3．主たる債務者と保証人が逆です。つまり，「保証人は，主たる債務者が主張することができる抗弁をもって債権者に対抗することができる」が正しい文になります（457条2項）。

　具体的には，主債務者が，**相殺権・取消権・解除権**を持っている場合，保証人はこれらを理由に，**履行の拒絶権**が認められています。

　一方，主たる債務者は保証人が有する**催告・検索の抗弁**で債権者に対抗することはできません。これらは，「先に主債務者に対して請求してほしい」という趣旨のものですから，債権者がこれを使うのは論理矛盾になるからです。

4．これは「**催告の抗弁**」です（452条本文）。**検索の抗弁**とは，催告後に，「保証人が主たる債務者に弁済をする資力があり，かつ，執行が容易であることを証明したときは，債権者は，まず主たる債務者の財産について執行をしなければならない」とする抗弁のことです（453条）。

最大判昭40・6・30

特定物の売買における売主のための保証においては，通常，その契約から直接に生ずる売主の債務につき保証人が自ら履行の責に任ずるというよりも，むしろ，売主の債務不履行に基因して売主が買主に対し負担することあるべき債務につき責に任ずる趣旨でなされるものと解するのが相当であるから，保証人は，債務不履行により売主が買主に対し負担する損害賠償義務についてはもちろん，特に反対の意思表示のないかぎり，売主の債務不履行により契約が解除された場合における原状回復義務についても保証の責に任ずる。

5．妥当な記述です（450条１項）。
　本問の正答は**5**です。

正答　5

「1-7　保証債務」のまとめ

保証債務の意義・性質

▶保証債務とは，主たる債務と同一の内容の給付を目的とする従たる債務をいう。

▶主たる債務の一部のみを保証することはできるが（一部保証），主たる債務よりも重い内容の債務を定めることはできない。

▶将来発生する債務を保証するために，現在の時点で保証契約を有効に成立させることができる。

保証債務の性質

▶保証人は，主たる債務者が有する抗弁権を援用することができる。

▶保証人は，催告・検索の両抗弁権を有する。

▶催告の抗弁権とは，債権者が保証人に先に請求してきた場合に，主たる債務者に先に請求するように主張できる権利である。

▶検索の抗弁権とは，主たる債務者に弁済の資力のあることを証明して，この財産に対して先に執行するように主張できる権利である。

▶主たる債務者が，相殺権・取消権・解除権を持っている場合，主債務者がこれらの権利行使で債務を免れる限度で，保証人は保証債務の履行を拒絶することができる。

連帯保証

▶連帯保証人は，催告・検索の両抗弁権を有しない。

▶連帯保証人には，分別の利益はない。

1-8

国総 ★★★　国般 ★★★　地上 ★★　市役所 ★★

債権譲渡①
～債権譲渡は資金調達の重要な手段になっている～

これまで，債務不履行への対処として，支払いの怠慢や妨害行為への対処法と，債権回収の確実性を高めるための債権の強化策について説明してきました。ただ，債権のほとんどは，期限にきちんと履行されているのが一般的ですよね。

そこで，今回は，その債権の信頼性を前提に，**期限までの間に債権を有効活用する方法**について考えてみましょう。

債権は，それ自体として立派な価値を有する財産権です。ですから，**物権と同じようにそれを担保にしたり，譲渡したりすることができるはず**です。そこで，弁済期限までの間にお金が必要になったなどというときには，弁済期までの利息分を差し引くなどしてそれを売買することも可能なのです。それが本項でいう**債権譲渡**です。

そこで本項では，この債権譲渡が行われるときのルールについて説明しましょう。

 ## 債権譲渡の機能とは？

債権譲渡が資金調達の重要な手段になっているというのは，具体的にどういうことなのでしょうか。次の図で説明しましょう。

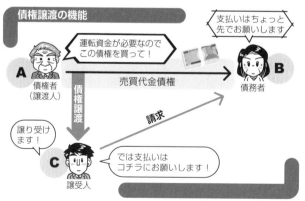

債権譲渡の機能

支払いはちょっと先でお願いします

運転資金が必要なのでこの債権を買って！

A 債権者（譲渡人）
売買代金債権
B 債務者

債権譲渡

請求

譲り受けます！

C 譲受人
では支払いはコチラにお願いします！

 債権譲渡①の重要度

本項で扱う債権譲渡の対抗要件は，債権総論分野の格好の素材となっていて，頻繁に出題されています。やや複雑で知識が混乱しやすいので「債務者保護」というポイントを基準にして，知識を整理していきましょう。

 譲渡

権利・財産，法律上の地位などを他人に譲り渡すことです。有償・無償は問わないので，売ってもプレゼントしても「譲渡」です。

 譲受人

「ゆずりうけにん」と読みます。権利や財産を譲渡される側のことです。
ちなみに譲渡する側は譲渡人（ゆずりわたしにん）です。

　図で，Bは，Aから部品の納入を受けて，それで製品を作って販売している事業者だとします。この場合，Aとしては，本来なら即金で部品代を払ってほしいのですが，Bは製品を作ってそれを販売しないとお金が入ってきません。仮にその期間を3か月としましょう。その場合，Aは「支払いを3か月待ちますから，3か月分の利息を代金に上乗せしてください」ということでBと合意をします。

　ただ，Aとしても，原材料費の支払いや従業員の給料などが重なって，すぐにでもお金が欲しい！ということがあるわけです。そこで，Aは金融機関Cに相談して，売買代金債権を買い取ってもらいます。そしてBが信用ある事業者なら，債権も支払いが確実だということで高く譲渡できます。

　そして，このような仕組みがうまく機能すれば，ＡＢＣ三者にメリットが生まれます。その中で，債権譲渡は極めて重要な機能を果たしているわけです。

　そのため，このような債権譲渡の重要性を考慮して，**債権は自由に譲渡できるのが原則**とされています。これを，**債権の自由譲渡の原則**といいます（466条1項本文）。

ＡＢＣ三者のメリット

Bは，とりあえず部品代の支払いを待ってもらって，その間に製品を仕上げて販売すれば，それで部品代の支払いができるようになるので，最初に現金を用意しなくて済みます。

Aは，債権を譲渡することによって，すぐに原材料費や従業員の給料などの支払いができるようになります。

Cは，債権を少しでも安く買うことができれば，債権額との差益金(利ざや)を稼ぐことができます。

🏠 債権譲渡には債務者の関与は必要でない

　債権譲渡は，基本的に債権の売買として行われますから，売主である債権者（譲渡人）と買主である譲受人との契約によって成立します。そこに**債務者の関与は必要ではありません**。

　ただ，債務者としては，債権を譲り受けたと称する人が突

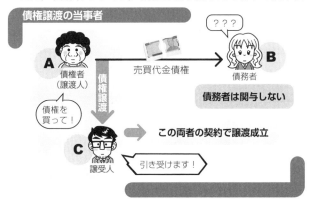

債権譲渡の当事者

A 債権者（譲渡人）
売買代金債権
B 債務者
？？？

債権を買って！

債権譲渡

債務者は関与しない

C 譲受人
引き受けます！

この両者の契約で譲渡成立

「債務者は関与しない」とは

債権譲渡は，譲渡人と譲受人の間の合意(契約)で有効に成立します。債務者の同意などは必要ではありません。債務者がまったくタッチしなくても，譲渡は有効に成立するということです。

然現れて，「期限が来たから私に支払ってほしい」と言われても困りますよね。債権譲渡が債権者（譲渡人）と譲受人の間の合意で有効に成立するのなら，**債務者は債権譲渡のかやの外に置かれていますから，本当に有効な譲渡があったかどうかを知る方法がない**からです。

　うっかり信用して支払ってしまって，その後で「譲渡なんてしてないよ？」なんてことになると大変です。

　そこで，法は，債権譲渡があった場合には，**債権者である譲渡人から債権を譲渡した旨を通知するか，または債務者がそれを承諾することが，債務者に譲渡を主張できる要件**だとしました（467条1項）。これを，**対債務者対抗要件**といいます。

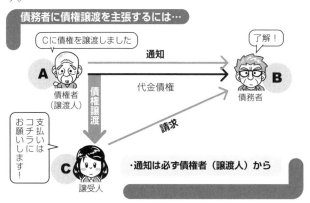

債務者に債権譲渡を主張するには…

Cに債権を譲渡しました　通知　了解！

A　債権者（譲渡人）　債権譲渡　代金債権　B　債務者

C　譲受人　支払いはコチラにお願いします！　請求

・通知は必ず債権者（譲渡人）から

　ところで，債務者は，**通知**によって譲渡の事実を知るのが一般的です。**承諾**は，すでに譲渡の事実を知っている（その意味で，譲渡人と譲受人の間の事情に精通している）ような限られた場合です。というわけで，以下では，通知を中心に説明します。

　債権譲渡が行われた場合，債権者から債務者にその旨が通知されます。これがあれば，譲受人Cは債務者Bに対して「自分が新たな債権者です」ということを主張できます。

　重要なのは，**この通知は必ず債権者である譲渡人からされなければならない**ということです。これは，次のような理由に基づいています。

　社会生活上の経験則に照らしていえば，**譲渡してその権利を失う者からの通知ならば「それは確実だろう」と判断できます**。権利を失うという自分にとっては不利な事情を通知するわけですから，それがウソだということは通常は考えらえ

譲渡の通知が譲渡人からされなければならない理由

利益を得る者からの通知は信用できない

しかし…

利益を失う者からの通知なら信用できる

↓

権利を失う譲渡人からの通知が必要

 通知は譲渡人から行われることを要する

譲渡の事実がない場合におよそ債権者が譲渡の通知をすることは考えられません。ですから，通知がなされた場合にはそれが真実と合致していると信頼してよく，その意味で通知は譲渡人から行うことが必要とされているのです。

第1章 債権総論

ません。そのため，債権譲渡の通知においては，債権者（譲渡人）からなされることが必須の要件になっています。

では，債権者が通知をしてくれない場合はどうすればいいでしょうか。

まず考えられるのが，債権者代位権を使うという方法でしょう。でも，この方法は認められていません。

なぜなら，債権者代位権というのは，債務者（下の図では譲渡人A）がやるべきことをやってくれない場合に，代わりに債権者（図では譲受人C）がそれをできるというものでしたよね。ということは，Aがやってくれないので代わってやるんですから，Aの承諾は不要ですよね。そうなると，「譲渡がなくても勝手に代位して通知する」ことができるわけで，そのため，この方法では債務者Bは本当に譲渡があったかを確認できません。したがって，債権者代位権による通知は無効とされています（大判昭5・10・10）。

 債権者代位権

債務者が弁済に充てるための財産（責任財産）を確保できるにもかかわらず，その努力（責任財産の保全）を怠っている場合に，債権者が債務者に代わってその権利を行使するのを認めようというものです。
⇒p.60

債権者代位権による通知は不可

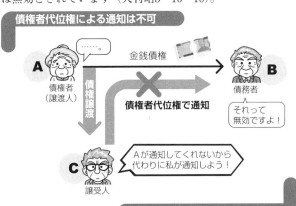

債務者は債権者に対する抗弁を譲受人に主張できる

　債権譲渡によって債務者を不利な立場に陥らせないという点では，もう一つ重要なポイントがあります。

　それは，債権が譲渡されても，債務者が債権者に主張できる事由（抗弁）は奪われないということです。

　次の図を見てください。

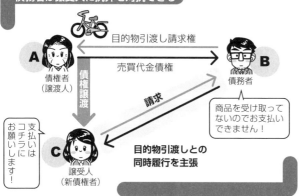

債務者は譲受人に抗弁を対抗できる

- 目的物引渡し請求権
- 売買代金債権
- 請求
- 債権譲渡
- A　債権者（譲渡人）
- B　債務者
- C　譲受人（新債権者）
- 支払いはコチラにお願いします！
- 商品を受け取ってないのでお支払いできません！
- 目的物引渡しとの同時履行を主張

　ＡＢ間で，ＡがＢに商品を売る契約がなされたとします。ところが，Ａが商品をＢに引き渡す前に，Ａは売買代金債権をＣに譲渡してしまいました。この場合，Ａから債権譲渡の通知がなされて，Ｃが代金債権を請求できるとすると，Ｂは商品の引渡しがないまま，一方的に代金の支払いだけを強制されてしまいます。

　債権譲渡は，債務者が関与できないものですから，債務者が，本来債権者に主張できたはずの事由を一方的に奪われるというのは不当です。そこで，法は「債務者は，対抗要件具備時までに譲渡人に対して生じた事由をもって譲受人に対抗することができる」としています（468条1項）。

債権が複数人に譲渡されたら誰に払えばいい？

　ところで，これまでの説明は，債権者が特定の一人に債権を譲渡した場合についてのものでした。

　では，債権が複数人に譲渡された場合の法律関係はどうな

「異議をとどめない承諾」は廃止

平成29年（2017年）の改正以前は，債権者が「わかりました。あなたが債権を譲り受けて新債権者になるんですね」と言っただけで一切の抗弁を失うとされていました。これを「異議をとどめない承諾」と呼んでいました（旧468条1項前段）。ただ，はっきり言ってそれはあんまりです。そこで，どうにも不合理だということで，この制度は平成29年（2017年）の改正で**廃止**されました。

債務者は譲受人に抗弁を対抗できる

法律的に表現すると難しく聞こえるのですが，要するに，もともとの債権者に言えた文句は，債権の譲受人（新債権者）にも同じように言えるということです。

対抗要件具備時までに譲渡人に生じた事由とは

債権が不成立である，取消しや解除によってすでに消滅している，すでに弁済されている，同時履行その他の抗弁権が存在するなどがその例です。

たとえば，「通知がなされるまでの間にすでに弁済が済んでいた」などという場合には，債務者がそれを譲受人に主張できる（弁済を済ませている以上当然ですが）メリットは大きいでしょう。

ちなみに「具備」は，必要なものを備えていることです。

128

るのでしょうか。

　ここまで説明してきたことで，重要なポイントに気づいてもらえたと思います。それは「債権譲渡に関与できない債務者を不利な立場に置かないようにする」ということです。債権が複数人に譲渡された場合も，この点から考えていけばわかりやすいでしょう。

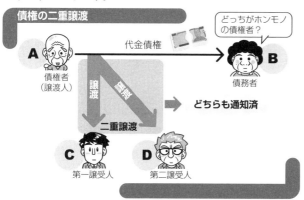

　まず，債権がCとDに二重に譲渡された場合を考えます。

　債権譲渡は，債権者である譲渡人と譲受人との契約（合意）によって成立するので，Cと合意した後でDと合意すれば，二重に契約が成立することになります。先にCに譲渡していても，第二の譲渡が無効だというわけではありません。このことは，動産や不動産の譲渡と同じように考えてかまいません。

　それで，債権がCとDに二重に譲渡され，どちらの譲渡についても，AからBに債権譲渡の通知がなされたとします（結局，Aは2回通知することになります）。

　その場合，CとDがともに請求してきたとき，債務者Bはどちらに払えばいいのでしょうか。

　ここで基準になるのが，「債権譲渡に関与できない債務者を不利な立場に置かないようにする」という基本理念です。

> 債権譲渡で常に考えておくべきこと
> ↓
> **債権譲渡に関与できない債務者の利益保護**

　まず，債務者Bは，どちらに払えばいいのかの判断基準を持っていません。そもそも，債務者Bは，期限に債権者Aに弁済すればそれでよかったのに，勝手に二重譲渡をしておい

二重の合意（契約）

二重の合意などと難しくいうよりも，よく航空会社が，キャンセルが出ることを見越して座席を少し多めに売る「ダブルブッキング（ないしオーバーブッキング）」を挙げたほうがイメージしやすいかもしれません。ダブルブッキングだから契約は無効だということはありません（キャンセルが出なかった場合に航空会社が困るだけです）。
このような二重の合意を阻止する手段はありませんし，Cと先に合意したら，もうDとの合意は無効だとするのも無茶です。Dとしては，誰かと先に合意していないかを調べる手段はありませんし，「先に合意があれば，後の合意は無効」なんて言ってたら，契約は危なっかしいものになって，取引の安全は著しく損なわれます。二重に合意（契約）しても，その合意自体はどちらも有効なんです。

て，「どちらが優先するかを法的に判断しろ！」なんてことを要求するほうが不合理ですよね。

つまり，債権譲渡という債務者が関与できないことを債権者側が勝手にしておいて，譲渡当事者の都合で優先順位がどうのこうのといわれても困るんです。ですから，この場合は，「どちらに払ってもOKです！一方に払えば，それで債務は消滅します」ということにしておく必要があります。

ということは，単なる通知の場合には，CとDの間に優劣がありませんから，先に支払ってもらったほうが勝ちということになります。

二重譲渡で他の譲受人に優先する方法はこれだ！

では，譲受人としては，「仮に二重譲渡があっても，自分のほうを確実に優先させてもらえるような方法ってないかな？」って思いますよね。

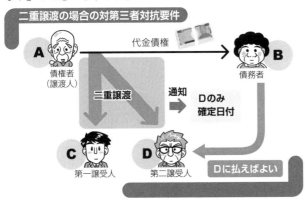

二重譲渡の場合の対第三者対抗要件

A 債権者（譲渡人） ── 代金債権 → B 債務者

二重譲渡

通知 Dのみ確定日付

C 第一譲受人　D 第二譲受人

Dに払えばよい

そこで，そんな手段として法が用意したのが譲渡の通知に<ruby>確定日付<rt>かくてい ひ づけ</rt></ruby>を付けるという方法です。日付の先後で優劣を判断しようというわけです（467条2項）。

たとえば，上の図のように，第一譲受人Cへの譲渡は単なる通知で，第二譲受人Dへの譲渡は確定日付のある通知だった場合，後者が優先しますから，Bは「Dに払えばよい」と迷わずに判断できます。

ただし，それは，あくまで，弁済期日までにDの確定日付のある通知が債務者Bに届いていることが必要です。「債権譲渡に関与できない債務者Bを不利な立場に陥らせない」と

二重の債権譲渡の通知

債権譲渡の通知が二重に来たら，債務者はさぞかしびっくりするでしょうね。「なんだこれ？てか，なんで二重に譲渡するんだ？」ってね。正直，債務者としては非常に迷惑なんです。なぜかといえば，Cへの譲渡の通知が来たと思ったら，今度はDへの譲渡の通知が来たら，「一体どうなってるんだ？どっちの譲渡が有効なんだ？いい加減にしてくれ！」って煩わしい気持ちになりませんか。だからこそ，債務者に迷惑がかからないように，通知が複数来たような場合にも，債務者が混乱しないように明確な優劣の基準作りが必要なんです。

確定日付のある通知

そのポピュラーな手段として用いられているのが，**内容証明郵便**です。郵便という手軽さや，日付などをごまかせない確実さなどから頻繁に利用されています。

いう点から判断すると，「弁済期日までに届いたのはCの通知だけだったので，Cに支払った」という場合，その後にDの確定日付のある通知が届いても，債務者BはDに二重払いをする必要はありません。これはわかりますよね。

ということは，日付だけが優劣の判断基準ではなく，日付は一つの資料にすぎなくて，とにかく，一刻も早く債務者Bに確定日付のある通知が届くことが必要だということになります。

確定日付のある通知が複数 …優劣をどう判断する？

上記の例は，「単なる通知 vs 確定日付のある通知」のケースでした。

では，前の図で，Cの通知もDの通知も，ともに確定日付のある通知だった場合はどうなるのでしょうか。つまり，「確定日付のある通知 vs 確定日付のある通知」のケースです。

この場合も，優劣の判断基準は到達の先後です。つまり，債務者は先に届いたほうに弁済すればよいのです。

「じゃあ，日付ってなんの意味があるの？」と思うかもしれませんが，たとえばCが内容証明郵便ではなく，公正証書で通知の書類を作ったとしましょう（民法施行法5条1項1号）。これも確定日付のある証書になりますが，ただ，内容証明郵便ならば郵便局がすぐに配達してくれるんですが，公正証書ならば自分で送らなければなりません。

では，Cが確定日付のある通知の書類を作ったので，それで安心してしまって，送るのをサボっていたらどうなるでしょうか。

たとえば，Dの内容証明郵便での通知が先に届いて，その後にCがのんびり送った公正証書での通知が届いたものの，確定日付はDよりCのほうが先だったという場合，債務者Bはどう判断すればいいでしょう。

債務者は非常に困るんです。

やはり，債務者が判断するための明確な基準が必要で，そうなると，最も合理的なのは「確定日付のある通知が先に届いたほうに支払えばいい」という基準でしょう。こうしておけば，債務者は判断に迷わなくて済みます。そのため，日付の先後ではなく，到達の先後が優劣の判断基準とされています。

内容証明郵便（民法施行法5条1項6号）

これは，郵便を三枚の複写にして郵便局に持っていくと，郵便局員が三枚とも同じ内容であることを確認したうえで日付け印を押し，一枚を控えとして差出人に戻して，一枚を郵便局で保管し，もう一枚を相手に届けるというものです。

民法施行法5条1項

証書は左の場合に限り確定日付あるものとす

一 公正証書なるときはその日付を以て確定日付とす

二〜五（略）

六 郵便認証司が…内容証明の取扱に係る認証を為したるときは…記載したる日付を以て確定日付とす

到達時説

到達の先後を優劣の判断基準とする主張を，**到達時説**といいます。

確定日付のある通知が
同時に到達したらどうなる？

　では，確定日付のある通知が同時に到達したらどうなるでしょうか。

　「そんなことってあるの？」

　実はあるんです。

確定日付のある通知の同時到達

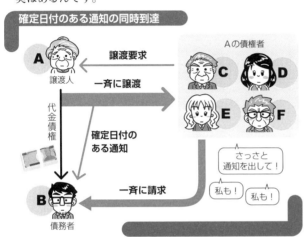

重複譲渡を拒絶できないの？

債権者が押し掛けてほとんど修羅場になった場合，債務者はもう言いなりになるしかありません。「すでにCさんに譲渡しています」などという言い訳よりも，とにかくその場を逃れたいという気持ちで，相手の言うがままに，二重にも三重にも譲渡の通知を出すわけです。相手がそれで納得して帰ってくれたら，とりあえずそのほうがいいということで，こういう事態が起こるわけです。

　図で，Aが倒産しそうだといううわさが広がったとしましょう。そうすると，Aのところに一斉に債権者が押しかけてきます。

　そして「目ぼしい資産は取り尽くしたけど，それでも足りない！」「でも債権がある……」

　そうなると，今度は債権の奪い合いになります。

　どうなるかというと，債権者（譲受人）はAに詰め寄って，「すぐに内容証明郵便で債権譲渡の通知を出すように」と迫ります。これが何人も重なった場合，郵便局としては，たとえ即日ないし翌日の配達でも，一度にまとめて配達しますから，債務者のもとへは同時に到達するわけです。

　では，同時到達の場合，債務者Bは誰に払えばいいでしょうか。

　ここでも，「債権譲渡に関与できない債務者が不利にならないように」と考えることが必要です。

　そうなった場合，債務者Bは**「同時に到達したなら優劣の差はない」**と判断して，誰に払ってもかまいません。ただし，すでに債権譲渡は行われていて，対抗要件も備えている

内容証明郵便—受取印をもらう順番の差

確かに，受取印を一度に押すことはできませんから，そこにはどうしても順番が出てきます。しかし，それは偶然のものであって，それで到達の先後を決めることはできません。一度に配達されたものは，すべて同時到達として扱われます。

132

のですから,「どちらが優先するのかわからないから,どちらにも払わない」ということはできません。支払いはしなければならないのです。

　では,たとえば,本社が二つある会社(二本社制といいます)で,一方の通知が東京本社に,他方の通知が大阪本社にほぼ同時刻に届いたが,前後関係がよくわからないなどという場合はどうなるでしょう。

　ここでも,ポイントは「債権譲渡に関与できない債務者が不利にならないように」です。つまり,前後関係が不明であれば,同時到達と扱ってかまいません。判例も「到達の先後関係が不明であるために,その相互間の優劣を決することができない場合には,各通知は同時に第三債務者に到達したものとして取り扱うのが相当である」としています(最判平5・3・30)。

　また,不安ならば,債務者は,どちらが優先するかわからないとして,債務額を供託所に供託すれば済みます。

　その場合,供託所が誰に債権を払うかですが,先に,債務者は,同時到達の場合は誰に払ってもかまわないと説明しました。民間の個人や会社ならそれで済みます。でも,国の機関である供託所の場合は**平等原則**(憲法14条1項)というのがあるのでそうはいきません。当事者を公平に扱う必要があるんです。そのため,供託された場合には案分比例した額を配分することになります(同前判例)。

　問題演習で知識の整理をしておきましょう。

対抗要件

当事者間で成立した法律関係・権利関係を第三者に対して主張するための法律上の要件をいいます。
自分が権利を持ってるんだ!と主張するために必要な事柄という感じです。

供託所

法令に基づいて供託事務を扱うところをいいますが,金銭の場合は,主に各地の法務局がこの事務を扱います。

　例題10

　債権譲渡に関する次の記述のうち,妥当なものはどれか。

(国税専門官　改題)

1　債権を譲渡するには,あらかじめ債務者の同意を得ておかなければならない。

2　譲渡人が債権を譲渡した旨を債務者に通知しない場合,譲受人は譲渡人に代位して債務者に対し自ら通知することができる。

3　譲渡人が債務者に対し債権を譲渡した旨の通知を行えば,譲受人は当該債権譲渡を債務者に対抗することができるが,この通知は確定日付のある証書で行われなければならない。

4　債務者が譲渡を承諾したとしても,債権者からの通知がない限り,債務者は譲受人に弁済する義務を負わない。

5　債権が二重に譲渡され,確定日付のある各譲渡通知が同時に債務者に到達し

た場合には，各譲受人は，当該債務者に対しそれぞれの譲受債権について，その債権全額の弁済を請求することができるとするのが判例である。

本問のポイント！

1．債権譲渡は，債権者である譲渡人と債権の譲受人との間の契約で有効に成立します。債務者の同意は必要ではありません。

2．債権譲渡では，その信頼性を高めるために「譲渡によって不利な立場に立たされる譲渡人」からの通知を必要としています。譲渡によって利益を受ける譲受人からの通知の信頼性は低いので，譲受人からの通知は認められていません。そして，これは代位の場合も同様で（代位であっても，結局は譲受人が通知する点に変わりはないので），代位による通知は許されず，**通知は必ず譲渡人本人からなされることが必要**とされています（大判昭5・10・10）。

3．確定日付は，債権が二重に譲渡された場合に，譲受人相互の優劣を判断する基準です（467条2項）。債務者に対して譲渡の事実を対抗するためなら単なる通知でよく，確定日付までは必要ではありません（同条1項）。

4．債務者の**承諾**も，債権者からの通知と同様に，債権譲渡の**対債務者対抗要件**です（467条1項）。したがって，承諾があれば，債務者は譲受人に弁済する義務を負うことになります。

5．妥当な記述です。判例は「指名債権が二重に譲渡され，確定日付のある各譲渡通知が同時に第三債務者に到達したときは，**各譲受人は，第三債務者に対してそれぞれの譲受債権についてその全額の弁済を請求することができ**，譲受人の一人から弁済の請求を受けた第三債務者は，他の譲受人に対する弁済その他の債務消滅事由がない限り，単に同順位の譲受人が他に存在することを理由として弁済の責めを免れることはできない」としています（最判昭55・1・11）。

本問の正答は**5**です。

正答　5

代位

その人に代わって，その人の持つ権利を行使することをいいます。

対抗要件としての承諾

法的な扱いは通知と同じです。すなわち，債務者に「自分が債権の譲受人です」と主張するだけなら単なる承諾でよく（例：普通郵便での承諾の通知など），確定日付はいりません。しかし，債権が二重に譲渡されて，他の譲受人と優劣を争う場合には，承諾は確定日付で行われることが必要です。

指名債権

債権の発生・行使・移転に証券を必要とせず，誰が債権者かが名称で特定されている債権……という定義になりますが，代金の支払債権のような普通の債権のことだと思ってください。

「1-8 債権譲渡①」のまとめ

債権の自由譲渡性

▶債権は，これを自由に譲渡できる（債権自由譲渡の原則）。

債権譲渡の対抗要件

▶債権譲渡を債務者に対抗するには，債権者である譲渡人から債務者に通知が行われるか，または債務者がその譲渡を承諾するかのいずれかが必要である。

▶債務者に対して債権譲渡を主張するには，通知や承諾に確定日付を付す必要はない。

▶通知は，必ず譲渡人たる債権者から行われることが必要である。譲渡人がこれを怠っている場合には，強制執行の手段によることはできるが，債権者代位の方法によることはできない。

▶債務者は，譲渡の通知を受けるまでに債権者に対して生じた事由を，すべて譲受人に対しても主張できる。たとえば，譲渡の通知を受けるまでに債権者にすでに弁済していた場合には，譲受人に対して債務の消滅を主張できる。

▶債権譲渡を第三者に対抗するには，債権者である譲渡人から債務者に対して確定日付のある通知が行われるか，または債務者がその譲渡を確定日付のある証書で承諾するかのいずれかが必要である。

債権の二重譲渡

▶債権が二重に譲渡された場合に，複数の譲受人のいずれが優先するかは，確定日付ある通知が債務者に到達した日時の先後を基準に判断される。

▶債権が二重に譲渡された場合に，複数の譲受人の確定日付ある通知が債務者に到達した日時の先後が不明なときは，同時に到達したものとして扱われる。

▶債権が二重に譲渡され，複数の譲受人の確定日付ある通知が債務者に同時に到達したために，債権者を特定できないときは，債務者は債務額を供託して債務を免れることができる。この場合，各譲受人は案分額（総債務額を優劣の差がない債務者の数で割った額）の支払いを受けられるにとどまる。

債権譲渡②
～譲渡制限があっても自由に譲渡できる～

　前項で説明したように，法は，債権譲渡があった場合に債務者に迷惑がかからないように，さまざまな方策を講じています。それでも，突然に譲渡の通知が来て，債権者が代わるというのは，債務者にとっては衝撃ですよね。

　それに，同時履行の抗弁権など，いろんな「債権者に主張できる事由」も，もとの債権者が相手ならツーカーでわかっているのに，それをいちいち譲受人に説明しなくちゃいけないというのも面倒です。そこで，本項では，その対策としての譲渡制限について説明します。

　また，債権譲渡と類似の制度である債務の引受けについても，簡単に紹介しておきます。

譲渡制限…面倒に巻き込まれないように

　債権譲渡なんてされたら面倒だと思えば，債務者としては，最初から対策を講じることが考えられます。

　たとえば「もし債権を譲渡するなら，そのときは私（債務者）の承諾を取ってくださいね」とか，より強力に「譲渡は禁止します」といったことを契約に盛り込むわけです。これらをまとめて**譲渡制限特約**と呼んでいます。

　ただ，債権譲渡は資金調達という点でかなり大きな役割を果たしています。そこで法は，**自由な譲渡性を維持しながら，債務者の「煩わしさ」という点にも一定の配慮をする**という形で，両者の調整を図っています。

　まず，預貯金債権（銀行預金と郵便貯金）を除く**一般の債権については，譲渡制限特約が結ばれても，自由に譲渡できます。**

　なお，預貯金債権については別の扱いがなされています。

　すなわち，預貯金債権も，売買代金債権などと同じく金銭債権です。でも，これについて自由譲渡を認めると，債務者である郵便局や銀行などは事務量が増えてたまったものでは

　債権譲渡②の重要度

譲渡制限については，比較的よく出題されています。一方，債務引受けについてはあまり出題は見られません。ただ，契約主体などが複雑なので，ひととおりきちんと知識を整理しておくことが必要です。

　同時履行の抗弁権

「代金の支払いと同時でないと商品は引き渡さない」または「商品と引換えでなければ代金は支払わない」と主張できる権利です。

　ツーカー

「つうと言えばかあ」という慣用句の略です。お互いに気心が通じていて，詳しく説明しなくても，事情を察してわかってくれるような関係のことです。

　譲渡禁止特約

譲渡制限特約のうち，譲渡を禁止する特約を特に「**譲渡禁止特約**」と呼びます。

　制限特約があるのに譲渡できる？

「なに言ってるの？」と疑問に思うでしょうが，これについての説明は後ほどしますので，疑問はちょっと横に置いておいて，本文を読み進めてください。

自由譲渡と譲渡制限特約

債務者にとって譲渡は煩わしい

譲渡制限特約を認める

債権譲渡の資金調達機能は無視できない

自由譲渡を前提として調整を図る

預貯金債権

預貯金とは，金融機関に預けたお金のことです。
金融機関にお金を預けるということは，ある意味，金融機関にお金を貸しているともいえるので「預貯金債権」といわれるわけです。
なお，銀行や信用金庫・信用組合などに預ける場合は「預金」，ゆうちょ銀行（郵便局），農協・漁協に預ける場合は「貯金」です。

ありません。たぶん，自由譲渡を認めたとたんに，事務はパンク状態に陥ります。そのため，預貯金債権では譲渡禁止特約が付けられているのが当たり前になっていて，法も特約については特別扱いをしています。どういう特別扱いかというと，譲渡禁止特約の効力を強力なものとして認めているんです（466条の5第1項）。

466条の5

預金口座又は貯金口座に係る預金又は貯金に係る債権（以下「預貯金債権」という。）について当事者がした譲渡制限の意思表示は，第466条第2項（譲渡制限特約の効果）の規定にかかわらず，その譲渡制限の意思表示がされたことを知り，又は重大な過失によって知らなかった譲受人その他の第三者に対抗することができる。

預貯金債権の譲渡禁止特約の絶対的効力

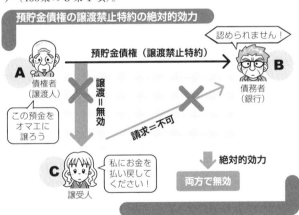

絶対的効力

譲渡しても債務者に請求できない（債務者譲受人間でも無効）というだけでなく，譲渡人と譲受人の間でも譲渡は無効だということです。**絶対効**，物権効などともいいます。ただ，譲受人Cが善意・無重過失の場合は譲渡は有効（466条の5第1項），また，「税金の滞納で銀行預金を差し押さえる」などという場合も，債権の移転（この場合は国に移転）も有効です（同第2項）。

ですから，この預貯金債権はちょっと特殊なので，以下では，資金調達の中核をなす一般の債権について，譲渡制限の効力を説明します。

一般の債権の譲渡制限の効力とは

一般の債権については，前述したように，譲渡制限が付けられていても，譲渡は有効です。

これは，譲受人が，債権に譲渡制限が付いていることを知っていた場合（悪意）でも，説明を受けたのにいい加減に聞いていたので知らなかったという場合（重過失）でも同様です。ですから，譲受人は，譲渡制限について「特に関心はないし，いちいち注意しようとも思わない」という場合であっても，つまり，**譲受人は，悪意・重過失の場合であっても，譲渡を有効なものとして債務者に弁済を請求できます。**

「だったら，譲渡制限の意味がないじゃないか！」

確かにそうですね。

でも，それは法が債権譲渡による資金調達の重要性を考慮したからなんですが，それでも，少しは債務者に配慮して手当てはしているんですよ。

図を参考にしながら説明します（図だけではちょっとわかりにくいので，適宜，説明を読んでみてください）。

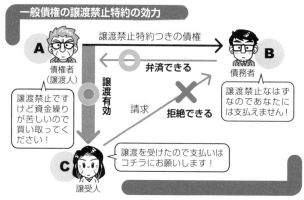

一般債権の譲渡禁止特約の効力

まず，要点を列挙しておきます。

【譲渡禁止特約付き債権の譲渡（一般債権の場合）】

①譲受人が悪意または重過失（ほんのちょっと注意すれば特約の存在がわかった）場合でも譲渡は有効

②債務者Bは譲受人Cからの請求を拒絶できる

→譲渡人Aに弁済できる，弁済すれば債務は消滅する

③②で債務者Bが譲渡人Aに弁済しなければ，譲受人Cは相当期間を定めて債務者Bに弁済するよう催告できる

④③で相当期間内に弁済がなければ，譲受人Cは債務者Bに請求できる

これを順に説明していきましょう。

預貯金債権の譲渡における「無重過失」とは

預貯金債権は譲渡禁止というのが社会の「常識」になっています。ですから，それをうっかり知らなかった（善意）という場合はあり得るとしても，「ほんのちょっと注意しても，そんなのわかるはずがない」（無重過失）ということは，通常はありえません。ですから，譲受人が無重過失とされて預貯金債権の譲渡が有効と認められる余地は，ほとんどないと考えてよいでしょう。

法改正のポイント

預貯金債権以外の一般の債権に譲渡制限があった場合でも自由な譲渡性を強めている点は，平成29年（2017年）の重要な改正部分の一つです。

善意・悪意

事情を知っていることが悪意（あくい），知らないことが善意（ぜんい）です。つまり，知・不知が区別の基準です。ただし，知らなくても疑いを持っている場合を悪意にしていることがあります。この概念はこうだと決めつけるのではなく，その状況に合わせて判断するという柔軟性が必要です。

過失

通常人を基準に，常識的に判断すればわかったなどという落ち度のある場合をいいます。
過失がある場合を有過失，ない場合を無過失といいます。

① 譲渡禁止特約が付いていても譲渡は有効

まず，①については，すでに説明したとおりです。

すなわち，譲渡制限が付いていることを知っていた（悪意），もしくはほんのちょっとの注意で譲渡制限の事実がわかった（重過失）という場合でも，譲渡は有効です。これは，債権譲渡の資金調達機能の重要性に着目したためです。

② 譲渡禁止特約を付けたことのメリット

次に②ですが，たとえ譲渡が有効だとしても，譲渡禁止特約を付けた意味がまったくないというのは困ります。そのため，債務者Bは，譲渡制限を理由に譲渡を認めずに，譲受人Cからの請求を拒絶して譲渡人Aに弁済することができます（466条3項）。要するに，債権譲渡がもたらす債務者側の「面倒くささ」（譲受人に対して，譲渡人である債権者に有していた抗弁について，「こんな抗弁を持っています」などと説明しなきゃいけない煩わしさ）に配慮した結果です。

③ ④債務者が譲受人にも譲渡人にも弁済しない場合の対策

そこで，次の問題が出てきます。これが③です。

どういうことかというと，債務者Bが譲受人Cからの請求を拒絶したうえで，譲渡人Aにも弁済しない場合はどうなるかということです。

すでに譲渡人Aは債権を譲渡していますから，Bの弁済を受ける立場にはありません。それをよいことに，債務者Bが

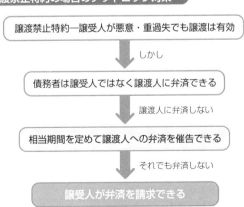

譲渡禁止特約の場合のデッドロック対策

譲渡禁止特約—譲受人が悪意・重過失でも譲渡は有効

↓ しかし

債務者は譲受人ではなく譲渡人に弁済できる

↓ 譲渡人に弁済しない

相当期間を定めて譲渡人への弁済を催告できる

↓ それでも弁済しない

譲受人が弁済を請求できる

預貯金債権の譲渡制限と悪意・重過失

一般人には，郵便貯金や銀行預金を他人に譲渡できるという感覚はないと思います。それは，預貯金債権が譲渡できない債権だと無意識に認識しているからです。ということは，それを譲渡できると考えるほうが不自然なわけで，そんな特約はついてないと思うこと自体に重過失があるといえます。

抗弁

相手方の主張を否認・排除するために，反論できる事由をいいます。

ＡＣどちらにも弁済しないということも考えられるんです。そうなると，弁済は暗礁（デッドロック）に乗り上げた形になります。

そこで，その対策として，法が用意したのが③と④です（466条4項）。すなわち，まず第一段階として，譲受人に，相当期間を定めて「じゃあきちんと債権者Ａに履行してください」と催告する権利を認めました（③）。

そして，その期間内に履行がないときは，譲受人Ｃが直接債務者Ｂに請求できることにしました（④）。

こうやって，債務者の利益の尊重と債権の自由譲渡性との調和を図っているわけです。

将来発生する見込みの債権も譲渡できる？

譲渡禁止とは別の論点ですが，**将来債権**の譲渡について説明しておきます。これは，「将来発生する見込みの債権って譲渡できるの？」というものです。

「将来発生する見込みって…。債権が発生するかどうかわからないのに，そんな不確かなものを譲渡できるわけないよ」

確かに，そう感じてしまうかもしれません。

ただ，次のような場合はどうでしょう。

> **例**
>
> 　ある医師が，病院開設の資金を調達するために，病院開設後に健康保険から支払われるはずの将来の診療報酬を8年あまりにわたって金融会社に譲渡する契約を結びました。この債権譲渡契約は有効でしょうか？それとも無効でしょうか？

将来発生する債権といってもいろいろありますが，わが国のように医療保険制度が整っている国で，かつ病院の診療報酬となると，「まあ，取りっぱぐれはないだろう」と思うのが普通でしょう。だから「将来の債権は不確実だからダメだ」として最初からシャットアウトしておく必要はないんです。**判例も本事例で将来債権の譲渡を有効としています**（最判平11・1・29）。

後は，発生の確実性を債権譲渡の当事者がどう判断するかでしょうね。不確実なら譲り受けないでしょうし，そのあたりは当事者の判断に任せてかまわないでしょう。

相当期間とは

相当期間にいう「相当」は，事例によって変わってきます。つまり，ケースバイケースの判断です。ですから，すでに支払期限が到来していて，債権者の住所や銀行口座などがわかる状況であれば，「直ちに」が相当期間でしょうし，債権者に「あなたのほうに弁済します」という連絡を取る必要がある状況だったら，その連絡等に必要な期間が相当期間になります。

法改正のポイント

法改正前は，判例は将来債権の譲渡の有効性を認めていたものの，民法には規定がありませんでした。
そこで，平成29年（2017年）の改正時に，将来債権の譲渡が有効であることと，将来債権の譲渡についても対抗要件具備が可能であることが明文化されました（466条の6第1・2項，467条1項）。

466条の6（将来債権の譲渡性）

1　債権の譲渡は，その意思表示の時に債権が現に発生していることを要しない。
2　債権が譲渡された場合において，その意思表示の時に債権が現に発生していないときは，譲受人は，発生した債権を当然に取得する。

債権譲渡とは逆に債務を引き受けたらどうなる？

　最後に，**債務引受け**という制度について簡単に説明しておきます。

　この制度は，債権譲渡とは逆に，債務者が別の人に代わる場合をいいます。ただ，これにもいくつか種類があって，元の債務者がそのまま債務者としてとどまりながら別の債務者が新たに加わるケース（**併存的債務引受け**）と，債務者が別の人に完全に交替してしまうケース（**免責的債務引受け**）があります。

　まず，**併存的債務引受け**は，債務者は現状どおり債務を負ったまま，新たに債務者が一人加わるのですから，債権者にとってはこんなにありがたいことはありません。そして，引受人は第一次的な責任を負う「債務者」となってくれるため，ＢとＣの関係は「連帯債務」になります。

　この場合の債務引受け契約は，債権者Ａと引受人Ｃの二者で行うことができます（470条2項）。

　一方，従来の債務者ＢがＣに引受人になってもらうことを

債務引受け

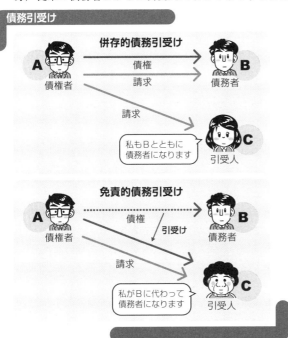

債務引受け
債務が同一性を保ったまま第三者に移転することです。簡単に言えば，債務者が別の人になったり，新しい人が債務者に加わるような場合のことです。

免責的債務引受け
引受人が債務者の債務と同一内容の債務を負担して，債務者を当該債務から免れさせることをいいます。

第一次的な責任
自分が主体となって責任を負うという意味です。

連帯債務
複数の債務者がみんなで負担する債務で，全員が全額についての支払い義務を負っている場合をいいます。詳しくは「1−6連帯債務」を参照してください。
⇒p.94

免責的債務引受けの具体例
なぜ他人の債務の肩代わりなどという「一見すると自分に不利」なことをするかというと，いろんな事情がありますが，簡易決済という手段として使われることが多いようです。引受人Ｃが債務者Ｂにお金を借りていて，Ｂに返済する代わりに債務の引き受けをして，「Ａに返済した分でＢへの借金を帳消しにする」などです。このほかに，親が子の借金を肩代わりするなどの場合もあり得ます。

依頼し，Ｃが同意した場合はどうでしょう。この場合は，そのままでは債権者Ａには事情がわかりませんから，債権者Ａが引受人Ｃに承諾したときに債務引受けの効力が発生します（同３項）。

次に，**免責的債務引受け**は債務者の交替ですから，引受人の資力いかんで債権者に重大な影響を及ぼすおそれがあります。そのため，契約は，基本的には債権者Ａと引受人Ｃの二者で行われます（472条２項前段）。この場合，債権者が債務者にそのような契約をした旨を通知した時に効力が生じます（同項後段）。債務者Ｂの承諾は必要ではありません。また，債務者Ｂと引受人Ｃの間で契約した場合でも，債権者Ａが引受人Ｃに承諾を与えた場合には免責的債務引受けの成立が認められます（同３項）。

では，免責的債務引受けの場合，担保権はどうなるのでしょうか。

債務者が資力のない人に交代すると，債権を担保する人には担保実行のリスクが高まります。そのため，抵当権などの物的担保の場合も，また保証債務のような人的担保の場合も，引受人が負担する債務にこれらを移すには，事前にもしくは同時に担保する人の承諾が必要です（472条の４）。

問題演習で知識の整理をしておきましょう。

免責的債務引受け＝債務者の承諾は不要

従来の債務者は債務を免れるだけですから，いわば債務の免除と同じことです。つまり，従来の債務者は利益を得るだけですから，その承諾は必要ありません。

担保

債権の履行を確実にするための手段です。頻繁に用いられている担保として，「保証人を立てる」，「抵当権を設定する」などがあります。

例題11

譲渡禁止特約付きの債権に関する次の記述のうち，妥当なものはどれか。

（予想問題）

1 当事者が合意によって債権に譲渡禁止特約を付した場合，その債権の譲渡性は失われる。

2 債権に譲渡禁止特約が付されている場合，債務者は，特約の存在を知りながら債権を譲り受けた譲受人からの履行の請求を拒否できる。

3 債権に譲渡禁止特約が付されている場合，譲受人は，相当期間を定めて，譲渡人に対して債務者に履行を請求するように催告できる。

4 譲渡禁止特約が付された債権の譲受人は，債務者が自己への履行を拒絶している場合，相当期間を定めて譲渡人に履行すべきことを催告でき，相当期間内に履行がなされない場合，その譲渡契約は無効となる。

5 譲渡禁止特約が付された債権については，これを差押えの対象とすることは許されない。

本問のポイント！

1. 譲渡禁止特約を付した場合でも，債権の譲渡性は失われません（466条2項）。

2. 妥当な記述です（同条3項）。

3. 「譲渡人に債務者への履行の請求を催告できる」のではなく，「債務者に譲渡人への履行を催告できる」が正しい文になります（同条4項）。

4. 譲渡契約が無効となるわけではありません。この場合には，譲受人に履行の請求権が認められるようになります（同条4項）。

5. 譲渡禁止特約が付された債権についても差押えの対象とすることは可能です（466条の4第1項）。

本問の正答は**2**です。

正答　2

免責的債務引受け＝担保の移転

引受人が担保提供者である場合には，承諾がなくても，引受人が負担する債務に担保が移ります。

差押え

債務者が滞納している借金や税金などを回収するために，財産の処分を禁じたり，財産を強制的に押収したりすることをいいます。

第1章 債権総論

「1-9 債権譲渡②」のまとめ

債権の譲渡制限

▶ 預貯金債権を除く一般債権については，譲渡制限特約が結ばれていても，自由に譲渡できる。

▶ 譲渡制限の存在について悪意または重過失のある譲受人その他の第三者に対しては，債務者はその債務の履行を拒むことができる。その場合，債務者は譲渡人である債権者に債務を弁済できる。

▶ 譲渡制限の存在について，譲受人が悪意または重過失であることを理由に債務者が譲受人への債務の履行を拒んでいる場合，譲受人は相当の期間を定めて譲渡人への履行の催告をし，その期間内に履行がないときは，譲受人は債務者に対して履行を請求できる。

債務引受け

▶ 債務引受けとは，債務者とは別の者が債務の履行義務を負うことをいう。

▶ 債務引受けには，債務者が債務を免れる免責的債務引受けと，第三者が債務者とともに同一内容の債務を負担する併存的債務引受けの二種がある。

▶ 併存的債務引受けが行われた場合，両債務者は連帯債務の関係に立つ。

債権の消滅原因①
～弁済するといってもいろんなハードルがある～

　前項では，期限到来までの間の債権の有効活用策について説明しました。そして，債権がいよいよ履行期を迎えると，今度は債権を実現（目的を達して消滅）する段階に移ります。そのもっとも一般的な手段は支払いなどの**弁済**ですが，それ以外にも，借入金と貸付金を対当額で**相殺**するとか，親からの借金を親の死去で相続して債権者と債務者が同一人物になったので消滅するなど（**混同**といいます），債権の消滅にはいろいろな形態があります。ただ，消滅の一般的な形態は何といっても弁済と相殺の二つですから，本項ではこれらを中心に説明することにします。最初は，弁済からです。

弁済で問題になることとは？

　弁済とは，「給付の実現により債権がその目的を達して消滅すること」をいいます（473条）。

　ちょっと表現が難しいですね。でも，内容自体はそんなに難しいものではありません。

　たとえば，ネット販売で物を注文したとしましょう。代金を払って，注文したとおりの商品が届けば（債務の本旨に従った履行），それで契約は終了します。

　そして，ここで「注文したとおりの商品が届けば」に当たるのが「給付の実現」ということで，「契約は完了」というのが，「債権がその目的を達して消滅する」ということです。

　ね？簡単でしょ！

　そして，世の中で普段行われている弁済の大多数は，こんな形で済んでしまうんですが，場合によってはそうもいかないケースが出てくるんですね。

　それはどういうものかというと，ちょっと複雑なので，説明に入る前に一覧表にしておきましょう。

　まずは，右ページの表をザッと見てください。この表は知識の整理用です。最初は，表の一番左の欄，つまり「弁済

債権の消滅原因①の重要度

　この分野の中心をなす弁済は，覚えるべきことが多く，内容もかなり複雑です。それらを素材にした問題も多く出題されていますから，何度か繰り返して知識を固めておきましょう。

473条（弁済）

　債務者が債権者に対して債務の弁済をしたときは，その債権は，消滅する。

履行・弁済・返済

　履行とは，債権の内容を実現することをいいます。「債権の**内容の実現**」というのはちょっと難しい言い回しですが，債権について責任を負っている人（債務者）が，その責任を果たすことです。つまり，「責任を果たす行為」が履行です。

　弁済も，基本的には同じ意味です。定義としては「債務の内容である給付を実現させること」とされています。弁済によって債務は消滅しますが，この効果の面から「債権の内容の実現」を表現したのが弁済です。ですから，履行と弁済は視点が違うだけだとして，あまり区別されずに使われています。これに対して，**返済**は「返すこと」ですから，返す債務でしか使えません。たとえば，寄付をするという契約で寄付を実行することは弁済ですが，それを返

者，弁済の相手方，弁済による代位といったものが問題になるんだなあ」ということだけ押さえておけばOKです。

済とは言いません。返済は，弁済のうちの一部の行為をいうと理解しておけばいいでしょう。

弁済の主なポイント

弁済者		・弁済できるのは，債務者，代理人などの弁済の権限を有する者，第三者 　→ただし第三者については以下の例外がある
	第三者の弁済 が許されない 場合	・正当な利益を有しない第三者は債務者の意思に反して弁済できない 　→ただし，債務者の意思に反することを債権者が知らなかったときは，弁済は有効
		・正当な利益を有しない第三者は債権者の意思に反して弁済できない 　→ただし，第三者が債務者の委託を受けて弁済をする場合で，債権者がそのことを知っていたときは，弁済は有効
		・債務の性質が第三者の弁済を許さないときは弁済できない 　（例：特別な医療技術を有する医師の専門的治療，特定歌手の出演など）
		・当事者が第三者の弁済を禁止または制限したときは弁済できない
弁済による代位		・債務者に代わって弁済した者の求償権の回収を確実にする ・原債権は担保権とともに代位者に移転する 　→求償権と原債権の二本立てになる 　→担保権は求償権ではなく原債権を担保するが，求償債権の範囲でのみ優先弁済効が認められる
	弁済に 正当な利益を 有する者	・当然に原債権と担保が弁済者に移転する ・原債権に関する債権譲渡の対抗要件具備は不要
	弁済に 正当な利益を 有しない者	代位の効果を債務者に対抗するには対抗要件具備が必要
弁済の相手方		・弁済を受けられるのは，債権者・弁済受領権限を与えられた者 　→無権限者への弁済は無効であり，それによって債務は消滅しないのが原則 　（例外：受領権者の外観を有する者にした弁済） ・取引上の社会通念に照らして受領権者の外観を有する者に対してした弁済は有効 　→弁済者の善意・無過失が要件

では，それぞれ詳しく見ていきましょう。

 ## 弁済ってどんな人ができるもの？

通常，弁済っていうと，債務を負っている人（債務者）がするものですよね。

たとえば，銀行から事業資金を借りていたら，お店の経営

一覧表は
ザッと見て！

弁済ではこんなことが問題になるんだということを，あらかじめ確認しておいてください。知らない用語もいくつか出てきますが，後ほどちゃんと説明します。

者とか，とにかくお金を借りた人が弁済（返済）するのが，通常の弁済のしかたですね。

　でも，そうでない場合もあるんです。たとえば，次の図で，息子Aに対する融資金を担保するために，親であるCがその所有する家屋に抵当権を設定していたとしましょう。ところが，お金を借りている主たる債務者Aが弁済しなかったらどうなるでしょうか。

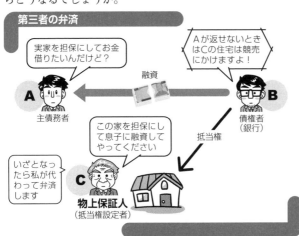

第三者の弁済

実家を担保にしてお金借りたいんだけど？

Aが返せないときはCの住宅は競売にかけますよ！

融資

A
主債務者

B
債権者（銀行）

この家を担保にして息子に融資してやってください

抵当権

いざとなったら私が代わって弁済します

C
物上保証人
（抵当権設定者）

　この場合，物上保証人Cは，抵当権が実行されると家を失うことになるので，それを避けるために，主債務者Aに代わってB銀行に融資金を弁済することができます。物上保証人は，抵当権者（債権者＝銀行）に債務を負っているわけではありませんが，**自分が債務者でなくても弁済はできます**。これを<ruby>第三者の弁済<rt>だいさんしゃ　べんさい</rt></ruby>といいます（474条1項）。

　つまり，弁済は，債務者本人じゃなくてもできるんです。

正当な利益がない者は債務者の意思に反して弁済できない

　じゃあ，誰でも勝手に弁済できるんでしょうか。

　上図の例で，主債務者である息子Aが「親に迷惑はかけられないから，弁済しないでほしい」と主張しても，物上保証人Cとしては，グズグズしていて抵当権を実行されて家を取られたら元も子もありません。たとえ主債務者Aから「弁済しないでほしい」と言われても，無理にでも弁済ができるんですね。

抵当権

住宅ローンなどで最もポピュラーに使われている担保物権です。ローンを払えなかったときは，その住宅を売却されてしまいます。

主たる債務者

保証の場合の債務者を主たる債務者（主債務者）と呼んでいます。

物上保証人

他人の借入金のために，自分の不動産に抵当権を設定させる人を，物で保証するという意味で物上保証人と呼びます。

抵当権者

抵当権を持っている人，すなわち債権者で，左の図の場合はB銀行です。

474条2項本文の反対解釈

同文は「弁済をするについて正当な利益を有する者でない第三者は，債務者の意思に反して弁済をすることができない」となっています。これを反対からいうと，「弁済をするについて**正当な利益**を有する第三者は，債務者の意思に反して弁済をすることができる」となります。これが反対解釈です。

これを，法的にいうと「弁済をするについて正当な利益を有する第三者は，債務者の意思に反して弁済をすることができる」ということになります（474条2項本文の反対解釈）。

でも，反対に，Aの債務とはなんの関係もない，たとえばAの友人が「借金の肩代わりをしてあげよう」などといって，Aの意思を無視して弁済するという場合はどうでしょう。やはり「心配してくれる気持ちはありがたいけど，そこまでの恩は受けたくない」という債務者の意思は尊重する必要があるでしょう。

ということは，物上保証人の例とは逆に，正当な利益を有しない第三者は，債務者の意思に反して弁済をすることができないんです。

この二つを対比するとわかりやすいんですが，ここで**正当な利益**というのは「弁済しないと不利益を受ける」といった法的な利益のことであって，家族であるとか，友人であるといった単なる関係者は「法的な利益を有しない人」ということになります。このような人は，債務者の意思に反して弁済することはできません。つまり，そんな弁済は無効になってしまいます。

ただ，単なる友人とかの場合は，「法的な利益を有しない」ことはわかるんですが，じゃあ「債務者の意思に反しているかどうか」ということは，債権者には簡単にわかるんでしょうか。

正当な利益を有しない第三者の弁済

先ほど紹介した474条2項本文「正当な利益を有しない第三者は，債務者の意思に反して弁済できない」の趣旨は，悪徳な金融業者などが肩代わりの弁済をして（ただし，債権をタダ同然に安く買いたたいて），債務者に強硬な取り立てをするようなことを防止する点にあったとされています。現代でも，同様のことが起きる可能性は否定できません。そのため，平成29年（2017年）の改正でもこの条文は従来どおり維持されています。

正当な利益を有する第三者

この場合の正当な利益を有する第三者の例としては，保証人や連帯債務者などが挙げられます。
正当な利益を有しない第三者の例としては，債務者の配偶者などが挙げられます。

債務者の意思に反していない場合

当然ですが，その弁済が債務者の意思に反していないのであれば，正当な利益を有していない第三者による弁済も有効です。

法的な利益を有しない第三者の弁済

A 債権者 — 金銭債権 → B 債務者

弁済 →（A 債権者へ）

C 第三者「私はBの親です！Bの代わりに弁済します」

債務者本人に問い合わせればいいのでしょうが，その本人が行方知れずになっているときはどうしましょう。そんなときに，債務者の親や兄弟が訪れて「弁済したい」と言われれば，債権者としては債務者の意思に反しないんじゃないかと

第1章 債権総論

思うでしょう。

　ですから，そんなわかりにくいことの確認について，債権者に負担をかけないために，法は，**債務者の意思に反することを債権者が知らなかったときは，弁済は有効だとしています**（474条2項ただし書き）。

正当な利益がない者は 債権者の意思に反して弁済できない

　先ほどは，弁済が「債務者（弁済する側）」の意思に反するというケースについて説明しました。

　今度は，弁済が「債権者（弁済される側）」の意思に反するというケースを見ていきましょう。

　法は，**弁済をするについて正当な利益を有しない者は，債権者の意思に反して弁済できない**としています（474条3項本文）。

　債権者としては，誰からであっても弁済を受けられればそれでいいように思うのですが，必ずしもそうではないんです。たとえば，銀行の融資について，債務者の返済が滞っている場合に，金融ブローカーなどの反社会的勢力が「借金の肩代わりをするよ」と申し出てきたとしても，銀行がおいそれとその話に乗るわけにはいかないのです。社会的な非難を浴びて，銀行としての信用がなくなるかもしれませんからね。

　ですから，前記のような規制が設けられているんです。

　ただ，ここで一つ問題があります。それは，弁済を申し出ている人が正当な利益を有しないことは，その人が保証人とかじゃないからわかるんですが，そうじゃない場合はどうやって判断するんでしょう？　やはり，「債務者から弁済を頼まれたんだったら受け取りますけど，そうじゃなければ受け取りませんよ」としておくのが無難じゃないでしょうか。法もそのようにしています（474条3項ただし書き）

　そのため，「なんか怪しげだけどよくわからない」という場合もあるので，**債権者は，債務者から弁済を頼まれたかどうかの確認ができるまでは受領を拒絶することができます。**

　なお，このほかに，表に書いているように，債務の性質がこれを許さないときや，債権者と債務者の合意で第三者の弁済を禁止または制限したときも，第三者の弁済は許されませ

474条2項ただし書き

「ただし，債務者の意思に反することを債権者が知らなかったときは，この限りでない。」

なお，親兄弟ならともかく，悪徳な金融業者などが訪ねてきて，債権を安く買いたたこうとしているような場合には，「債務者の意思に反することを知らなかった」では済まされないでしょう。この場合は，知っていた（悪意）と判断されることになると思われます。

474条3項本文

2　弁済をするについて正当な利益を有する者でない第三者は，債務者の意思に反して弁済をすることができない。（以下略）
3　前項に規定する第三者は，債権者の意思に反して弁済をすることができない。（以下略）

474条3項ただし書き

ただし，その第三者が債務者の委託を受けて弁済をする場合において，そのことを債権者が知っていたときは，この限りでない。

債務の性質がこれを許さないとき

一覧表にも挙げましたが，たとえば，「神の手」を持つと言われているカリスマ医師がいて，なんとかその医師に手術をお願いしたのに，別の医師が手術することになったら「話が違う！」ってことになりますよね。同様に，人気歌手に出演を依頼したのに，別の歌手が来た……ということになったら問題です。このように

ん（474条4項）。

以上が，第三者の弁済に関する法規制です。

第三者が弁済すると求償権が発生する

第三者が弁済すると，債権者はそれによって満足を得られます。

でも，それって最終的な解決じゃありません。なぜなら，第三者は単に債務の肩代わりをしただけですから，当然に債務者に「肩代わりした分を払ってくれ」と主張できるはずなんです。それが**求償権**と呼ばれるものです。

先ほど「第三者が弁済すると，債権者はそれによって満足を得られます」といいましたが，これで債権がきれいサッパリ消滅するということではありません。**債権は弁済した第三者に移転することになる**んです。

なんでそんなややこしいことをするかというと，**弁済者が求償した場合に，その支払いを確実にするため**なんです。

たとえば，主たる債務者Bが自分の家に抵当権を設定していて，それとは別にCが保証人になっていたとします。そして，Bが期限に弁済しないので，債権者Aが保証人Cに請求してきて，Cが支払ったとしましょう。その場合，保証人は肩代わりした債務をBに払ってほしいわけですが，Bに支払い能力がないときはどうしたらいいでしょう。

やはり，肩代わりした保証人の債権回収は保護すべきですから，その手段として，もともとの債権者Aが持っていた抵当権を保証人に移すという方法があります。そして，抵当権の性質として，抵当権は「その債権」にくっついてるもので

債務の性質によっては，第三者による弁済が許されない場合もあるわけです。

求償権

他人の債務を代わりに支払った人がその肩代わりした分をその人に請求する権利のことです。

なぜ保証人に先に請求するの？

抵当権の実行（競売）には費用も手間もかかります。ですから，通常は保証人に先に請求することになります。ただ，保証人の側でも，「抵当権を先に実行してほしい」と抗弁することができるんですが（**検索の抗弁**，453条），それをせずに支払ったり，あるいはそんな抗弁が付いていない連帯保証人だったりした場合には，本文のような事態が生じることになります。

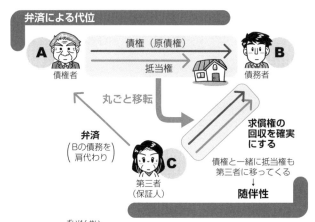

弁済による代位

A 債権者 —— 債権（原債権） ——→ B 債務者
—— 抵当権 ——→ 🏠

丸ごと移転

弁済
（Bの債務を
肩代わり）

C 第三者（保証人）

求償権の回収を確実にする

債権と一緒に抵当権も第三者に移ってくる
↓
随伴性

随伴性

債権が他人に移転すれば，担保物権もそれに伴って移転するという性質をいいます。

図の説明

Cが肩代わりの弁済をした場合，CにはBに対する**求償権**が発生します。それと同時に，**原債権**がCに移ってきます。なぜ原債権を移すかというと，抵当権というプレミアをCに移すためです。その結果，Cは求償権と原債権の二つの債権を有することになりますが，これは求償という目的を達成するためのものですから，債務者Bが求償に応じて保証人Cに弁済すれば，原債権も抵当権も求償権とともに消滅します。

したよね（**随伴性**）。だったら，もともと抵当権が付いていた「A→B」の債権自体を保証人Cに移せばいいんです。そうすれば，抵当権も保証人に移ることになるわけです。

　でも，保証人には肩代わりして支払ったときに求償権（求償債権）が発生しています。ですから，「A→B」の債権を移すのは，この求償権を担保するためなんです。

　「なんだかややこしい……」と思うかもしれませんが，ちょっと考えてみてください。たとえば，求償権に新たに抵当権を付けようと思ったら，弁済した保証人と債務者の合意（抵当権設定契約）が必要ですよね。そして，債務者はたぶん自分に不利になるそんな合意はしないでしょう。そうなると，債権者が持っていた抵当権を移す以外にはないんです。そのためには，**債権ごと抵当権が付いたままの状態で第三者に移すという方法を取らざるをえないんです**ね。

　ですから，**もともとの債権（A→Bの債権，原債権といいます）を第三者が代位する**という技巧的な方法で対処することになるわけです。

　そこで問題となるのは「じゃあ，この二つの債権（求償債権と原債権）の関係はどうなるの？」ということですが，先に説明したとおり，もともとの債権（原債権）を弁済者に移すのは，原債権に担保（保証や抵当権など）が付いている場合に，それらを移して弁済者を保護するためでしたよね。

　ということは，原債権が移ってくるのはあくまでも担保のためなんです。つまり，**第三者が弁済によって獲得するのは求償権のほうで，原債権は求償のための担保だと思えばわかりやすいと思います**。

代位

その人に代わって，その人の持つ権利を行使することをいいます。

ココが狙われる！

求償権と原債権の関係は，けっこうゴチャゴチャしていますから，出題のかっこうの素材となっています。しっかりと理解しておいてください。

では，求償権と原債権の関係について，もうちょっと突っ込んで見ていきましょう。出題のポイントになりそうな部分の知識をまとめておきますね。

【求償権と原債権の関係のポイント】
①両債権の額が違ってくる場合の上限額
　a）原債権の額が求償権よりも大きい→求償権の額が上限
　b）求償権の額が原債権よりも大きい→原債権の額が上限
②債務者が求償に応じて求償権が消滅すると，
　原債権のための担保権も消滅する。

これってわかりますか？

まず，①のa「原債権の額＞求償権の額」のほうですが，原債権は求償権の担保のために存在しているものでしたね。つまり，求償権の担保として原債権がくっついているとすると，求償権の額が担保の範囲ということになります。

次に，①のb「求償権の額＞原債権の額」のほうですが，原債権は確かに担保のためのものだとして，求償を受ける側（保証人や物上保証人など）は，もともと「原債権を担保する―その範囲ならば担保する」という約束でなっているわけです。それを勝手に「原債権よりも額が増えた」ということで求償権の額まで広げるのは不当な仕打ちになりますから，これは原債権の額が上限となります（最判昭59・5・29）。

最後に②ですが，以上のことがわかれば，②はわかりやすいでしょう。原債権は求償権を担保するためのものだとすると，求償権が債務者の弁済によって消滅すれば，もう担保はいらないはずです。ですから，原債権の担保権は消滅します（最判昭61・2・20）。

誰に弁済すれば債務は消滅する？

本項の最初に，「誰が」弁済できるかについて説明しました。今度は，「誰に」弁済できるかについて説明しましょう。

まず，弁済受領権者は原則として債権者です。これは当然ですね。

ただ，債権が差し押さえられた場合には，債権者に弁済することはできません。差押えというのは，債権者がその財産を自由に処分できなくなることですから，弁済を受け取るこ

両債権の額が違ってくる場合
利率は，法定の範囲内で当事者が自由に決められますから，当事者間の契約によって原債権の利率と求償権の利率が違ってくることはあり得ます。それによって，「原債権と求償権の額が違ってくる」ことも起こってくるわけです。

少ないほうが上限
原債権＞求償権
　　→求償権の額が上限
求償権＞原債権
　　→原債権の額が上限
ということは，求償権と原債権の額が違っている場合は，少ないほうの額が上限になるということです。

弁済受領権者
弁済を受け取る権利を持っている人のことです。

差押え
債務者が滞納している借金や税金などを回収するために，財産の処分を禁じたり，財産を強制的に押収したりすることをいいます。

ともできなくなります。この場合には，差し押さえた人（差押債権者）が債務者に請求することになりますから，その人に弁済すれば債務は消滅します。

ここまでは，特に問題はないでしょう。

問題となるのは，弁済を受領する権限があるように見える人，つまり「**受領権者としての外観を有する者**」に弁済した場合です。

次の図を見てください。Cは雇い主のAから解雇されたのに，預かっている領収証を雇い主Aに返却しないまま，客Bのところに集金に行ったとしましょう。この場合に，AがCを解雇したことをBに通知していれば問題はなかったのですが，なんの通知もないまま，いつもどおりにCが領収証を持って集金に来た場合，Bは当然支払いますよね。

では，この弁済は有効でしょうか。つまり，Cへの弁済によってBの債務は消滅するでしょうか。

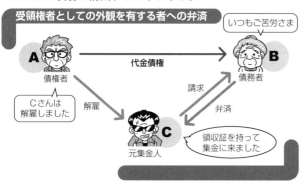

受領権者としての外観を有する者への弁済

いつもご苦労さま

A 債権者
代金債権
B 債務者

Cさんは解雇しました
解雇
請求
弁済

C 元集金人
領収証を持って集金に来ました

常識的に考えれば，消滅するはずです。そう考えないと，いつもの人がいつもどおりに集金に来た場合でも，いちいち雇い主に「解雇なんてしてませんよね？」と尋ねなければ，危なっかしくて弁済などできません。

そこで，法は，このような場合に弁済者（債務者）を保護するために，「取引上の社会通念に照らして受領権者としての外観を有する者に対してした弁済は，その弁済をした者が善意であり，かつ，過失がなかったとき」は有効な弁済となるとしています（478条）。

つまり，**常識判断で，弁済を受け取る権限があると判断できるような人に善意・無過失で支払えば，それで債務は消滅する**ということです。

後は，雇い主Aが集金人Cに「受け取った金は不当利得だ

外観

法律では，外観とか外形といった表現が頻繁に出てきます。ここでも，受領権者としての外観という表現が登場していますが，もちろん民法でいう「外観」は，服装や背格好といったその人の風体（ふうてい）という意味ではありません。正当な受領権を有していると思えるような状況（例：身分証や領収証を持っているなど）があるかどうかという意味です。

債権の準占有者

平成29年（2017年）改正前の民法では，「受領権者としての外観を有する者」のことを「債権の準占有者」という言葉で表現していました。しかし，準占有者という言葉自体が意味をつかみにくいために，この言葉が現行法のように改められました。改正前の判例や過去問でこの言葉が登場することがありますが，その場合には，「受領権者としての外観を有する者」に置きかえて考えてください。

不当利得

その利益を得る理由が何もないのに得た利益です。本来なら得られないはずの利益を得ているズルい状態なので，法律上それを返還するという債権（**不当利得返還請求権**）が発生します。後ほど「2-5事務管理・不当利得」で詳しく説明します。

から返せ！」と請求することになります。そのお金を取り戻すのは，Aにとってけっこうな手間でしょうけど，領収証を回収しなかったなどのミスがある以上やむを得ませんね。

弁済の方法についてのルール

弁済については，さらにいくつか細かいルールがあります。どれも出題の素材となっていますから，しっかりと覚えておいてください。

①弁済の場所

弁済の場所は，「債権者のもとへ持っていく」（**持参債務**）が原則です（484条1項）。

ただし，**特定物の引渡しは債権発生の時にその物が存在した場所で弁済を行います**（484条1項）。これを**取立債務**といいます。

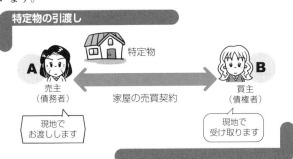

特定物の引渡し

A 売主（債務者）　家屋の売買契約　B 買主（債権者）
現地でお渡しします　現地で受け取ります

なお，特定物も特約を結んで持っていくことにしてもかまいません。でも，むしろ，その状態で保存して引き渡すほうが無難な場合が多いでしょう。温度や湿度管理が必要な古い絵画などの場合ならなおさらです。

②弁済の方法

弁済は，債務の本旨に従って現実に行わなければなりません。たとえば持参債務ならば，債権者のもとへ届けて，相手が受け取れる状態にしなくてはいけないということです。これを**現実の提供**といいます（493条本文）。

ただ，**債権者があらかじめその受領を拒んでいる，または，取立債務など債務の履行について債権者の行為を要するとき**

特定物・不特定物

特定物とは，物の個性に着目して債権の目的とされたものをいいます。それだけしかない，代わりがきかないもので，美術品や土地・建物などをさします。

493条

弁済の提供は，債務の本旨に従って現実にしなければならない。ただし，債権者があらかじめその受領を拒み，又は債務の履行について債権者の行為を要するときは，弁済の準備をしたことを通知してその受領の催告をすれば足りる。

には，弁済の準備をしたことを通知して受領の催告をすれば
足ります。これを**口頭の提供**といいます（同条ただし書き）。

　さらに，債権者が，単にあらかじめ受領を拒絶していると
いうだけでなく，たとえば契約の存在自体を否定している場
合のように受領の意思がまったくないというときは，口頭の
提供すらムダな行為ですから，その場合には**口頭の提供も不**
要とされています（最大判昭32・6・5）。

　これらは，頻繁に出題の素材とされていますから，まとめ
ておきましょう。

弁済の方法

①	原則	現実の提供
②	事前の受領拒否 債権者の協力が必要	口頭の提供
③	受領の意思がまったくない	口頭の提供も不要

③弁済の証拠…受取証書との同時履行

　弁済者は，確かに弁済したということの証拠として，「弁
済するので受取証書をください」と言うことができます
（486条）。ここで**受取証書**とは，領収証（もしくはそれに代
わるレシートなど）のことです。

　「弁済するので受取証書をください」とは，「受取証書と交
換でなければ弁済しない」（**同時履行の抗弁権**，533条）と主
張できるということを意味します。

　これに対して，**債権証書**というものがあります。これ
は，金銭の貸借でいえば契約書みたいなもので，弁済を済ま
せれば返還を求めることができますが（487条），同時履行の
関係には立ちません。領収証があれば，弁済したことを証明
できるからです。

代物弁済…債権者と合意すれば代わりの物で弁済できる

　債権の消滅原因の一つに，代物弁済があります。
　代物弁済というのは，債権者と債務者が合意して，本来の
給付に代えて代わりの物で弁済し，それによって債務を消滅
させるものです。

代わりの物は，債権者がOKすればなんでもかまいません。特に，同じ価値のものである必要もありません。
代物弁済自体は，当事者の合意によって有効に成立しますが（諾成契約），債務が消滅するのは，弁済者が代わりの物を現実に給付したときです（482条）。

供託…供託所に供託することで債務は消滅する

供託とは，弁済者が，弁済の目的物を供託所（各地の法務局などに設けられています）に預けることで債務を免れるという制度をいいます（494条）。これも債権の消滅原因の一つです。

これ，けっこう便利な制度で，①債権者が受け取りを拒否しているとか，②債権者が行方不明等で弁済ができない，あるいは，③過失なく債権者が誰なのかを知ることができないといった場合には，供託所に預ければ，それで債務は消滅します。

あとは，債権者が供託所に供託物を取りに行けばよいだけです。

なお，上記の①の場合でも，供託するには，先に**口頭の提供**を済ませておかなければなりません（493条ただし書き）。

問題演習で知識の整理をしておきましょう。

諾成契約
当事者の意思表示の合致だけで成立する契約のことです。
このような合意に加えて，物の引渡しなど一定の行為が成立要件として必要とされる契約を**要物契約**といいます。

482条（代物弁済）
弁済をすることができる者（以下「弁済者」という。）が，債権者との間で，債務者の負担した給付に代えて他の給付をすることにより債務を消滅させる旨の契約をした場合において，その弁済者が当該他の給付をしたときは，その給付は，弁済と同一の効力を有する。

供託所
供託事務を取り扱うところで，法務省の出先機関である法務局・地方法務局およびその支局，または法務大臣の指定する出張所など全国各地にあります。

例題12

弁済および代物弁済に関する次の記述のうち，妥当なものはどれか。

（国税専門官　改題）

1　金銭債務の弁済について，現実の提供があったとされるためには，期日に現金を持参してこれを提示することを要し，単に現金を持参し，支払う旨を述べたのみでは足りないとするのが判例である。

2　弁済をするについて正当な利益を有する者でない第三者は，債務者の意思に反して弁済をすることができない。

3　AのBに対する債権がAの債権者Cにより差し押さえられたためBがAに対する弁済を差し止められた場合であっても，AがBからの弁済を受領したときは，CはBに対してさらに弁済を請求することができない。

4　受領権者以外の者であって取引上の社会通念に照らして受領権者としての外観を有する者に対してした弁済は，弁済者の善意悪意を問わず，有効な弁済と

なる。

5 弁済者が弁済受領者に対して受取証書の交付を請求できるのは，弁済を終えた後であって，弁済と引換えに受取証書の交付を求めることはできない。

🍦 **本問のポイント!**

1．債権者が弁済を受領しようと思えばいつでも受領できる程度の準備行為がなされた場合には**現実の提供**があったとされます。ですから，債務者が期日に現金を履行場所に持参して支払う旨を述べた場合には，これを債権者の面前に提示しなくても現実の提供となります（最判昭23・12・14）。債権者が引渡しを要求すればその場で直ちに受領できたはずだからです。

2．妥当な記述です（474条2項本文）。

3．**差押え**があった場合にはその債権の弁済が禁止され（民事執行法145条1項），BはAに弁済しても，それによる債権の消滅をCに主張できません。ですから，Cは依然として自己への弁済をBに請求できます（481条1項）。

4．弁済者が善意・無過失でなければ有効な弁済とはなりません（478条）。

5．弁済と受取証書の交付（486条1項）とは同時履行の関係に立つとされていますから（大判昭16・3・1），弁済者は弁済と引換えに受取証書の交付を求めることができます。

　　本問の正答は**2**です。

正答　2

善意・悪意

事情を知っていることが悪意（あくい），知らないことが善意（ぜんい）です。つまり，知・不知が区別の基準です。

過失

通常人を基準に，常識的に判断すればわかったなどという落ち度のある場合をいいます。
過失がある場合を有過失，ない場合を無過失といいます。

「1-10　債権の消滅原因①」のまとめ

弁済者

▶弁済は，債務者が行うのが原則である。

▶第三者も債務者に代わって弁済することができる。ただし，弁済をするについて正当な利益を有する者でない第三者は，債務者の意思に反して弁済をすることができない。この場合でも，債務者の意思に反することを債権者が知らなかったときは，弁済は有効となる。

▶弁済をするについて正当な利益を有する者でない第三者は，債権者の意思に反する場合は弁済ができない。ただし，その第三者が債務者の委託を受けて弁済をする場合において，そのことを債権者が知っていたときは弁済することができる。

弁済の提供

▶弁済は，原則として，債務の本旨に従って現実になされなければならない。これを現実の提供という。
▶債権者があらかじめその受領を拒んでいる場合は，弁済の準備を完了したうえで，債権者にこれを受け取るように催告すればよい。これを口頭の提供という。
▶債権者の受領拒絶の意思が明らかである場合には，弁済の提供をしなくてもよい（口頭の提供すら不要）。

弁済の場所

▶弁済は持参債務が原則である。
▶弁済の場所について当事者間に特段の合意がないときは，特定物の引渡しは債権発生当時にその物が存在した場所で引渡すべきことになる。

弁済の方法

▶弁済者は，弁済に際して債権者が弁済を受け取ったことを証明する受領証書（例：領収証）の交付を債権者に請求できる（弁済と受領証書の交付とは同時履行の関係に立つ）。
▶債権証書がある場合，弁済者はその返還を請求できるが，弁済と債権証書の返還は同時履行の関係に立たない。

代物弁済

▶弁済者が，債権者との間で，債務者の負担した給付に代えて他の給付をすることにより債務を消滅させる旨の契約を代物弁済契約という。
▶弁済者が，本来の給付に代えて他の物を給付した場合，本来の債務は消滅する。

供託

▶供託とは，債権者側の事情で弁済ができない場合に，弁済者が債権者のために弁済の目的物を供託所に預けることで，債権者がそれを受領しなくても債権を消滅させるという制度である。
▶供託原因は，債権者の受領拒絶，債権者の受領不能，債権者が誰かわからない場合（債権者不確知）の三つである。

第1章 債権総論

債権の消滅原因②
～相殺には簡易決済のほかに担保の機能もある～

　前項で説明した債権の消滅原因（弁済，代物弁済，供託）は，給付することで債権が消滅するものでした。

　本項では，**給付を伴わない債権の消滅原因**について説明します。

なんの給付もしないのに
なぜ債権が消滅するの？

　ところで，なんの給付もしないのに債権が消滅するって，なんか不思議な気がしませんか。でも，理屈がわかれば納得できるはずです。まずは，ザッと一覧表を見てみましょう。こんなイメージです。

債権の消滅原因（給付を伴わないもの）

相殺 （そうさい）	千円貸していて千円借りているなどという場合に，対等額で貸し借りをチャラにすること →給付していないというよりも給付を省略しているといったほうが正しい
更改 （こうかい）	債務の要素を変更して「旧債務消滅＆新債務成立」になるようにする契約 →「前の債務を消滅させる代わりに新たな債務を発生させる」というのを一つの契約で済ませるもの →給付はないが，前の債務は消滅する
免除 （めんじょ）	債権者が一方的に債務をチャラにすること
混同 （こんどう）	債権者と債務者が同一人物になること →親からお金を借りていたが，その親が死亡して自分が相続したので返却の必要がなくなったなど

　給付がないのに，債務が消滅するという理由は理解できたと思います。

　この中で，一番問題点が多いのは，なんといっても相殺です。そのため，公務員試験の出題も相殺に集中しています。一方，更改，免除，混同が出題されることはほとんどありません。ですから，以下では相殺を中心に説明することにしま

債権の消滅原因②の重要度

出題は相殺が中心です。相殺については，論点も多く，それを素材とした問題が頻繁に出題されているので，重要な部分です。ただ，知識が混乱しやすいので，しっかりと理屈を理解するようにしましょう。

給付

「弁済」とか「履行」とかと同じと思ってください。法的には，債権に基づいて債権者が請求することのできる債務者の行為をいい，当該行為によって債権が実現することに着目したときは「履行」と呼び，当該行為によって債権が消滅することに着目したときは「弁済」と呼びます。

債務者の交替による更改 vs 免責的債務引受け

似てますが，次のような点が違います。**免責的債務引受け**は債務者のバトンタッチのことです。債務は同じものなので，そこに付いていた抗弁や担保，保証などもすべてバトンタッチされます。一方，債務者の交替による更改は，更改前の債務と更改後の債務はまったく別物です。ですから，バトンタッチはありません。

しょう。

相殺という制度があるのはなぜ？

相殺という制度は，「当事者の公平を確保する」ことと「簡易決済を図る」ことを目的とするものです。

次の図を見てください。

相殺の制度趣旨

借りている500万円を払うから，あなたもきちんと500万円払ってね

わかってるって！当たり前だろ！

A ← 金銭債権（500万円）← B

A → 金銭債権（500万円）→ B

500万円が手に入ったらそれを持って逃げよう！

相殺すれば…

リスクなしに簡単に決済できる

AとBはそれぞれ互いに相手に金銭債権を有しています。仮に履行期も同じだとして，上の図のようになったらどうなるんでしょう。

こんなときに，相殺という制度があると「貸し借りを同額でチャラにしよう」と相手にその意思を伝えるだけで簡単に決済ができるので，相手が払ってくれるかどうかを心配する必要はありません。つまり「自分も約束どおりに払うから，あなたもきちんと払ってください」という公平を担保するには，とても便利な制度です。

それともう一つ，相殺は「決済の意思を相手に伝える」という意思表示だけで簡単にできますから，無用な手間がかかりません。たとえば，相手のもとに大金を持っていくのは，それだけで盗難や遺失のリスクを伴いますし，たとえ振込みの手続きをとるにしても面倒ですよね。「相殺します」という意思表示だけで決済できたらこんなに便利なことはありません。

相殺とは，こういったメリットを持った制度なんです。

相殺

「そうさい」と読みます。貸し借りを互いに打ち消し合って帳消しにすることです。

相殺の意思表示

「相殺します」と相手に一方的に伝えるだけで，相殺の効果が生じます。相手の同意は必要ありません。相殺は，その意思を相手に伝えるだけで，意図したとおりの効果が生じるので，意思表示になります。

意思表示といえば，通常は契約が典型例ですが，相殺の意思表示のように，相手の同意が必要でない**単独の意思表示**もあります。この単独の意思表示の例としては，ほかに，免除や，解除，取消しなどがあります。

なお，このような単独の意思表示には，条件を付けてはならないとされています（相殺について，506条1項後段）。たとえば「○○が実現したら相殺する」などとすると，実際に相殺で決済が行われるかどうか不確定で，万一に備えて現金を用意しなければならなくなるなど，相手方の地位を著しく不安定にすることがその理由とされています。

相殺するには，どんな要件が必要？

相殺するには，それに適した要件が整っていることが必要です。

そこで，まず**一般的な要件**ですが，これは次の三つです。

【相殺の三要件】
1．相殺に適した状態にあること（505条1項）
2．相殺禁止の意思表示がないこと（505条2項）
3．法律上相殺が禁止されていないこと（509条）

順に見ていきましょう。

 ## 債権が相殺適状にあるとは？

では，相殺の第一の要件「相殺に適した状態にあること」から説明していきましょう。これは二つの債権が相殺できる状態になっていることをさします。この状態を**相殺適状**と呼んでいます。

相殺適状にあるといえるためには，債権が次のような条件を満たしている必要があります。

【相殺適状の要件】
①同種の目的を有する債権が対立していること
②双方の債務が弁済期にあること
③債務の性質が相殺に適していること

これらを順に説明していきましょう。

① 同種の目的を有する債権が対立していること

ここで「同種の目的」というのは，互いに「相手に渡す」のと「相手からもらう」のやり取りがメンドクサイと思えるようなものをいいます。金銭債権どうしとか，同じ銘柄と容量のビールどうしなどという意味です。

反対に，たとえば，商品を売った場合に，「商品を渡す」のと「代金をもらう」のを相殺でチャラにはできませんよね。「同種の目的」というのは，相殺でチャラにしてかまわないものと言い換えて考えておけばいいでしょう。

 505条1項本文

二人が互いに同種の目的を有する債務を負担する場合において，双方の債務が弁済期にあるときは，各債務者は，その対当額について相殺によってその債務を免れることができる。

 債権が対立？

債権どうしがケンカしているとか，そういうわけではありません。
一方が持っている債権に相対する債権を相手方も持っている状態のことです。

②双方の債務が弁済期にあること

これはちょっとややこしいので，まずは図を見ながら説明します。

ここは，とても混乱しやすいところなので，しっかりと理解するようにしてください。

双方の債務の弁済期到来

甲債権（500万円）
弁済期：1月10日
1月10日にAはBに弁済を請求できる

A　B

乙債権（500万円）
弁済期：1月20日
1月20日にBはAに弁済を請求できる

ケース1

Bが相殺する場合

まずは用語の説明からです。

相殺に使うほうの債権，つまり自分が相手に対して持っている債権（債務者は相手）を**自働債権**，相殺に使われるほうの債権，つまり相手が自分に対して持っている債権（債務者は自分）を**受働債権**といいます。

上の図で，Aは1月10日になれば甲債権の500万円をBに請求できます。つまり，Bは1月10日にAに500万円を支払わなければなりません。

一方，乙債権のほうは，弁済期が1月20日ですから，1月10日の時点では，Aはまだんに支払う必要はありません。ということは，1月10日の時点では，Bは乙債権を自働債権として相殺することができないのです。なぜなら，仮に相殺を認めると，Aは支払い期限までまだ10日あるのに，その期限を待たずに支払いを強制されるのと同じことになるからです。

そして，これが，「双方の債務が弁済期にあること」という要件の意味です。

ここの部分，ちょっと引っかかるものがあるかもしれません。「ひょっとして，1月20日にBがAに請求したときには，Aは10日前にBが払った500万円を持って行方をくらま

甲乙丙丁

法律では，「Aさん，Bさん」などの呼称のほかに，「甲土地，乙債権」など，漢字で特定のものを示すことがよく行われています。これも慣れていきましょう。ちなみにそれぞれ「こう」「おつ」「へい」「てい」と読みます。

自働債権・受働債権

自働債権は，相殺しようと申し出る側が相殺される側に対して持っている債権です。
受働債権は，相殺を申し込まれる側が相殺しようとする側に対して持っている債権です。
左図でいえば，Bが相殺を請求する側であれば，乙債権が自働債権で甲債権が受働債権ということになり，Aが相殺を請求する側であれば，甲債権が自働債権で乙債権が受働債権，ということになるわけです。

しているかもしれない……」そんな心配がありますよね。

　それは，この後に問題として出てきますので，まずは，双方の債務が弁済期にならないと相殺はできないということは理解しておいてください。

ケース2

Aが相殺する場合

　以上のように，1月10日の時点では，Bは相殺できませんが，では，Aは相殺できるんでしょうか。

　これはできるんです。

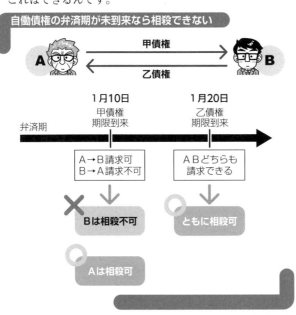

自働債権の弁済期が未到来なら相殺できない

甲債権
乙債権

| 1月10日 | 1月20日 |
| 甲債権
期限到来 | 乙債権
期限到来 |

弁済期

A→B請求可
B→A請求不可 ／ ＡＢどちらも
請求できる

✕ Bは相殺不可 ／ ○ ともに相殺可

○ Aは相殺可

　Aはまだ支払い期限まで10日ありますが，それは弁済の準備期間としてAにまだ10日の余裕が与えられているというだけで（いわゆる**期限の利益**，136条1項），別に早めに弁済してもかまわないわけですよね。いわゆる**期限の利益の放棄**です（同条2項本文）。

　そして，期限前に弁済してもかまわないというのなら，それは甲乙両債権がともに支払いの準備が完了したということになりますから，Aからの相殺はできることになります。

　それだと，Bとしてもありがたいですよね。

　以上をまとめると，次のようになります。

期限の利益

期限まで債務の弁済を強制されないなど，期限が到来しないことによって当事者が受ける利益のことです。

136条

1　期限は，債務者の利益のために定めたものと推定する。

2　期限の利益は，放棄することができる。（以下略）

162

自働債権・受働債権の弁済期と相殺の可否

	自分が相手に持ってる債権 **自働債権**	相手が自分に持ってる債権 **受働債権**	**相殺の可否**
弁済期	未到来 ✕	到来 〇	**相殺不可** （期限前の弁済強制になるので）
弁済期	到来 〇	未到来 ✕	期限の利益を放棄すれば **相殺可**

　用語の意味も表現も難しいので，理屈が少しわかった段階で何度か繰り返して理解するようにしましょう。ただ，理解したつもりでいても，どっちがどっちだったか混乱しやすいところなので，よく試験にも出題されます。くれぐれもケアレスミスをしないように注意してください。

③ 債務の性質が相殺に適していること

　相殺は，債務の性質として，それが相殺に適していることが必要です。

　たとえば，近所どうしで「夜は騒音を立てない」という債務を負っている場合，それを相殺によって互いを帳消しにする……なんていうのは無意味ですよね。こんな債務は相殺に適しているとはいえません。まあ，当然です。

　もう一つ，相手が支払いを拒絶できる事由（抗弁）を持っている場合にも相殺はできません。

　たとえば，商品の売買代金債権の100万円を売主AがCに

相手の抗弁を奪う相殺はできない

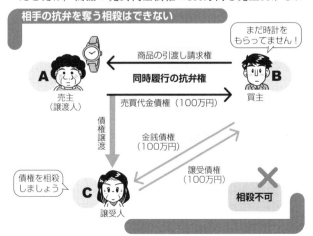

当然ですが

左の表ですが，当然〇〇と✕✕のパターンもあります。自働債権の弁済期が到来していて（〇）受働債権の弁済期も到来している場合（〇）は，相殺可です。
自働債権の弁済期が未到来で（✕）受働債権の弁済期も未到来の場合（✕）は，相殺不可です。

自働債権に注目

かなり関係がややこしいですが，結局，自働債権の弁済期が到来していさえすれば，相殺は可能だということです。

抗弁

相手の主張に反論することです。

同時履行の抗弁権

「代金の支払いと同時でないと商品は引き渡さない！」または「商品と引換えでなければ代金は支払わない！」と主張できる権利です。

譲受債権

「ゆずりうけさいけん」と読みます。
左の図の場合は，CがAから譲り受けた売買代金債権をさします。

譲渡したとします。その場合，Cが，たまたま商品の買主B
に100万円の債務を負っていたとしても，Cは，商品がBに
引き渡されていない状態で，売買代金債権と自分の債務を相
殺することはできません。

　商品の買主Bは，代金100万円を商品と引き換えに支払う
という同時履行の抗弁権（533条）を持っていますが，仮に
相殺を認めると，これが一方的に奪われる結果になるからで
す（売主が商品を引き渡さずに行方不明になったらそれで終
わりです）。

　ただ，この場合も，抗弁はあくまで権利であって，それを
主張するかどうかは，それを持っている人の自由ですから，
買主Bの側から，抗弁を主張せずにCの債権と相殺すること
は可能です。

　つまり，相手の抗弁を奪うような相殺は許されませんが，
抗弁を持っている人がその抗弁を放棄して相殺することは問
題ありません。

相殺を意思表示で禁止できる

　相殺の第二の要件に移ります。
　相殺は，当事者の意思表示で制限したり禁止したりするこ
とができます（505条2項）。
　たとえば，「この債権は相殺に用いることができない」と
いう特約をしておくと，その債権が第三者に譲渡された場合
でも，それを決済に用いることが制限されます。今，A→B
の債権に相殺禁止特約を付けたとして，Aがこの債権を，B
への借金があるCに譲渡した場合でも，Cは原則としてこの
債権とBへの借金を相殺できなくなります。これは，CがA
から債権を安く買い取って，Bへの支払いを現金全額の返済
でなく相殺で安直に済ませることを阻止する効果があります。
　ただ，相殺禁止特約（もしくは相殺制限特約）というのは
当事者間の合意ですから，当事者以外の人は容易に知ること
ができません。また，それをいちいち調査しろというのも大
変です。
　ですから，特約を最初から知っているか，もしくは知って
いて当然という場合（悪意・重過失）以外の人には，相殺禁
止特約の効力は及ばないとされています。

売買代金債権

商品を売ったのにまだその
代金をもらっていない状態
です。

505条2項

…当事者が相殺を禁止し，
又は制限する旨の意思表示
をした場合には，その意思
表示は，第三者がこれを知
り，又は重大な過失によっ
て知らなかったときに限
り，その第三者に対抗する
ことができる。

悪意・重過失

債権に相殺禁止特約が付い
ているかどうかということ
は，外部からは容易にはわ
かりません。債権には，通
常そんな特約はついていま
せんから，特約の存在を知
っている場合だけを保護し
ないとしておけば十分で
す。重過失は「ほんのちょ
っと注意すれば当然にわか
ったはずだ」という場合で
すから，悪意と同じように
扱われます。つまり，「外
部からは容易にわからない
ことについて，いちいち注
意する必要はない」という
ことで，通常の過失が除外
されています。

法律上の相殺禁止…被害者への賠償金の相殺はできない

相殺の第三の要件に移ります。

相殺が法的に禁止されている場合があります。まず，ちょっと事例で考えてみましょう。

BはAが経営する工場の従業員で，親の介護費用などに充てるために，無理を言ってAから50万円を借りていました（賃金の前借りではなく，純粋な借り入れです）。ところが，仕事中に，使用者Aによる設備管理の不備からBがケガを負い，治療のために入院することになりました。治療費を負担する責任は使用者Aにあります。

では，使用者Aは治療費の50万円と貸したお金の50万円を相殺できるでしょうか。

これ，ダメなんです。

なぜかというと，Bはそのお金がないと病院で治療を受けられないかもしれないからです。

これを，法的にいうと，「人の生命または身体の侵害により生じた債権を受働債権とする相殺は認められない」ということになります。

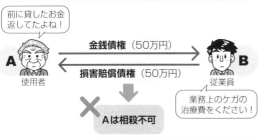

生命・身体の侵害により生じた債権を受働債権とする相殺の禁止

前に貸したお金返してたよね！

金銭債権（50万円）

損害賠償債権（50万円）

A 使用者 / B 従業員

業務上のケガの治療費をください！

× **Aは相殺不可**

ここで，**受働債権**とは相殺される側の債権，つまり加害者Aが被害者Bに支払う必要のある**損害賠償債権**です。これは現実に履行してもらわないと，被害者は治療を受けられません。ですから，「お金を貸しているよね。それと治療費をチャラにしよう」というわけにはいかないんです。

そこで，法は，次の二つの場合には相殺できないとしています（509条）。

自働債権・受働債権

こんがらがるところなのでまた説明します。

自働債権は，相殺しようと申し出る側が相殺される側に対して持っている債権，つまり自分が相手に対して持っている債権です（債務者は相手）。

受働債権は，相殺を申し込まれる側が相殺しようとする側に対して持っている債権，つまり相手が自分に対して持っている債権です（債務者は自分）。

509条

（不法行為等により生じた債権を受働債権とする相殺の禁止）

次に掲げる債務の債務者は，相殺をもって債権者に対抗することができない。
（以下略）

一 悪意による不法行為に基づく損害賠償の債務

二 人の生命又は身体の侵害による損害賠償の債務（前号に掲げるものを除く。）

【法律による相殺禁止】
（次の二つを受働債権とする相殺禁止）
①悪意による不法行為に基づく損害賠償の債務
②人の生命または身体の侵害による損害賠償の債務

悪意

ここでいう悪意とは，単なる故意のことではなく，積極的に他人を害する意思のことをいいます。

前記の例は，このうちの②です。

一方，①は，悪意による不法行為は悪質だとして，「たとえ反対債権を持っていても相殺は許さない。ちゃんと賠償しなさい」ということです。

②についてですが，これは不法行為の場合に限りません。債務不履行（安全配慮義務違反など）から生じた損害であっても，治療費を用意しなければいけないことは同じですよね。ですから，「人の生命または身体の侵害による損害賠償」については，きちんと治療ができるように相殺が禁止されています。

なお，前記の例の場合に，ケガをした従業員Bのほうから相殺することは禁止されていません。Bのほうから相殺するということは，Bが自分で治療費を工面できるめどが立ったということでしょう。法が相殺を禁止しているのは，あくまで「受働債権とする相殺」のほうです。

ついでにもう一つ。

では，お互いが「人の生命または身体の侵害による損害賠償の債務」だったらどうなるんでしょう。たとえば，「自動車どうしが双方の過失でぶつかって，双方の運転者がともに負傷して治療費が必要だ」などという場合です。

この場合も相殺はできません（最判昭49・6・28）。

「両方とも相手に治療費を払うんだったら，相殺を認めていいんじゃないの？」

いや，そうもいかないんです。

一方がお金持ちで，とりあえず自分で治療費を調達できるけど，他方は生活が厳しい状態で治療費を工面できないなどという場合などには，とにかく一方でも現実に治療費を確保できないと困りますよね。

ですから，「お互いに払いましょう」ということになっていて，相殺は認められていません。

なお，ちょっと注意が必要なのは，①②以外の場合には不法行為債権との相殺が可能だということです。

不法行為

故意・過失に基づく加害行為によって他人に損害を与えた場合に，加害者に被害者の被った損害を賠償させる制度です。

最判昭49・6・28

判旨を挙げておきましょう。次のようなものです。「民法509条の趣旨は，不法行為の被害者に現実の弁済によって損害の填補を受けさせること等にあるから，およそ不法行為による損害賠償債務を負担している者は，被害者に対する不法行為による損害賠償債権を有している場合であっても，被害者に対しその債権をもって対当額につき相殺によりその債務を免れることは許されない」

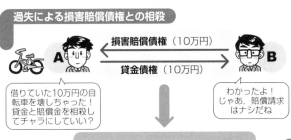

過失による損害賠償債権との相殺

損害賠償債権（10万円）

A ← B

貸金債権（10万円）

借りていた10万円の自転車を壊しちゃった！貸金と賠償金を相殺してチャラにしていい？

わかったよ！じゃあ，賠償請求はナシだね

過失による損害賠償債権との相殺はOK！

そもそも，不法行為に基づく損害賠償債権を受働債権（相殺される側の債権）とする相殺が禁止されているのは，**被害者の治療費を確保する**とか，債権者が借金を返さない相手に腹を立て，暴行して被害弁償金と借金を相殺するなどの「**不法行為の誘発**」を防止する点に理由がありました。

だったらこの趣旨は，通常の過失の場合には当てはまりません。

たとえば，上の図の例のように，10万円を借りているBがAに10万円の自転車を貸していて，そのAが誤って自転車を壊したとしましょう。そして，仮に治療費の確保の場合であれば，加害者のほうからの相殺は許されませんが，壊した自転車の損害賠償ということであれば，加害者のほうから貸金債権との相殺を認めても特に問題は生じません。

ということで，**通常の過失の場合には，不法行為に基づく損害賠償債権を受働債権とする相殺が認められているんです。**

差押えと相殺…差し押さえられた債権を相殺に使える？

では，最初に述べた相殺適状の要件②の箇所の，「ひっかかるもの」についての説明に移ります。

ＡＢ間には，相互に500万円の金銭債権があるとします。一方，ＣはＢに500万円の債権を有していますが，支払いが行なわれません。そこで，ＣはＢがＡから支払ってもらえるはずの乙債権を差し押さえました。

この場合，Ａは期限の利益を放棄して１月10日に甲債権と乙債権を相殺できるでしょうか。

これ，相殺が認められるんです。

自働債権・受働債権

念のため，もう一度……。

自働債権は，相殺しようと申し出る側が相殺される側に対して持っている債権，つまり自分が相手に対して持っている債権です（債務者は相手）。

受働債権は，相殺を申し込まれる側が相殺しようとする側に対して持っている債権，つまり相手が自分に対して持っている債権です（債務者は自分）。

差押えと相殺

債権が差し押さえられた場合，その債権については一切の処分が禁止されます。ですから，本来からいえば，相殺も禁止されるはずなんです。

ただ，実際の経済界では「これこれの債権を持っているから安心して融資ができる」「いざとなったら相殺によって融資を回収すればいい」などと，債権がいわば担保として重要な役割を果たしてるんです。そこで，このような当事者の意思を尊重して経済がうまく回るように，差押えの「処分禁止」の例外が認められることになります。すなわち，差押えがあった場合でも相殺を認めるわけです。これを，**相殺の担保的機能**と呼んでいます。

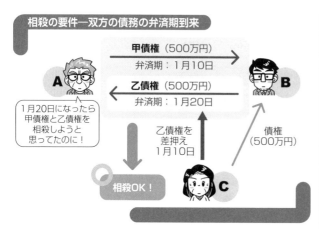

相殺の要件—双方の債務の弁済期到来

甲債権（500万円）
弁済期：1月10日

A

1月20日になったら
甲債権と乙債権を
相殺しようと
思ってたのに！

乙債権（500万円）
弁済期：1月20日

B

債権
（500万円）

乙債権を
差押え
1月10日

相殺OK！

C

　なぜかというと，Aとしては，甲債権と乙債権が両立しているので，「期限になったら相殺してチャラにしよう」と期待しているはずだからです。

　そして，実際の取引社会では，甲債権があるから乙債権がある（もしくは乙債権があるから甲債権がある）という相互関係が成立していることが多く，たとえば，

　「500万円の債権があるから安心して商品を購入しよう。いざとなれば，商品代金と貸金債権を相殺で決済すればいいしね！」

といった関係がかなり重視されているんです。

　ですから，そういった期待を保護するために，こんな場合には相殺はOKとされています（511条1項後段）。

　ここで，「こんな場合」というのは，差押え前から甲債権を持っている場合です。乙債権が差し押さえられたので，急いで相殺目的で甲債権を取得したというのであれば，相殺は認められません（同項前段）。

　また，差押え前から債権を有しているAが相殺するためには，両債権の弁済期がともに到来していなければなりません。つまり**相殺適状**です。

　上の図の例では，Aは期限の利益を放棄すれば相殺適状を作り出すことができるんですが，では，甲乙両債権の弁済期が逆だったらどうなるでしょうか。

　Aが持つ甲債権は，1月20日にならないとBに払ってもらえません。その間にCが乙債権を差し押さえて，たとえば1月18日にAに支払いを求めてきた場合，AはCに支払いをしなければならないんでしょうか。

511条

1　差押えを受けた債権の第三債務者は，差押え後に取得した債権による相殺をもって差押債権者に対抗することはできないが，差押え前に取得した債権による相殺をもって対抗することができる。

相殺適状

互いに対立する二つの債権が相殺できる状態になっていることをさします。
相殺適状の要件
①同種の目的を有する債権が対立していること
②双方の債務が弁済期にあること
③債務の性質が相殺に適していること

法的には，Aは支払いを拒めません。そして，支払ってしまえば，乙債権は消滅しますから，そうなると債権が対立していないので相殺はできません。

そこで，実務界では，これを避ける手段として，「乙債権が差し押さえられたら，Bは甲債権の期限の利益を失い，それと同時にAは相殺ができる」という特約が結ばれることがあります（これを**相殺予約**といいます）。

甲乙両債権が，実質的に「反対債権があるから弁済は安心だ」という担保としての機能を有しているので（**相殺の担保的機能**），このような特約も有効だとされています（最大判昭45・6・24）。

相殺の方法と効果はどうなっている？

相殺は，相手方に一方的に通知すれば，それで債権消滅の効果が生じます（506条1項前段）。

ところで，請求せずにそのままにしていたので時効が完成してしまったという債権，つまり時効消滅した債権を自働債権として相殺できるかという問題があります。

これ，時効消滅以前に相殺適状に達していれば大丈夫です。

これも，先に説明した差押えと相殺の関係と似たところがあって，対立する債権が弁済期を迎えた段階で，暗黙の了解のように相殺されて，そこで決済をされてしまったものと思うことが多いとされています。そこで，あえて相殺の意思表示をすると，

「そんなの当然でしょ！」

「わざわざ言ってこなくてもわかってるよ！」

などと言われるのが嫌だ，というところでしょうか。

ですから，時間が経過して，時効が完成した後に請求された場合でも，その債権で相殺することは認められています（508条）。

最後に相殺の効果ですが，**相殺の効果は相殺適状の時点にさかのぼって発生します**（506条2項）。

なぜ，相殺の意思表示をした時点じゃないかというと，同種の債権が対立して相殺に適した状態（相殺適状）になっていたら，当事者は，その時点で両債権が決済されたと思うの

期限の利益の喪失

期限の利益を失うと，直ちに弁済期が到来することになります。

相殺の担保的機能

相殺予約が結ばれると，Cが差押えをした瞬間に，乙債権（差押えを受けた債権）は直ちに弁済期が到来し，同時に自動的に甲債権と相殺されて消滅してしまいます。

ということは，差押えられた乙債権はその瞬間に消滅してなくなりますから，差押えは効を奏しないことになります。「わざわざ差押えをしたのに…」そうなんですが，これも「相殺による決済への期待」のほうが，差押債権者の期待よりも強く保護されるべきだ（それだけ，相殺の担保的機能のほうが実際の経済社会の中で重要な役割を果たしている）という政策的配慮に基づくものです。

消滅時効

権利を行使しない（例：貸金の請求をしない）という状態が一定期間続いた場合に，権利の消滅を認めるものです。
詳しくは「民法Ⅰ」の「1-12 時効①」を参照してください。

時効消滅した債権を自働債権とする相殺

時効消滅した債権は，すでに消滅しているので，それを使って相殺することは，本来はできないはずですよね。でも，どうして時効消滅したかというと，それは忘れていたとか，請求をサ

が普通なんです。それを，後の時点（相殺の意思表示をした時点）にズラすと，両債権で利息が違っているような場合にややこしくなるんですね。

そんなややこしいことにならないように，誰もが決済されたと思う時点，つまり相殺適状になった時点で効果が生じると考えるのが自然だということです。

以上が相殺についての説明です。

ボっていたなどという理由ではなくて，すでに「対等額で決済された」と思い込んでいる場合がほとんどなんです。そして，そんなように思うのも無理からぬことなので，その場合には改めて相殺を認めようというのが法（508条）の趣旨です。

更改・免除・混同について

念のため，更改・免除・混同について簡単に説明しておきます。

といっても，更改・免除・混同という用語は，「1-6連帯債務」で一度出てきていますよね？　というわけで，復習の意味も兼ねて，連帯債務のページも確認しながら見てみてください。

<ruby>更改<rt>こうかい</rt></ruby>というのは，債務の要素を変更することで新たな債務を設定するとともに，それまでの債務（旧債務）を消滅させる契約をいいます（513条）。**新債務の設定と旧債務の消滅を一つの契約で済ませてしまう**点が特徴です。

ただ，ここで**債務の要素**とは，債権者や債務者，目的の変更などのことをいうのですが，たとえば債権者の交替は債権譲渡で，また債務者の交替は債務引受けでカバーできるので，更改が機能する場面はあまり多くありません。

<ruby>免除<rt>めんじょ</rt></ruby>は，読んで字のごとく，債務を帳消しにするという意思表示のことです（519条）。相手の同意はいりません。免除という単独で行う意思表示が相手に到達すれば，それで債務は消滅します。

<ruby>混同<rt>こんどう</rt></ruby>とは，債権と債務が同一人に帰属することをいいます。たとえば，親からお金を借りている子どもが，親の唯一の相続人として，債権者である親を相続したような場合がその例です。その子が，自分で自分に「お金を返せ」と請求するのは無意味ですから，混同は債権の消滅原因とされています（520条）。

以上で債権の消滅原因の説明は終了です。

最後に，問題演習で知識の整理をしておきましょう。

連帯債務の該当ページ

1-6連帯債務のp.100以降を参照してください。

あまり出ない

更改・免除・混同の三つが試験に出題されることはほとんどありません。
というわけで，こういった制度があるということと，それが債務の消滅原因だということを知っておけば，それで十分です。

混同の例

本文に紹介した相続の例以外では，たとえばB社に営業資金を融資しているA社がB社を吸収合併した場合とか，債務者が自分に対する債権を譲り受けた場合などがあります。

例題13

相殺に関する次の記述のうち，妥当なものはどれか。

(地方上級 改題)

1 自動債権が弁済期に達した時以後に相殺の意思表示があった場合は，その意思表示の時点から相殺の効力が生じる。

2 受働債権は弁済期に達していなければ相殺することができないが，自動債権は弁済期に達していなくとも相殺することができる。

3 自動債権が時効によって消滅した場合は，その債権が消滅前に相殺に適していたとしても相殺することができない。

4 相殺とは二人が互いに同種の目的を有する債権を有する場合に，その債権と債務を対当額において消滅させる意思表示である。

5 債権者および債務者は相殺することを禁止する特約を締結することができない。

本問のポイント！

1．相殺の意思表示は，双方の債務が互いに相殺に適した状態になった時点，すなわち**相殺適状**時にさかのぼってその効力を生じます（506条2項）。相殺適状が生じていれば，当事者は両債権がすでに決済されたものと考えるのが通常なので，この当事者の期待を保護する趣旨です。

2．両者が逆です。すなわち，自動債権は弁済期に達していなければ相殺できませんが，受働債権は弁済期に達していなくとも相殺できます。

3．その債権が時効消滅する以前に相殺適状に達していれば，当事者は当然に両債権が相殺されたものと考えるのが通常であることから，この当事者の信頼を保護するために，なお相殺が可能とされています（508条）。

4．妥当な記述です（505条1項本文，506条1項本文）。

5．当事者の合意によって**相殺禁止特約**を締結することも認められています（505条2項）。相殺は債権・債務の簡易な決済手段となっているので，当事者が互いに債権・債務の現実の履行の必要を認めて合意に至った場合には，特にこれを禁止する必要はないからです。

本問の正答は**4**です。

正答 4

 間違えやすい！

受働債権と自動債権は，混乱しやすいので何度も確認して，間違えないようにしておきましょう。自動債権が相殺に用いる側の債権，受働債権が相殺に供される側の債権です。

「1-11 債権の消滅原因②」のまとめ

相殺の意義

▶同種の目的を有する債権が対立している場合には，実際にお金や物の相互引渡しをする手間を省いて，意思表示だけで債権債務を決済することができる。これを相殺という。

▶相殺は，両当事者の公平の確保や手間を省くという簡便さ，簡易決済による債権回収の期待（相殺の担保的機能）などに基づいて認められた制度である。

相殺の要件・効果

▶互いに対立する二つの債権が相殺できる状態になることを相殺適状という。

▶相殺適状には，同種の目的を有する債権が対立していること，双方の債務が弁済期にあること，債務の性質が相殺に適していることといった要件が必要である。

▶当事者の合意によって相殺を禁止する特約を締結することもできる。ただし，その特約は善意・無重過失の第三者には対抗できない。

▶相殺は，相手方に対する一方的意思表示によってこれを行う。

▶時効によって債権が消滅した場合でも，その債権が消滅前にすでに相殺できる状態になっていれば，債権者は時効消滅した債権を用いて相手方に対する自己の債務と相殺することができる。

▶悪意による不法行為に基づく損害賠償債務，および，それ以外での人の生命または身体の侵害による損害賠償債務の債務者は，相殺をもって債権者に対抗することができない。

▶差押えを受けた債権の第三債務者は，差押え後に取得した債権による相殺をもって差押債権者に対抗することはできないが，差押え前に取得した債権による相殺をもって対抗することはできる。

▶相殺の意思表示がなされると，両債権は相殺の要件を満たした最初の時点（相殺適状時）にさかのぼってその効力を生じる。

更改・免除・混同

▶更改とは，債務の重要部分を変更して新債務を成立させ，それによって旧債務を消滅させる契約のことである。

▶免除は，債権を無償で消滅させる債権者の意思表示である。

▶免除は，相手方の同意を必要としない債権者の単独行為である。

▶混同は，債権および債務が同一人に帰すことをいう。債権の消滅原因の一つとされている。

債権各論

～契約など具体的な債権債務関係～

　ここからは，より具体的な債権の内容に入っていきます。

　この分野は三つに分かれていて，契約の一般ルール，主な契約の種類，契約以外の債権発生事由から構成されています。より具体的な債権の内容という点では同じなのですが，出題はそれぞれの部分で完結したものが多く，相互の関連性が薄いため，それだけ覚える量が増えるのでちょっと大変かもしれません。

　ただ，売買などのように身近な例で考えることができる部分が多いので，その分，興味を持って学んでいくことができる分野といえます。また，今後の生活に生かせる内容も豊富ですから，いろんなことに役に立てようという意識を持って取り組んでみましょう。

　長かった財産法も本章で最後です。さあ，ラストスパートを始めましょう。

契約総論
～契約の成立から終了まで，その特徴を把握しよう～

　本項からは，債権の中核を占める契約について説明します。債権には，たとえば不法行為の賠償債権のように契約以外で生じる債権もありますが，それは後に説明することにして，まずは債権の大部分を占める**契約による債権**から始めましょう。そこで本項では，契約の締結と，締結後の問題である履行方法や目的物の消滅，解除などについて説明します。

契約総論の主な四課題
（成立，同時履行，危険負担，解除）

　契約全般の共通事項である契約総論で出題の素材となるのは，契約の成立の要素，履行時の当事者の公平をどう図るか，履行までの間に目的物が滅失（めっしつ）・毀損（きそん）した場合にどうするか，そして解除の四つです。

　本項では，これら四つを契約全般に共通する課題として，最初に説明しておきます。

　まず，簡単にその内容を表にまとめておきましょう。

契約総論の主な四課題

契約の始まり	契約の成立 →申込みと承諾に関する法の規律
契約の履行 （同時履行の 抗弁権）	履行時の当事者の公平をいかに図るか →当事者双方が債務を負っている契約（例：代金支払いと商品の引渡し）の場合には，双方の債務は同時履行が原則
途中の アクシデント （危険負担）	契約途中で目的物が滅失したらどうするか →代金債権はどうなるのか →反対債務は消滅するのが原則
契約が履行され ない場合	契約関係の解消…契約の解除

　では，それぞれ見ていきましょう。

契約総論の重要度

契約全般の特徴ということで，頻繁に出題されています。ただ，出題箇所には偏りがあり，契約の解除が最も多く出題されていて，同時履行の抗弁権がこれに続きます。契約の解除は，やや複雑な箇所なので，しっかりと理解するようにしてください。

契約

当事者どうしの合意によって行われる約束で，お互いの権利・義務についてあらかじめ取り決めをしておいて法的拘束力を持たせたもののことです。
契約の例として主なものには，贈与，売買，貸借，雇用，請負，委任，寄託などがあります。

滅失

「めっしつ」と読みます。
ある物が壊れたりなくなったりして価値が失われることです。

毀損

「きそん」と読みます。
あるものを壊すこと，あるものの価値が損なわれることです。よく使われる例としては「名誉毀損」があります。
ちなみに「名誉毀損」は刑法に出てくるテーマです。

契約の成立には申込みと承諾の双方が必要

契約は，両当事者の意思の合致によって成立します。

そして，意思の合致の要素となるのが，契約の**申込み**と，それに対する**承諾**です。

① 申込みと承諾の意味

ここで，契約の「申込み」というのは，相手が承諾すればそれで契約が成立するという程度に内容が確定していることが必要です。

したがって，お店の前で配っていたチラシを見て「お！コレを買おう！」と思ってそのお店の中に入ったとしても，それ自体は契約の「申込み」にはなりません。実際に，客がお店の中で，その品物と値段に納得して店側に「コレをください」という意思を示す行為が「申込み」で，店側が「お売りします」という意思を示す行為が「承諾」です。

チラシは，客の申込みを誘うという意味で，**申込みの誘引**といいます。

② 契約の成立時期

お店で物を買うような場合は，その場での「買います」「売ります」のやり取りで直ちに契約が成立しますから，契約の成立時期が問題になることはありません。

でも，郵便で申込みの書類を送付する必要があるような場合，つまり承諾者が離れた場所にいるときには，いつ契約が成立するかが問題になります。

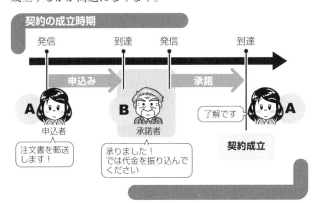

契約の成立時期

発信　　　到達　　　発信　　　　　到達

申込み　　　　　　承諾

A 申込者　　　　B 承諾者　　　了解です　A

注文書を郵送します！

承りました！では代金を振り込んでください

契約成立

意思の合致

契約をするお互いの思いが一致していることです。

申込みの例

別に口に出して「コレください」と言わないといけないわけではありません。

たとえば，スーパーマーケットでの買い物の場合だったら，商品をカゴに入れてレジに持っていけば，商品を購入したい＝売買契約がしたいという意思は伝わりますよね。これが「申込み」で，店側が商品を入力して合計の代金を請求する行為が「承諾」ということになります。

承諾者が離れている場合

隔たった場所にある者どうしの契約という意味で，隔地者（かくちしゃ）間の契約といいます。

第2章 債権各論

申込みも承諾もともに意思表示です。そして，意思表示は，相手がその内容を理解できる状況になっていることが必要ですよね。前ページの図でいえば，Aから申込みがあったことをBが理解し，それを承諾したことをAが把握できなければ，契約は成立しません。

　申込みも承諾も，それが相手に到達した時点で意思表示としての効力が生じますから（97条1項），両者の意思が合致して契約が成立したといえるのは，承諾の意思表示が申込者に到達した時点ということになります。

③ 申込みの撤回

　ところで，契約の申込みって撤回<ruby>てっかい</ruby>できるんでしょうか？

　みなさんも，実際に申込みをした後でもっといい商品が見つかったとか，実は不要なものだったとか「しまった！」と思ったことはありませんか？

　そこで，撤回の可否ですが，まず，相手に申込みの意思表示が到達する前なら撤回は自由です。先にハガキで申し込んだ相手に，その到達前に電話して撤回の意思を伝えるなどがそれです。

　一方，申込みの通知が相手に届いてしまった場合はちょっと事情が違ってきます。相手が契約の履行に向けて動き出すからです。

　たとえば，ネットに出品した商品に申込みがあれば，承諾者はその後に届いた別の人からの申込みを断ってしまうでしょう。ですから，その後に一方的に申込みを撤回されたら，承諾者は不測の損害<ruby>こうむ</ruby>を被るおそれがあります。そこで，法は，このような承諾者の信頼を保護するために，申込みの撤回について一定の制限を設けています。

【申込みの撤回の制限】

ア）申込者が承諾期間を定めた場合は，その期間内は申込みの撤回はできない（523条1項本文）

イ）申込者が承諾期間を定めていない場合は，承諾の通知を受けるのに相当な期間内は撤回ができない（525条1項本文）

　上記のうち，アは，たとえば，申込者が「今月中にどうしても必要なんです！今月の25日までに承諾の通知がなければ

意思表示

民法でいうところの意思表示とは，ある一定の法的効果が発生してほしいという願いを，外部に示すことをいいます。
これについては「民法Ⅰ」で詳しく説明しています。

申込みや承諾と代金支払い，商品引渡し

申込みと承諾は，契約が成立するための要素です。この二つが合致して契約が成立します。そして，その契約に基づいて商品の発送や代金の払い込みが行われます。それらは「契約の内容」であって，契約が成立するための要素ではありません。

申込みの撤回

撤回は「なかったことにする」という意味ですが，似たような概念に「取消し」や「解除」があります。ただ，これらはなんらかの法的な欠陥に基づいて認められているものですが，ここでいう「撤回」は，単に「心変わりをした」というだけで，法的な原因がなくても認められる点が違います。

別のところから探します」などという場合です。申込者が自分で期間を設定しているので，その期間内は撤回ができません。

次に，イも考え方は同様で，たとえば楽器の工房に銀製のフルートの製作を申し込んだ場合，承諾者も「今，材料を発注して納期などの返事待ちなので，しばらく時間をください」というように，契約に向けた準備が必要でしょうから，そのために必要な期間（相当期間）は撤回ができません。

なお，対話者間の場合には，対話が継続している間はいつでも撤回できます（525条2項）。話し合いが続いていれば，相手としても，話がまとまらなければ契約が成立しないことは想定していますから，申込みを撤回されても不測の損害を被ることはありませんよね。

対話者

実際に面と向かって話していたり，電話で話していたりなど，お互いの意思表示をすぐに確かめられる関係にある人のことです。

④ 申込み後の死亡等

まれな例かもしれませんが，申込者が申込み後に死亡したり，制限行為能力者になったりした（例：成年被後見人として後見開始の審判があった）場合には，申込みの効力はどうなるんでしょうか。

この場合の法規制は，次のようになっています（526条）。

制限行為能力者

未成年者や成年被後見人などの行為能力を制限されている人，すなわち，単独で有効に法律行為を行うことを制限されている人のことです。
これについては「民法Ⅰ」で詳しく説明しています。

【申込後の申込者の死亡・意思能力喪失・行為能力の制限】

次のア・イの場合には，申込みは効力を失う
ア）申込者が「申込者にこれらの事実が生じれば申込みは効力を有しない」旨の意思を表示していたとき
イ）相手方が承諾の通知を発するまでにその事実が生じたことを知ったとき

アは，たとえば，「手術がうまくいったら，療養のために環境に恵まれたあの家に引っ越そう」と考えて，家の購入を申し込んだとしましょう。その際に「危険な手術なので命の保証がない。命があることを条件としたい」などと相手方に伝えていたような場合です。

イは，承諾の通知を発するまでに，申込者が前日に急に亡くなっていたことがわかったなど，契約の主体としての適格性を欠いていること（例：死亡の場合は権利能力の喪失）を知ることができたのであれば，契約が成立しないことを理解できるはずだというのが理由です。

意思能力・行為能力

意思能力とは，経済的な取引行為を行う場合にその有利・不利を自分で判断できる能力のことです。
行為能力とは，先ほどもちょっと触れましたが，単独で有効に法律行為を行うことができる能力をいいます。
これらについても，詳しくは「民法Ⅰ」を見てください。

履行の場面では 同時履行を主張できるのが原則

たとえば，ある商品の売買契約が結ばれたとします。

売主と買主の双方が満足して契約を無事に済ませるには，互いの履行が確実に行われることが必要ですよね。

そのことを担保するための合理的な手段として法が用意したのが，商品の引渡しと代金の支払いが同時に行われることを権利として認めることです。これを**同時履行の抗弁権**といいます（533条）。

ここで「同時」というのは，「その場で」といった程度の意味で「いち，にの，さん！」で互いにやり取りをするという意味ではありません。

なぜこれが権利として認められているかというと，たとえば下の図で，AがBの言葉を信じて先に商品を引き渡してしまったらどうでしょう。もし，Bがなかなか代金を支払ってくれなければ，財産の差押えなどの法的手段に訴えなければなりません。ただ，それではあまりに煩わしいので，売主Aは代金の回収をあきらめる事態にもなりかねません。

でも，それでは不誠実な者を利する結果になってしまうでしょう。そこで，そんな事態を避けるために，公平を図る効果的な方法として法が用意したのが同時履行の抗弁権なんです。

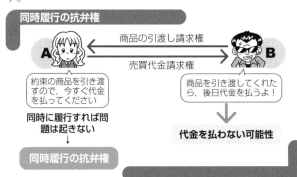

まず，これは権利です。どういうことかというと，同時履行の抗弁権を行使している限り，約束の履行期限が過ぎて履行しなくても債務不履行にはなりません。そんなの当然じゃないかと思うかもしれませんが，「履行期を過ぎて履行しなくても違法じゃない」って，実はとても有利なことなんです。

同時履行の抗弁権

代金の支払いと同時でないと商品は引き渡さない！商品と引換えでなければ代金は支払わない！と主張できる権利です。

抗弁

相手方の主張を否認・排除するために，反論できる事由をいいます。

代金の未払い

相手が商品を受け取った後に行方をくらましたような場合には，代金の請求は困難になります。また，所在がわかっていても，代金額が数千円から数万円程度の場合，差押え手続きの煩雑さから請求をあきらめてしまうことも多いでしょう。同時履行の抗弁権を使えば，こんな煩わしい思いをしなくて済みます。

同時履行の抗弁権は権利だ！

同時履行の抗弁権はあくまで権利であって，必ず行使しなければならないというものではありません。相手が信用できる人なら，「先に納品しますが支払いは月末でいいですよ」として先履行してもかまいません。

同時履行の抗弁権は
どんな場合に認められる？

そこで**成立要件**ですが，これは**同一の双務契約から生じた債務であること**と，**両債権ともに弁済期にあること**が必要です。

双務契約とは，契約の当事者双方に債務がある契約のことで，たとえば売買ならば物の引渡しと代金支払いの両債務がそれに当たります。そして，それが同一の契約から生じたことが必要で，下の図のバッグの引渡し請求権と売買代金請求権は同時履行の関係にありますが，売買代金請求権と貸しているものの返還請求権は，「同一の双務契約から生じた債務」ではないので，同時履行の関係には立ちません。

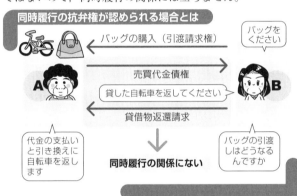

同時履行の抗弁権が認められる場合とは

バッグの購入（引渡請求権）
バッグをください
売買代金債権
貸した自転車を返してください
貸借物返還請求
代金の支払いと引き換えに自転車を返します
バッグの引渡しはどうなるんですか
↓
同時履行の関係にない

別々の債務なのに，「同時だったら履行する」というのは，必ずしも当事者の公平に資するとはいえないからです。

では，ほかにどんな債務が「同一の双務契約から生じた債務」として，同時履行の関係が認められるでしょうか。

これは，**当事者の公平を図る必要があるかどうか**という点から考えていく必要があります。

【同時履行が認められる場合（典型例）】

①解除による原状回復義務（546条による545条1項の準用）
②契約が無効または取り消された場合の相互の返還義務

まず，契約が解除された場合には，受け取ったものがなければそのままでよいのですが，すでに双方が商品や代金を受け取っていたという場合には，互いにそれらを返還しなけれ

双務契約・片務契約

当事者双方が債務を負うような契約……たとえば，売買，交換，賃貸借などの契約を**双務契約**といいます。これに対して，契約当事者の一方のみが債務を負うのが**片務契約**（へんむけいやく）で，贈与や使用貸借などがそれに当たります。

本文の図の事例

BがAとバッグの購入契約をした場合，バッグの引渡しと代金の支払いは同時履行の関係に立ちます。しかし，別の時点でBがAに好意で自転車を貸していた場合，その返還とバッグ代の支払いとは同時履行の関係に立ちません。この二つの債権は同一の契約から生じたものではないからです。

原状回復義務

契約が解除された場合に契約前の状態（原状）に戻す義務のことをいいます。

準用

本来の対象ではないものの，似ている対象に条文を当てはめることをいいます。

ばなりません（**原 状 回復義務**）。この場合の当事者の義務
は，当事者の公平を図る見地から同時履行の関係に立ちます。

　そして，この理屈は，契約が無効または取り消された場合
の当事者相互の返還義務についても成り立ちます。そのた
め，判例・学説は，ともに同時履行の関係を認めています
（最判昭28・6・16）。

同時履行の抗弁権と
留置権との違いってナニ？

　同時履行の抗弁権も留置権も，ともに当事者の公平を図る
ものですよね。ただ，誰にでも主張できる物権としての留置
権と，契約当事者の公平を図る同時履行の抗弁権は，その主
張の範囲・内容が違います。

　知識の整理として，下に列挙しておきますので，確認して
おいてください。

【同時履行の抗弁権と留置権の違い（主要なもの）】

①留置権は第三者にも主張できるが，
　同時履行の抗弁権は契約の相手方にしか主張できない
　　→目的物が第三者に譲渡された場合，その第三者に対して，留
　　　置権ならば主張できるが，同時履行の抗弁権は主張できない。

②留置権には不可分性があるが，
　同時履行の抗弁権には不可分性がない
　　→留置権では，履行が完全になされるまで権利主張できるが，同
　　　時履行の抗弁権では，履行の程度に応じて主張の範囲が狭まる
　　　（半分履行されたら，残り半分だけが同時履行の対象となる）。

危険負担…債務者に責任がないのに
履行できなくなった

　売買のような双務契約で，一方の債務が天災などのために
履行できなくなった場合，その契約のリスク（危険）をどち
らが負う（負担する）のかという問題があります。

　ここでリスクを負うというのは，購入した商品を受け取れ
なくなった場合に，売主に代金請求をあきらめさせるのか，
それとも買主に商品をあきらめさせる（つまり代金は支払
う）のかということです。

　債務を履行できなくなったということは，**履行不能**になっ

留置権

支払いが完全になされるま
では目的物を手元にとどめ
ておける権利です。たとえ
ば，車の所有者から修理を
依頼された修理工場は，依
頼人である車の所有者が修
理代金を全額払うまでは，
修理した車を返さなくてい
い（つまり自分の手元に留
置できる）という権利です。
詳しくは「民法Ⅰ」を参照し
てください。

同時履行の抗弁権と
留置権のその他の違い

①留置権の内容は「他人の
物の留置」ですが，同時履
行の抗弁権の内容は「履行
の拒絶」です。
②留置権は代わりの担保
（代担保）を提供することで
消滅させることができます
が，同時履行の抗弁権には
そのような制度はありませ
ん。
③留置権者には競売申立権
があります（民事執行法
195条），同時履行の抗弁
権にはそのような権利はあ
りません。

不可分性

債権が半分に減ったからと
いって，担保物権を半分に
したりする必要がない性質
をいいます。

たということですよね。これについては，先に債務不履行の
ところでも出てきました。履行不能の場合は，債権者は契約
を解除できますし（415条2項柱書1号），債務者に帰責事由
があれば損害賠償の請求もできました（同条1項本文）。

では，**債務者に帰責事由がない場合はどうなるんでしょう。**

これ，ちょっと債務不履行でいう履行不能とは扱いが違っ
ているんです。

どう違うかというと，債務不履行では，債務を履行しても
らえなかった債権者の利益をどう守るかを中心に考えまし
た。でも，それが債務者のせいでなかったら（つまり債務者
に帰責事由がなかったら），反対債権である代金を払うかど
うかは，「債権者の利益保護」という視点の問題ではなく，
「どちらが契約のリスクを取るか」という問題になるんです。

これを**危険負担**といいます。

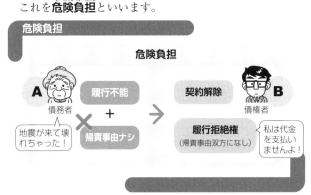

まず，この場合も契約自体は存続しています。前提として
この点を確認しておきましょう。そして，**契約が存続してい
るとなると，代金の支払い義務は残っていることになります
が，その支払いを認めるべきかどうかは，債権者側の事情が
絡んできます。**

場合分けをして説明しましょう。

① 当事者双方に帰責事由がない場合

たとえば，商品の引渡し前に突然の地震で商品が壊れて使
いものにならなくなったという場合，常識的な感覚からいえ
ば，売主である債務者は代金を請求しませんよね。つまり，
**当事者双方に帰責事由がない場合の履行不能のリスクは債務
者が負うべきだということです（債務者主義**といいます）。

ただ，契約が存続しているとすれば，形としては代金請求

第**2**章 債権各論

履行不能（債務不履行）と危険負担

平成29年（2017年）改正前
は，履行不能（債務不履行）
とは債務者に帰責事由があ
る場合で，危険負担は両当
事者に帰責事由がない（つ
まり債務者に帰責事由がな
い）場合だとして，両者を
帰責事由の有無で最初から
区別していました。でも，
履行不能になっても，それ
が債務者の帰責事由に基づ
くものかどうか，すぐにわ
かるとは限らないんです。
そこで，改正法は，履行不
能についてはとりあえず債
権者に解除権・履行拒絶権
を認めておいて，その後に
「帰責事由があることが明
らかになったら債務不履行
の履行不能として損害賠償
を認める」「帰責事由がな
いことが明らかになったら
危険負担だ」として両者を
区別することにしました。

危険負担

本来，危険負担は，当事者
双方に帰責事由なく履行不
能になった場合の法的処理
のことですが，民法では，
債権者に帰責事由がある場
合も危険負担にまとめてし
まっています（536条2項）。
そこで，本文では，この分
類に合わせて①②に分けて
危険負担の説明をしていま
す。

権は残っているので，法は二つの対策を用意しました。

　一つは，契約は履行不能になっていますから，債権者は契約を解除できます。そして，解除すれば代金を支払う必要はありません。

　もう一つは，**契約の解除前に売主である債務者から代金請求が来た場合の対策として，債権者には履行拒絶権が認めら**
れています（536条１項）。

　いずれにせよ，債権者は代金を支払う必要はありません。

② 債権者に帰責事由がある場合

　たとえば，商品を確認に行った際に，債権者が自分で壊したなどという場合は，債権者の責任になります。

　つまり，**①と違って履行拒絶権も解除権も認められません**（履行拒絶権について536条２項前段，解除について543条）。**結果として，履行できなくなったリスク（危険）は債権者が負い，反対給付である代金を支払うべきことになります。**

　なお，たとえば組み立て途中の機械を債権者が壊して完成が不能になったものの，債務者がまだ部品の一部を発注していなかったような場合には，未発注の部品代は代金に含めてはならないはずです。そこで，法は，「自己の債務を免れたことによって利益を得たときは，これを債権者に償還しなければならない」としています（536条２項後段）。

 ## 第三者のためにする契約ってナニ？

　ここは頻出事項ではありませんが，肢問の一部などで出題されることがあるので，「何これ？」ってならないように，簡単に説明しておきます。

　第三者のためにする契約とは，**契約当事者の一方が第三者に対して直接債務を負担するという契約**です。

　次の図の例でいえば，ＡＢ間の売買契約で，「買主Ｂが代金を売主Ａにではなく，Ｃに支払う」というＡＢ間の契約がそれです。

　Ｃは，利益を受ける旨の意思表示（**受益の意思表示**といいます）をすれば，買主Ｂに対して代金支払い請求権を取得します。仮にＣがＡに50万円を貸していたような場合には，買主Ｂがその代金の50万円をＣに支払えば，これでＢの貸金を

債務者主義への変更

平成29年（2017年）改正前の民法では，特定物については債権者がリスクを負うべきだとする債権者主義がとられていました（旧534条1項）。たとえば，家屋の売買で引渡し前に落雷で家屋が焼失したような場合でも，買主は代金支払い義務から逃れられないとされていました。しかし，そのことの不合理性が強く指摘されたことから，現行法は債務者主義を原則とするように改めています。

536条

1　当事者双方の責めに帰することができない事由によって債務を履行することができなくなったときは，債権者は，反対給付の履行を拒むことができる。

2　債権者の責めに帰すべき事由によって債務を履行することができなくなったときは，債権者は，反対給付の履行を拒むことができない。この場合において，債務者は，自己の債務を免れたことによって利益を得たときは，これを債権者に償還しなければならない。

543条

債務の不履行が債権者の責めに帰すべき事由によるものであるときは，債権者は，前二条（＝解除の条件）の規定による契約の解除をすることができない。

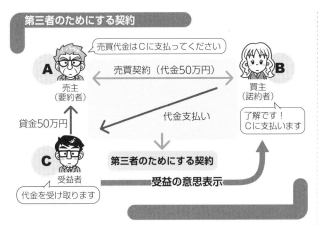

第三者のためにする契約

売買代金はCに支払ってください

A 売主（要約者）

売買契約（代金50万円）

B 買主（諾約者）

代金支払い

了解です！Cに支払います

貸金50万円

C 受益者

第三者のためにする契約

受益の意思表示

代金を受け取ります

簡易に決済できるので，便利な制度ですよね。

　この受益の意思表示をした場合，Cは請求権を取得しますから，その後はABはこのCの権利を勝手に変更したり消滅させたりすることはできません（538条1項）。また，買主BがCに代金を支払わない場合でも，Cの承諾がなければ，売主Aは契約を解除することができません（同条2項）。

　なお，この契約はあくまでAB間で締結されたものですから，買主Bが代金を支払わない場合でも，第三者CはAB間の契約を解除するようなことはできません。

契約の解除

　契約の解除とは，契約の拘束を「適法」に解く制度です。

　なぜこのような制度が認められているかというと，いったん契約が有効に成立すると，両当事者には「契約を誠実に履行しなければならない」という法的な義務が課せられます。でも，相手が誠実に履行しないのに，自分だけが一方的に誠実な履行義務を課せられるというのでは納得できませんよね。

　もちろん，同時履行という方法をとることもできます。でも，発注した部品で製品を作り，それを期限までに納入する必要があるような場合，「相手が部品を納品するのと自分が代金を払うのは同時履行でないとダメ」などと悠長なことは言ってられません。

　相手が約束どおりに部品を納入してくれないのなら，契約を解除して，早急にほかから部品を調達する必要があるんで

538条

1　…第三者の権利が発生した後は，当事者は，これを変更し，又は消滅させることができない。

2　…第三者の権利が発生した後に，債務者がその第三者に対する債務を履行しない場合には，（略）契約の相手方は，その第三者の承諾を得なければ，契約を解除することができない。

法定解除権と約定解除権

民法に定められている解除権は，法に定められているという意味で**法定解除権**と呼ばれます。そして，これとは別に，たとえば「今後，価格変動率が〇〇％を超えたら，いったん契約を白紙に戻してもう一度交渉し直しましょう」などと，解除の条件をあらかじめ決めておくことがあります。このような場合の解除を**約定解除権**といいます。

試験には出題されませんが，法定解除という言葉が問題文の中で使われることがありますから，この区別は知っておいてください。

す。そのためには，前の契約の拘束を解いておかなければなりません。そうでないと，二重発注になるおそれがあります。

そこで，契約の解除という制度が認められているわけです。

このような解除の趣旨から，債権者に帰責事由がある場合（例：買主が部品を壊して納入できなくしたなど）を除いて解除が認められます。

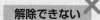

【債務が履行されない状態での契約の解除の可否】

・債務者に帰責事由がある
・債務者に帰責事由がない
・両当事者に帰責事由がない　　**解除できる**　○
・債権者に帰責事由がある ────　**解除できない**　×

ところで，解除は「期限が来てますよ！ちょっと待ちますからちゃんと履行してください」という催告をして解除する場合と，期限に履行がなかったらそれだけで直ちに解除する場合の二つがあります。前者を**催告解除**，後者を**無催告解除**といいます。

通常みられる解除のケースは前者の催告解除でしょう。でも，たとえば「結婚式が始まる朝10時までには必ず花束を式場に届けてください」などという場合には，その時間までに花が届かなければ，待ってられないので直ちに解除できます。これが無催告解除です。

では，それぞれの要件を確認しておきましょう。

① 催告解除の要件

まずは履行遅滞の場合です。

・履行期が到来して
・履行が可能で，かつ，
・履行を拒む理由（同時履行の抗弁権など）もないのに
・履行の提供をしない場合は
・相当期間を定めて催告し，それでも履行がなければ

↓

解除できる　○

次に，いちおう履行はされたものの，不良品が混じっていたなど債務の本旨に従った履行とはいえない場合です。

この場合には，履行遅滞の場合と同じように，「履行期が

催告

催促とか督促とかと同じ意味です。「貸したお金を返してほしい」など，相手に債務の履行を請求することをいいます。催告は相手に伝わればよく，口頭や郵便など，特に方法に制限はありません。

債務の本旨

債務の履行といっても，ただ単にお金や物を相手に渡せばいいという単純なものではありません。いつ，どこで，どのように渡すか，また何を渡すかなど，その内容について細かいルールが定められていることもあります。また，当事者間で合意していなくても，慣習などでルール化されているものもあります。それらをきちんと満たすことが，債務の本旨（本来の目的）に従った履行ということになります。

到来していて，履行が可能で，かつ，履行を拒む理由（同時履行の抗弁権など）もないのに，債務の本旨に従った履行がなされていなければ，相当期間を定めて催告し，それでも履行がなければ」契約を解除できます（541条本文）。

解除に催告を要するのは，相手に履行のラストチャンスを与えるためです。

なお，以上の催告解除の場合には，「債務の不履行がその契約及び取引上の社会通念に照らして軽微であるとき」は解除ができません（同条ただし書き）。

② 無催告解除の要件

次に，無催告解除は，相手に履行のラストチャンスを与える意味がない場合に認められます。

具体的には，債務全部の履行不能の場合（542条1項柱書1号），相手の拒絶の意思が明確な場合（同項2号），前述した結婚式の花束の例のように「その日時に履行されないと意味がない」場合（同項4号，**定期行為**といいます）などがそれに当たります。

解除の方法と効果

細かい知識が続くので，順に説明していきます。

① 解除の方法

まず，契約の解除の方法ですが，解除は相手方に対する一方的な意思表示によって行います。その意思表示が相手に到達すれば，それで解除の効果が生じます。

② 解除の不可分性（解除不可分の原則）

当事者の一方が数人ある場合には，契約の解除はその全員から，またはその全員に対してのみすることができます。そうでないと，解除の効果が生じません。これを**解除不可分の原則（解除権の不可分性）**といいます（544条1項）。

当事者の一方が数人ある場合には，特定の人にだけ解除の意思表示をすると，「その人については契約は解除の効果で無効となるが，ほかの人については依然として契約が残った（有効な）まま」という法律関係が錯綜した状態を招いてし

軽微な債務不履行

不履行が軽微かどうかは，ケースごとに判断する必要があります。たとえば，結婚式の引き出物用に出席者の数に合わせて絵皿を注文したのに，数が足りない（それも特注品で追加ができない）というのであれば，わずかの不足でも軽微な不履行とはいえません。一方，ばら売り用に絵皿を注文したのに，生産が間に合わずに数枚足りないというのであれば，軽微な不履行といえるでしょう。

一方的な意思表示

相手の了解を得る必要はないということです。自分の判断で一方的に解除を通知すれば，それで解除の効果が生じます。
なお，通知の方法は，相手に解除の意思が伝わればよいので，電話でもメールでもなんでもかまいません。ただ，後で「通知なんてなかった」「いや，ちゃんと通知した」などとトラブルになることがありますから，明白な証拠を残すために内容証明郵便で通知するのが賢明です。

錯綜

物事の関係が複雑に入り組んでいることです。

まいます。そこで，このような無用な混乱を避けるために，全員への効果発生が必要とされているわけです。

③解除の効果

解除があると，当事者は契約の拘束力から解き放たれます。ただ，すでに履行されたものがある場合には，それを相手に返還しなければなりません。いわゆる**原状回復義務**です（545条1項本文）。

なお，解除権は，債務不履行があれば行使できると判断できますから，その時から**5年で時効消滅**します（166条1項柱書1号）。

以上が契約総論についての説明です。

問題演習で知識の整理をしておきましょう。

消滅時効

権利を行使しない状態が一定期間継続した場合に，その権利を消滅させる制度です。
詳しくは「民法Ⅰ」のp.146を参照してください。本文にある解除権の消滅時効については，「一般の債権」の時効期間が該当するので「債権者が権利を行使できることを知った時から5年」で時効となります。

例題14

契約に関する次の記述のうち，妥当なものはどれか。

（予想問題）

1 契約は，契約の内容を示してその締結を申し入れる意思表示に対して，相手方が承諾の通知を発したときに成立する。

2 当事者双方の責めに帰することができない事由によって債務を履行することができなくなったときは，債権者は反対給付の履行を拒むことができない。

3 債務不履行において，相当の期間を定めて催告をしたものの，相手方が履行しない場合には契約を解除できるが，その時点の不履行がその契約および取引上の社会通念に照らして軽微であるときは解除できない。

4 履行不能の場合においても，相手方はあらかじめ定められた履行期が到来してからでないと契約を解除できない。

5 解除は意思表示であるから，相手方の同意が必要であり，相手方が承諾しなければその効力を生じない。

本問のポイント！

1. 契約は承諾の通知が申込者に届いたときに成立します（97条1項）。いわゆる**到達主義**です。

2. 法は，**危険負担は債務者が負うことを原則としています**（536条1項）。つまり，危険は債務者が負い，債権者は反対給付の履行を拒むことができます。本肢は，債権者が反対給付の履行を拒むことができないとしている点が誤りで

す。

3．妥当な記述です（541条）。

4．履行不能の場合には，直ちに契約を解除できます。もう履行できない状態になっているのに，履行期まで解除を待っている意味がないからです。

5．解除は一方的な意思表示です。法が定める要件を満たせば，それで行うことができます。相手方の承諾は必要ではありません。

　　本問の正答は**3**です。　　　　　　　　　**正答　3**

催告解除の要件

履行期が到来していて，履行が可能で，かつ，履行を拒む理由（同時履行の抗弁権など）もないのに，債務の本旨に従った履行がなされていない場合には，相当期間を定めて催告し，それでも履行がなければ契約を解除できます。

第**2**章 債権各論

「2-1 契約総論」のまとめ

契約の成立

▶契約は，申込みに対する承諾が相手に到達した時点で成立する。

▶承諾の期間を定めてした申込みは，その期間内は撤回することができない。

同時履行の抗弁権

▶同時履行の抗弁権は，履行に関する当事者間の公平を図るために認められた権利であるから，これを主張できるのは双務契約の当事者の間に限られる。

危険負担

▶当事者双方の責めに帰することができない事由によって債務を履行することができなくなったときは，債権者は反対給付の履行を拒むことができる。すなわち，危険負担においては債務者主義が原則とされている。

▶債権者の責めに帰すべき事由によって債務を履行することができなくなったときは，債権者は，反対給付の履行を拒むことができない。

解除

▶法定解除には，催告解除と無催告解除の二種類がある。

▶債務の不履行が債権者の帰責事由によるものであるときは，債権者は契約の解除ができない。

▶契約当事者の一方が数人いる場合には，解除の意思表示はその全員からまたはその全員に対して行わなければならない（解除権の不可分性）。

贈与・売買
～買主の保護がどのように充実されているか～

ここからは，具体的な契約内容の説明に入っていきます。

順番は，まず，日常生活で一番身近で頻繁に行われる**贈与**と**売買**，次に物の貸し借りである**貸借契約**，仕事など頼み事に関する契約（**雇用**，**請負**，**委任**，**寄託**），そして，**組合**などそれ以外の契約です。

本書では，出題の頻度に合わせて，贈与・売買，貸借，その他の民法に規定のある契約（典型契約）に分けて説明します。

最初は，贈与・売買から始めましょう。

贈与…無償行為ならではの特徴

まずは贈与です。

贈与とは，**無償で財産権を相手に与えること**で，契約によって成立します。すなわち，贈与には両当事者の合意が必要です。贈与を受ける側を**受贈者**といいますが，たとえ無償で財物を受けられるとしても，場合によっては受けたくないという場合もあるでしょう。ですから，受けるかどうかの意思を尊重する観点から，「契約」とされているわけです（549条）。

また，贈与は一方的なプレゼントですから，受贈者にはな

贈与の制度趣旨

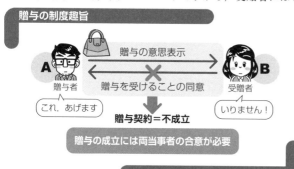

 贈与・売買の重要度

贈与も売買も，ともに頻繁に出題されています。ただ，比率としては売買のほうがかなり多い状況です。売買は，賃貸借と並んで典型契約の中心的な出題箇所ですから，内容を十分に理解するようにしてください。

 雇用・請負・委任・寄託

「**雇用**」は労働の対価として報酬（賃金）を支払う契約（623条），「**請負**」は仕事の完成を依頼してそれに報酬を支払う契約（632条），「**委任**」は事務の依頼契約（643条），「**寄託**」は物の保管を依頼する契約（657条）です。

 典型契約

法律に名称・内容が規定されているごく一般的な契約のことです。**有名契約**とも呼ばれます。

ちなみに，民法では13種類の契約が規定されています。いちおうすべてを挙げますと，贈与，売買，交換，消費貸借，賃貸借，使用貸借，雇用，請負，委任・準委任，寄託，組合，終身定期金，和解となります。本書では，試験によく出ているところに絞って説明します。

んの義務も生じません。このように，**一方のみが債務を負う**ものを**片務契約**といいます。

そして，贈与は，無償のプレゼントという特性から，慎重な判断で行われたかどうかを確かめることも重要です。そこで，**書面によらない贈与**すなわち単なる口約束の贈与の場合は，「履行の終わった部分を除いて，各当事者がいつでも解除できる」とされています（550条）。

ただ，法が「書面によらない贈与はいつでも解除できる」としたのは，贈与に慎重さを求めることが趣旨ですから，書面とはいっても，熟慮されたことが表れているものであれば，書面によるものと認めてかまいません（書面が受贈者に交付されることは要件ではありません）。

たとえば，AがBに「マンションを贈与する」と口約束で合意した後，贈与者Aが知り合いの司法書士Cに，Bへの移転登記を依頼する手紙を送っていたとしましょう。その場合，手紙は受贈者Bに送付されたものではありませんが，Aの贈与の意思が明確に表れているので，Aが軽率な意思に基づいて贈与したものではないことは手紙から判断できます。したがって，この場合の贈与は「書面による贈与」に当たり，Aはもはやその贈与を「書面によらない贈与」として解除することはできません。

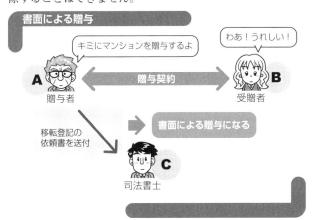

書面による贈与

キミにマンションを贈与するよ

わあ！うれしい！

A 贈与者 ⟷ 贈与契約 ⟷ **B** 受贈者

移転登記の依頼書を送付

書面による贈与になる

C 司法書士

また，書面によらない贈与でも履行の終わった部分については，解除はできません。これも熟慮されたものかどうかがポイントになります。ですから，実際の引渡しや登記移転がなされれば，贈与の意思があったことは明確なので，もはや解除はできません。

「贈与は契約」とは

贈与は，無償で財産権を与えるものですが（無償契約），それは契約ですから，「贈与したい」という申込みと，「それを受ける」という承諾が必要で，この両者がそろわないと贈与は成立しません。

双務契約・片務契約

当事者双方が債務を負うような契約……たとえば，売買，賃貸借などの契約を**双務契約**といいます。これに対して，契約当事者の一方のみが債務を負うのが**片務契約**で，贈与や使用貸借などがそれに当たります。

書面によらない贈与

たとえば「相手の歓心を買いたいから」などという安易な気持ちで高価なプレゼントを約束するといったことがありますよね。売買等ほかの契約のようにそれなりの思慮に基づいたものではなく，贈与では「つい口にしてしまった」など，軽率な行為で贈与する場合も多いので，後日プレゼントの実行を迫られてトラブルになるようなことが発生します。そこで，このようなトラブルを未然に防止する観点から「書面によらない贈与はいつでも解除できる」とされているわけです。

司法書士

裁判所や法務局に提出する書類などの作成を行う法律専門の国家資格です。法人登記や不動産登記などの手続きを本人を代理して行ったりしています。

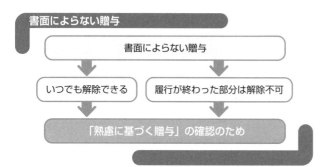

書面によらない贈与

書面によらない贈与

いつでも解除できる　　　履行が終わった部分は解除不可

「熟慮に基づく贈与」の確認のため

　最後に，贈与者は，贈与物または権利を贈与の目的として**特定したときの状態で引き渡せ**ば，それで贈与の約束を果たしたことになります（551条1項）。ただし，引渡しまでは**善管注意義務**を負いますから，その義務を果たさない場合には債務不履行責任が発生します。

　なお，贈与の中には一定の負担を付けて贈与するというものもあります。たとえば，親が子に「残りのローンを負担してくれたらこの住宅を譲る」などという場合です。これを**負担付贈与**といいます

　この場合も，性質としては贈与ですから，負担（残りのローン）が贈与物の価値（家の評価額）を上回ってはなりません。また，負担は法的には給付の制限であって贈与の対価ではありませんが，実質的には対価と同様の性質を有しています。そのため，**負担付贈与には双務契約に関する規定が準用**されており（553条），贈与者は負担と贈与の同時履行の主張や（553条，533条），負担が履行されない場合の契約の解除（553条，540条）が認められています。

重要な売買契約では手付が交付されることがある

　ここからは，**売買**について説明します。

　売買契約においては，その成立に際して当事者の一方から**他方へ金銭などの価値のあるものが交付される**ことがあります。これを**手付**といいます。

　手付は，「確かに契約しましたよ。これは約束ですよ」という証拠として交わされるのが第一の目的ですが，ほかにいくつかの意味を含ませることがあります。主なものを表にしてみましょう。

特定したときの状態とは

たとえば，「買い物用の自転車で前のカゴがちょっとゆがんでいるけど，十分使えるからあげる」という約束の場合，カゴのゆがみを修理して渡す必要はないということです。

善管注意義務

「善良な管理者の注意義務」の略語で，しっかりと注意を払うという意味ですが，どういうふうにしっかりと注意を払うかは，いろんな事情を考慮して決めることになります。

贈与の対価ではない？

贈与は一方的に「あげる」ものですから，売買のように「商品の対価として代金を払う」などというものではありません。理論上，贈与には対価はないのです。ですから，負担は「その負担の分が減る」という意味で，給付の制限とされています。

給付の制限

本文の例でいえば，家の価値が3,000万円でローンの残額が500万円という場合，3,000万円の価値の贈与ではなく，「3,000万円－500万円＝2,500万円」の価値の贈与ということになります。これが給付の制限という意味です。

準用

本来の対象ではないものの，似ている対象に条文を当てはめることをいいます。

手付の種類

証約手付 （しょうやくてつけ）	契約成立の証拠として交わされる手付 →どんな趣旨の手付でも持っている性質
違約手付 （いやくてつけ）	債務不履行の場合に損害賠償額の予定とする趣旨で交付される手付
解約手付 （かいやくてつけ）	解除権を留保した手付

　このほかに内金などもありますが，以上のものを覚えておけば足ります。ただ，この中で，証約手付は手付全体の共通事項ですし，違約手付はほとんど行われないことから，実際に問題になるのは解約手付だけです。ですので，以下では解約手付について説明します。

　解約手付（かいやくてつけ）の制度は，もともと商慣習として行われていた制度を民法が法的に承認したものです。どういうものかというと，債務不履行などがなくても，買主の場合は手付金を放棄することで，また売主の場合は手付金の倍額を償還することで任意に契約を解除できるというものです（557条１項本文）。たとえば，マイホームに最適の物件が見つかったので，ほかの人に売却されないように，とりあえず手付金を払ってその物件を確保していたところ，もっと好立地で安価な物件が見つかったので，前の土地は手付金を放棄して契約を解約するなどといったように用いられています。

　ただ，解約手付は，このように「物件を確保する」といったことがメインの目的ですから，そこから契約が先に進み始めた場合には，この手付による解約はできません。具体的には，「相手方が契約の履行に着手した後」は解除できないことになっています（同項ただし書き）。

　なぜ「相手方」かというと，自分が契約内容の実現に向けて準備を始めても，相手が動いていない状況では，手付による解約を認めても相手にはなんの不利益も生じないからです。

　次に，「**履行の着手**」とはどういうことかというと，法が，「相手方が契約の履行に着手した後は解除ができない」としているのは，契約に向けて準備を始めた相手方が，解除によって不測の損害を被ることを防止するためです（最判昭40・11・24）。ですから，たとえば土地の売買で，買主が履行期に残代金を準備して売主に登記の移転を求めたとか，借家の売買で，家主が借家人（しゃっかにん）にしばしば明け渡しを求めたなどという場合には，相手方は契約の実現に大きな期待を寄せて

手付金

よく行われている不動産売買の例でいえば，一般的な手付金の相場は売買代金の10〜20%とされていますが，現実には100万円を手付金とする場合も多いようです。

内金

内金は，代金の一部の前払いのことです。解約手付や違約手付では，手付に解約など一定の機能を持たせていますが，内金は単に代金の一部を先に払っておくだけですから，それ自体としては特段の機能はありません。

557条（手付）

1　買主が売主に手付を交付したときは，買主はその手付を放棄し，売主はその倍額を現実に提供して，契約の解除をすることができる。ただし，その相手方が契約の履行に着手した後は，この限りでない。

第2章　債権各論

いることが明らかですから，もはや手付による解約はできません。

判例は，ちょっと難しい表現ですが，「客観的に外部から認識し得るような形で履行行為の一部をなし又は履行の提供をするために欠くことのできない前提行為をした」場合がこれに当たるとしています（同前判例）。

契約の内容に不備があった場合の売主の責任とは

売買において，たとえば数が足りないとか品質が規定の基準に達していないなどということが起こった場合，それは債務の本旨に従った履行ではないので，債務不履行になるわけですよね。

そして，債務不履行では解除権が認められていますし，債務者に帰責事由があれば損害賠償もできることになっています。ただ，**売買の場合は「数が足りなければ追加で対処したい」など，もう少し細かい対応があってもよいはずです。**

そこで，法は，この観点から，売主について，売買の不備の特性に合わせて一定の責任（**契約不適合責任**）を設けています。

次の図のとおり，契約不適合責任は，物に関する契約不適合と，権利に関する契約不適合とに分かれます。

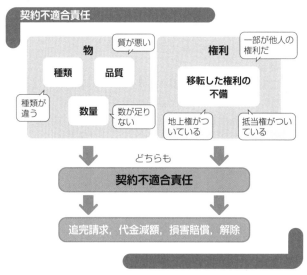

契約不適合責任

物　種類　品質　質が悪い　種類が違う　数量　数が足りない

権利　一部が他人の権利だ　移転した権利の不備　地上権がついている　抵当権がついている

どちらも

契約不適合責任

追完請求，代金減額，損害賠償，解除

債務の本旨

債務といっても，ただ単にお金や物を相手に渡せばいいという単純なものではありません。いつ，どこで，どのように渡すか，また何を渡すかなど，その内容について細かいルールが定められていることもあります。また，当事者で合意していなくても，**慣習**などでルール化されているものもあります。それらをきちんと満たすことが，**債務の本旨**(本来の目的)に従った履行ということになります。

瑕疵担保責任など担保責任規定の改正

平成29年(2017年)改正前は，「隠れた瑕疵(ちょっと見ただけではわからないような欠陥)についての担保責任」(**瑕疵担保責任**)など，さまざまな担保責任の規定がありました。しかし，たとえば「隠れた」かどうかを問わず，目的物に欠陥があれば，それは「債務の本旨に従った履行」ではないわけですから，この観点からもっとシンプルに考えようということで，新法ではスッキリとした担保責任規定に改められました。ちなみに「瑕疵」は「かし」と読みます。なんらかの欠陥があるという意味です。

いずれの場合も，解除や損害賠償だけでなく，不適合の性質に応じて**追完請求**や**代金減額請求**が認められています。順に説明していきましょう。

物についての売主の契約不適合責任

まずは，物についての契約不適合責任を説明します。

これには，**追完請求，代金減額請求，損害賠償請求，解除**の四つがあります。

① 追完請求権

買主は，引き渡された目的物が種類，品質または数量に関して契約の内容に適合しないものであるときは，売主に対して，ちゃんと種類や数などを契約したとおりにそろえてほしいと要求できます。これを**追完請求**といいます（562条１項）。

追完請求は，「契約の内容に適合したもの」となることを求めるものですから，単に数量が不足している場合に数を追加するというだけでなく，種類が違っているとか，品質に問題があるなど，引き渡された目的物が契約の内容に適合していなければ，それが適合するものになるように求めることができるものです。

追完請求には次のような種類があります。

【追完請求の種類】

・目的物の修補（修理，補修）
・代替物の引渡し
・不足分の引渡し

次ページの図を見てください。買主は時計の修理を要求していますが，時計が新品か中古品かは関係ありません。つまり種類物（不特定物）であっても特定物であっても，同じように追完請求ができます。

ポイントは**特定物か不特定物かではなく**，「契約の内容に適合しているか」どうかなのです。ですから，売買契約を結ぶ段階で，

「この時計，針が動かないんだけど，かまいませんか？」

追完請求

品質や数量などが契約の内容と異なっている場合に，契約の内容と適合するように後から請求できる権利です。

562条１項

1 引き渡された目的物が種類，品質又は数量に関して契約の内容に適合しないものであるときは，買主は，売主に対し，目的物の修補，代替物の引渡し又は不足分の引渡しによる履行の追完を請求することができる。

種類物・不特定物

美術品のように代替性がないオンリーワンのものを**特定物**といい，特定物でないものを**不特定物**といいます。不特定物のうち具体的に種類（ビールでいえば銘柄）が指示されるような場合には，これを**種類物**と呼んでいます。ただ，不特定物と種類物を厳密に区別しないことも多いので，両者は同じようなものだと考えておいてけっこうです。

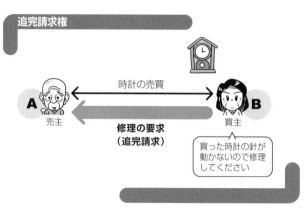

追完請求権

時計の売買

A 売主 ⟷ B 買主

修理の要求
（追完請求）

買った時計の針が
動かないので修理
してください

「いや，アンティークとして部屋の飾りにするだけなので，
動かなくてもいいんです」
ということで両者が合意しているのであれば，契約の内容に
照らして修理の依頼はできません。

　一方，時間を正確に知るために時計を購入したというので
あれば（通常の場合はそうでしょう），契約の内容は「秒針
もきちんと動く時計」ということになりますから，売主は修
理をしなければなりません。

　「契約の内容に適合しているか」というのは，そういうこ
となんです。

　ところで，契約不適合が，買主（債権者）のミスで生じた
場合には，売主にこのような責任は生じません。たとえば，
「引き渡された時計を落として秒針が外れた」などがそれで
す。当然のことですが，法は念のために明文規定を設けてい
ます（562条2項）。

562条2項

2　…不適合が買主の責め
に帰すべき事由によるも
のであるときは，買主
は，同項の規定による履
行の追完の請求をするこ
とができない。

② 代金減額請求権

　契約不適合の場合，売主は追完請求ができますが，買主が
これに応じない場合の対策を考えておく必要があります。

　そこで，法が準備したのが**代金減額請求**です。

　これは，**買主が相当の期間を定めて履行の追完の催告を
し，その期間内に履行の追完がないときは，買主は，その不
適合の程度に応じて代金の減額を請求できる**というものです
（563条1項）。

　なお，契約不適合が，債権者である買主のミスで生じた場
合には，売主にこの責任は生じません。これも当然のことで
すが，法は念のために明文規定を設けています（563条3項）。

催告

相手に対して，一定の行為
をするように請求すること
をいいます。
催促とか督促とかと同じ意
味です。

194

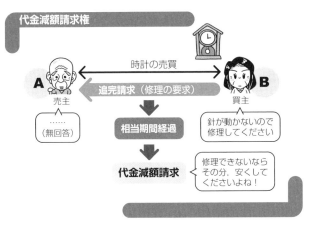

代金減額請求権

時計の売買

A　売主

B　買主

……（無回答）

追完請求（修理の要求）

相当期間経過

代金減額請求

針が動かないので修理してください

修理できないならその分，安くしてくださいよね！

563条

1　…買主が相当の期間を定めて履行の追完の催告をし，その期間内に履行の追完がないときは，買主は，その不適合の程度に応じて代金の減額を請求することができる。
2　（略）
3　第一項の不適合が買主の責めに帰すべき事由によるものであるときは，買主は，…代金の減額の請求をすることができない。

第**2**章　債権各論

③損害賠償請求権と解除権

　契約不適合責任は，性質としては債務不履行責任ですから，一般の債務不履行と同様に，**解除権**に加えて債務者（売主）に帰責事由がある場合には**損害賠償責任**が認められます（564条）。

　買主が，契約不適合を知っていたかどうかでの区別はありません。知っていたか（悪意），知らなかったか（善意）は，契約内容がどうだったのか，つまり「知らなかったことが責任を問うための要件になっていたか」という契約の解釈の問題です。そのため，そこで区別すればいいので，最初から善意・悪意で区別する必要はありません。

　また，買主に帰責事由がある場合は，①②と同様に損害賠償も解除も認められません（解除について543条）。

権利についての
売主の契約不適合責任

　物に続いて，**権利についての契約不適合責任**を説明します。

　これ，どういった場合に問題になるかというと，たとえば土地に抵当権や地上権などがついていてその土地を自由に使えないとか，土地の一部が他人の権利であったなどという場合です。

　土地の売買でいえば，土地というもの自体は引き渡してもらえるとしても，そこに他人の権利が乗っかっていて自由に使えない，だから契約したとおりの内容になっていないとい

564条（買主の損害賠償請求及び解除権の行使）

前二条の規定（＝買主の追完請求権と代金減額請求権を定めた規定）は，第415条の規定（＝債務不履行）による損害賠償の請求並びに第541条（＝催告解除）及び第542条（＝無催告解除）の規定による解除権の行使を妨げない。
つまり，「追完請求や代金減額請求ができる場合であっても，債務不履行や催告・無催告解除の規定の要件を満たせば，損害賠償請求や契約の解除はできますよ」という意味です。

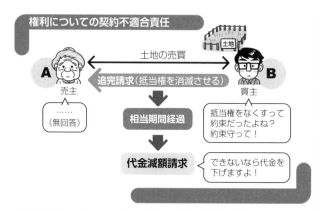

抵当権

登記が可能なものについてその目的となる権利を利用しながら担保として融資を受けられる仕組みです。
わかりやすくいえば，家と土地を担保に融資するけど，住宅ローンの支払いができなくなったときには，その家と土地を銀行が取り上げますよと契約する権利です。
詳しくは「民法Ⅰ」を参照してください。

う場合が権利についての契約不適合の意味です。

　ただ，これも責任の内容としては，契約どおりの内容で引き渡してほしいということですから，たとえば「土地に地上権や抵当権など他人の権利がついていたら，それを外してほしい」とか，「一部が他人の権利であれば，権利者からその部分を買い取って完全な形で引き渡してほしい」というのが**追完請求**になります。

　そして，物についての契約不適合責任の場合と同様に，買主が相当の期間を定めて履行の追完の催告をし，その期間内に履行の追完がないときは，買主は，その不適合の程度に応じて代金の減額を請求することができます。

　また，解除権を行使できることや，売主に帰責事由がある場合に損害賠償を請求できる点も同じです。

　これに加えて，契約不適合が買主である債権者の責めに帰すべき事由（帰責事由）に基づく場合には責任の追及ができない点も同様です。

地上権

用益物権の一種で，工作物や竹木を所有するために他人の土地を利用する権利です。
こちらも詳しくは「民法Ⅰ」を参照してください。

　なお，**権利の全部が他人のものである場合**についてですが，この場合はその権利を取得して買主に引き渡す必要がありますし，それができなければ単なる債務不履行にすぎないので，あえて契約不適合責任（追完請求権や代金減額請求権）として処理する必要はありません。

契約不合責任は債務不履行責任

契約不適合責任の性質は債務不履行責任です。ただ，売買の特質に合わせて，もうちょっときめ細かい対応をしようということで，追完請求や代金減額請求が追加されているわけです。ということは，解除権や損害賠償請求権がなくなったわけではありません。ですから，本文の図のような場合に，「抵当権をなくすって約束だったのに守らない」ということで，債務不履行を理由に契約を解除することはもちろん可能です。

契約不適合責任追及に期間制限ってある？

　契約不適合責任の性質は債務不履行責任です。そのため，

契約不適合責任を追及できる期間も，本来であれば債務不履行責任と同様のはずです（166条1項）。

　ただ，物の種類・品質に関する契約不適合については，追求に関して特別の期間制限が設けられています（566条）。

　契約不適合責任は，「物の種類・品質・数量に関する契約不適合」と「権利に関する不適合」の二種類がありましたよね。そのうちで期間制限が設けられるのは，物に関するもの，それも種類・品質の二つだけで，数量に関するものは除かれています。

　では，なぜ「物の種類と品質」についてだけ，このような期間制限を設ける必要があるのでしょうか。それはこれらについては，期間が経過すると修理に必要以上の費用がかかるなど，売主側の不利益が大きいからです。

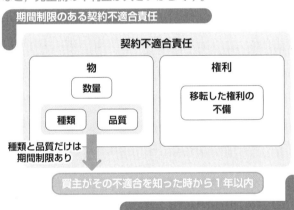

期間制限のある契約不適合責任

契約不適合責任

物	権利
数量	移転した権利の不備
種類　品質	

種類と品質だけは期間制限あり

→ **買主がその不適合を知った時から1年以内**

　たとえば，購入した車に不具合があるとして，ユーザーがすぐに販売店に持って来てくれれば問題はないのですが，そのまま乗り続けて，さらに状態が悪くなってから販売店に持ってこられると，修理が予想以上に難しくなる場合だって考えられますよね。それを，契約不適合だと言って全部販売店の責任だとするのは不公平です。そのため，「買主がその不適合を知った時から1年以内」という期間制限が，特別に設けられました。

　なお，この「1年以内」というのは，権利を行使するという意思を表明する期間ですから，買主は1年以内に通知すれば足ります。そうすれば，売主は必要な対応を取ることができますから。

　そして，「買主がその不適合を知った時から1年以内」に

債務不履行責任を追及できる期間

債務不履行責任のうち，損害賠償請求権は，一般の債権として権利を行使することができる時から10年（166条1項2号），債権者が権利を行使することができることを知った時から5年で時効消滅します（同項1号）。つまり，時効消滅するまでの期間が責任を追及できる期間です。また，解除権は，一方的に法律関係を作り上げる（形成する）権利で**形成権**と呼ばれます），債権（相手に対する請求権）ではありませんが，消滅時効に関しては債権に準じて扱われており，上記の損害賠償請求権と同様の期間制限に服します（最判昭56・6・16）。

566条

売主が種類又は品質に関して契約の内容に適合しない目的物を買主に引き渡した場合において，買主がその不適合を知った時から一年以内にその旨を売主に通知しないときは，買主は，その不適合を理由として，履行の追完の請求，代金の減額の請求，損害賠償の請求及び契約の解除をすることができない。ただし，売主が引渡しの時にその不適合を知り，又は重大な過失によって知らなかったときは，この限りでない。

数量についての時効は…

時効に関する特則である566条が適用されるのは種類と品質の二つですから，数量についての時効は一般原則である166条1項で処理されることになります。

権利行使の意思を通知しないで，前記の例でいえば車に乗り続けていると，買主は，契約の不適合を理由とした追完請求や，代金減額の請求，損害賠償請求，契約の解除をすることができなくなります。つまり**権利を失うこと（失権）になってしまいます**。車に乗り続けて，とことん状態が悪化してから持ってこられても困りますよね。

　以上が贈与・売買についての説明です。

　問題演習で知識の整理をしておきましょう。

 例題15

　贈与・売買に関する次の記述のうち，妥当なものはどれか。

（国家一般職　改題）

1　贈与は，当事者の合意があれば目的物の引渡しがなくても成立する諾成契約である。ただし，書面によらない贈与については，当事者は，履行の終わらない部分については解除ができる。

2　解約手付が交付されている売買契約について，当事者の一方がすでに履行に着手している場合には，いずれの当事者も当該契約を解除することができない。

3　全部が他人の権利である物の売買において，売主がその権利を移転できない場合でも，買主がそのことを知っていたときは，売主は契約を解除できる。

4　引き渡された目的物が種類，品質または数量に関して契約の内容に適合しないものであるときは，それが買主の帰責事由によるものであっても，買主は，履行の追完を請求できる。

5　買主は，引き渡された目的物について契約不適合があれば，履行の追完または代金の減額のいずれかを選択して請求することができる。

本問のポイント！

1．妥当な記述です。贈与は**諾成契約**であって意思の合致があればそれだけで成立します（549条）。そのため，安易に贈与の意思表示がなされることが多く，後日の紛争を防止する観点から，**書面によらない贈与**は履行の終わらない部分を解除できるとされています（550条）。

2．当事者の一方が履行に着手していても，相手方が履行に着手する前であれば，すでに履行に着手した当事者側からの解除は認められます（557条1項ただし書き）。

3．売主には債務不履行責任が生じるだけで，契約の解除権といったものは認められていません。

4．契約不適合が買主の帰責事由によるものであれば，買主

書面の意味

どんな書面でなければならないかについて，特に制限はありません。契約書などと書いておく必要もありません。その意味では「メモ用紙に走り書き」でもかまわないのですが，書面性を要件とする趣旨が「慎重に考えて贈与を決定した」ことを見て取れるということですから，「メモ用紙に走り書き」とか「日記帳に書いていた」というのでは，ここでいう書面としては不足だと判断されやすいでしょう。

は履行の追完を請求できません（562条2項）。

5. 先に履行の追完を請求しなければなりません（563条1項）。

本問の正答は**1**です。

正答　1

「2-2 贈与・売買」のまとめ

贈与

▶贈与は，当事者の一方が他方に無償で財産を与える意思を表示し，相手方がこれを受諾することによって成立する諾成契約である。

▶書面によらない贈与は，履行が終わっていない部分については，解除することができる。

手付

▶手付とは，契約の成立に際して当事者の一方から他方へ交付される金銭その他の有価物である。

▶解約手付による解除ができるのは，当事者の一方が履行に着手するまでであり，それ以後は認められない。「当事者の一方が履行に着手する」とは，相手方が履行に着手する場合のことをいう。

契約不適合責任

▶引き渡された目的物が種類，品質または数量に関して契約の内容に適合しないものであるときは，買主は，売主に対して目的物の修補等の追完請求ができる。

▶買主が相当の期間を定めて履行の追完の催告をし，その期間内に履行の追完がないときは，買主は不適合の程度に応じて代金の減額を請求できる。

▶売主が買主に移転した権利が契約の内容に適合しないものである場合にも，買主は，物についての売主の契約不適合責任と同様の責任の追及ができる。

▶買主が，売買契約の目的物ないし権利の不適合を知った時から1年以内にその旨を売主に通知しないときは，買主は，不適合を理由として，履行の追完の請求，代金の減額の請求，損害賠償の請求，契約の解除をすることができない。

消費貸借・使用貸借・賃貸借
～一定期間続く契約ではお互いの信頼関係が大切～

　前項の贈与・売買では物のやり取りを扱いましたが，本項では物の貸し借りを扱います。

　この形態には複数のパターンがあり，このうち**賃貸借**は有償での物の貸し借りで，**使用貸借**は無償での物の貸し借りです。一方，**消費貸借**は，たとえば「宴会用に友人からビールを１ケース借りて消費し，後日に同じ銘柄のビール１ケースをその友人に返す」など，同じ貸し借りでも同種・同等・同量の「別の物」を返す点が違います。

　なお，出題の大半は賃貸借に集中していますから，まずは賃貸借を説明して，その後に使用貸借と消費貸借についてポイントを絞って説明することにします。

消費貸借・使用貸借・賃貸借の重要度

賃貸借は，売買と並ぶ典型契約の頻出箇所で，いろんな角度から多様な問題が出題されています。また，特別法である借地借家法からの出題もあり，民法と知識が混乱しないように注意が必要です。

一方，消費貸借や使用貸借の出題は少なく，条文を素材とした問題が肢問の一部で出題される程度ですから，ポイントとなる条文の知識をひととおり整理しておけば，対策としては十分です。

賃貸借では物が使える状態になってから賃料が発生する

　賃貸借とは，当事者の一方が他方に物を使用・収益させ，これに対して，相手が賃料を払うことを約する契約をいいます（601条）。

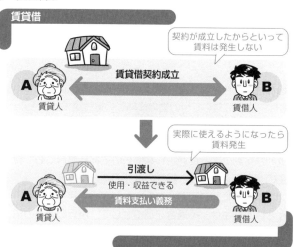

賃貸借

契約が成立したからといって賃料は発生しない

賃貸借契約成立

A 賃貸人　　　　　B 賃借人

実際に使えるようになったら賃料発生

引渡し
使用・収益できる
賃料支払い義務

A 賃貸人　　　　　B 賃借人

収益

収益といっても利益を上げるという意味ではありません。物を使用することによってなんらかの利便性を得られれば，それが収益ということです。

賃貸人と賃借人

賃貸人は貸している人（貸し主）で，賃借人は借りている人（借り主）です。

賃貸借では，とにかく，約束すれば契約は成立します。つまり，賃貸借契約は合意のみで成立する**諾成契約**です。

では，合意すれば，物が引き渡されていなくても賃料を払わなければならないのかというと，そうではありません。賃料は，あくまでも「物の使用・収益の対価」ですから，物を使ったり収益できるようになっていなければ賃料を支払う必要はありません。

つまり，貸主（**賃貸人**）から目的物の引渡しを受けて，借主（**賃借人**）が使用・収益できて初めて賃料支払い義務が生じます。

諾成契約

当事者の意思表示の合致だけで成立する契約のことです。
このような合意に加えて，物の引渡しなど一定の行為が成立要件として必要とされる契約を**要物契約**といいます。

賃貸借契約は相互の信頼関係という特質がある

賃貸借契約には，前項の売買や贈与には見られなかった特質があります。それは継続的な契約関係だということです。売買のように「商品を渡して代金をもらえばそれで終わり」という一回で完結するような関係ではありません。賃貸人としては，自分の物を一定期間使わせて，きちんと賃料を払ってもらわなければなりません。大切に使ってくれる人かどうか，また賃料をきちんと払ってくれる人かどうかは気になるところです。

ですから，賃貸人としては，こういった要素を踏まえて契約を結ぶことになるでしょう。

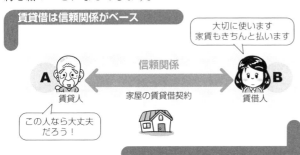

賃貸借は信頼関係がベース

 賃貸人が「貸す相手を見極める」とは

賃貸人としても，貸す相手を間違えると，修理などにとんでもない費用を払わされることになりかねません。乱暴に扱いそうな人とか，金銭感覚に乏しく毎月の賃料を期待できそうにないなどと感じたら，そんな人には貸したくないと思うでしょう。そういう意味で，賃貸借は「相手を信頼して貸す」という要素が強い契約だといえます。

このように，賃貸借契約では信頼関係がベースになっている点が大きな特徴です。そのため，信頼関係が崩れた場合が，契約を解除する原因として認められています。このことを踏まえて賃貸借という契約の性質を考えてみましょう。

賃貸人は使用・収益できる状態にしておく義務がある

まず，貸す側である**賃貸人の義務**から始めます。

賃貸借とは「物を相手方に使用・収益させて，その対価として賃料をもらう」という契約ですよね。

ということは，物が使用・収益できなければ，その対価としての賃料債務も発生しないんです。つまり，**賃貸人には，賃貸物を使用・収益するのに適した状態にしておく義務がある**ということです。

ですから，たとえば下の図のように，家屋の賃貸借契約において古くなった屋根が傷んで雨漏りがして家が使えないというのであれば，賃貸人にはその修繕の義務が課せられることになります（606条1項本文）。

賃貸人の使用・収益させる義務

賃貸人

家屋の賃貸借契約

雨漏りがして使えません。修理してください
賃借人

すぐに修理して使える状態にします

賃貸人＝使用収益できる状態にしておく義務がある

では，もし修繕してくれなかったら？

そのときは，賃借人が自分で修繕して，その費用を賃貸人に請求できます（608条1項）。なぜなら，その費用は，本来賃貸人が支出すべきものだからです。このように，賃貸物を使用・収益するのに適した状態にしておくための費用を**必要費**といいます。この**必要費は，賃貸人に直ちに請求することができます**。これを**必要費 償 還請求**といいます。

一方，同じ費用でも，「それがなければ使用・収益できない」というものではなく，賃貸物の価値を増すために賃借人が支出したという費用もあります。たとえば，賃借人がトイレに温水洗浄便座を取り付けたような場合です。これについては，賃貸人に費用を負担する義務はありません。ただ，それが**賃貸借の価値を増すという場合には，賃貸借終了の時点でその価値が残っていれば**，増した価値の分を賃貸人に請求

**使用・収益させる義務
―地上権との違い**

使用させる側に，使用・収益に適した状態にしておく義務（適した状態にない場合には修繕する義務）がある点は，「民法I」で説明した**地上権**と違っています。地上権の場合だと（もちろん，地上権なら「土地」の貸し借りになりますが），貸す側（地上権設定者）には上記のような**修繕義務**はないんです。単に貸せばよい，穴があくなど修理が必要なら借りた側が自分でやってほしい，それが地上権です。この点は，しばしば出題の素材になっていますから，しっかり覚えておいてください。

必要費の例

家屋でいえば，屋根の雨漏りの修繕のほかに，畳の張替えや，土台が傷んでいる場合の土台の入れ替えなどがこれに当たります。

賃借人の義務

賃貸借で主に問題になるのは賃貸人の義務のほうですが，義務はもちろん賃借人の側にもあります。それは，具体的には，①賃料を支払う義務，②契約が終了したときに引渡しを受けた物を返還する義務（①②は601条），③定まった用法に従って使用・収益する義務（616条，594条1項），善良な管理者の注意をもって目的物を保管する義務（400条）などです。

できます。これを**有益費償還請求**といいます（608条2項）。

　たとえば温水洗浄便座であれば，賃貸人が次に家を貸すときに，家賃をその分高く設定できるでしょうから，その利得を，費用を支出した賃借人に返すのが公平だからです。

賃借権の譲渡・転貸には賃貸人の承諾が必要

　借りているものをさらに別の人に貸すことを又貸しなどと呼ぶことがありますが，この又貸しも，賃貸人に承諾を得れば，適法にこれを行うことができます。

　「キミから借りているこの本だけど，友人が読みたいって言ってるので1週間ほど貸していい？」「いいよ！」などという場合で，これを**賃借権の転貸**といいます。

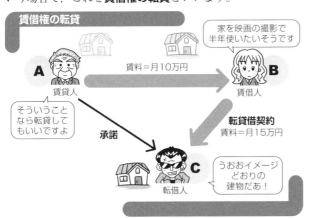

賃借権の転貸

家を映画の撮影で半年使いたいそうです

賃料＝月10万円

A 賃貸人 → B 賃借人

そういうことなら転貸してもいいですよ

承諾

転貸借契約
賃料＝月15万円

C 転借人

うおおイメージどおりの建物だあ！

　一方，**賃借権の譲渡**というのは，特に不動産で頻繁にみられるのですが，もう使わなくなったから譲るという場合のほか，「物件を使いたい人に高く譲る」として，利益を得るための手段として行われることも多いようです。

　このような賃借権の譲渡や転貸は，原則として賃貸人の承諾を得て行わなければなりません（612条1項）。

　先に説明したように，賃借権ではだれが使うかによって賃借物の傷み具合とか賃料支払いの確実性などに差が出てきます。ですから，賃貸人としては，信頼できる人を選んで貸したいと思うのは当然ですし，そうなると，勝手に賃借権を譲渡・転貸されては困るわけです。そのため，譲渡・転貸には賃貸人の承諾が必要だとされていて，無断譲渡・転貸は，賃

608条（賃借人による費用の償還請求）

1　賃借人は，賃借物について賃貸人の負担に属する必要費を支出したときは，賃貸人に対し，直ちにその償還を請求することができる。
2　賃借人が賃借物について有益費を支出したときは，賃貸人は，賃貸借の終了の時に（中略），その償還をしなければならない。（以下略）

譲渡

権利・財産，法律上の地位などを他人に譲り渡すことです。有償・無償は問わないので，売ってもプレゼントしても「譲渡」です。

賃借権の譲渡

賃借権は，不動産ではその効力がかなり強化されています。ですから，まだ期間が十分に残っているなどという場合には，その不動産を使いたい人にとっては，多少の金銭を払ってでも手に入れたいという魅力的な権利なんです。そのため，賃借権の譲渡が行われるのはまれなことではありません。ただ，それが貸主に無断で行われた場合には，法的な問題が生じてきます。

第2章 債権各論

貸借契約の当事者の信頼関係を損なうものとして，契約の解除原因とされています（612条2項）。

　では，無断譲渡・転貸が解除原因とされているならば，次のような場合はどう判断すればいいでしょう。

　この事例の場合，確かに賃借権の譲渡は行われていますが，賃借物（店舗）の使用形態に変化はなく，賃料の支払いについても特に心配するようなことは起きていませんから，単に無断譲渡だということを理由に解除を認める必要はないでしょう。

　ケースバイケースの判断になりますが，無断譲渡・転貸であっても，信頼関係を損なわない（信頼関係が破壊されていない）場合には，賃貸人からの解除を認める必要はありません。判例もそのように考えています（最判昭28・9・25）。

賃借権が転貸された場合の法律関係はどうなる？

　賃借権が賃貸人の承諾を得て適法に転貸されると，賃借物は転借人が使用・収益することになります。

　つまり，もともとその物を借りていた賃借人はその物を使用・収益しなくなるわけですよね。そうなると，これは人の常ですが，賃借人は実際に物を使っていないので，この賃貸借関係に興味を示さなくなりがちです。

　そこで問題が出てくるんです。

　賃貸人Ａと賃借人Ｂの間には契約関係がありますから，両者間には契約に基づくさまざまな権利義務関係が生じます。でも，賃貸人Ａと転借人Ｃとの間に契約関係はありませんよね。ということは，Ａは「Ｂが賃料を支払っていないので，Ｃが代わりに賃料を払ってほしい」などとはいえないはずです。でも，それでいいんでしょうか。

612条（賃借権の譲渡及び転貸の制限）

1　賃借人は，賃貸人の承諾を得なければ，その賃借権を譲り渡し，又は賃借物を転貸することができない。

2　賃借人が前項の規定に違反して第三者に賃借物の使用又は収益をさせたときは，賃貸人は，契約の解除をすることができる。

信頼関係が損なわれていない場合

信頼関係が損なわれていない場合には解除権を認めないとする法理を，信頼関係理論とか**信頼関係破壊の法理**と呼んでいます。判例は，この法理について「賃貸人に対する**背信的行為**と認めるに足らない特段の事情がある場合」という言い方をしています。信頼関係を破壊する行為かどうかは，諸般の事情を総合的に考慮して判断します（総合事情判断説）。要するに，「常識的判断」ということです。

背信的行為

民法の世界では，誠意を尽くして約束を守ることが，大事な基本原則になっています（**信義則**）。
この信義に背くような行為が，背信的行為ということです。

適法な転貸が行われた場合の法律関係

これは，「転貸が信頼関係を損なうとまではいえず転貸を認めてよいとされた場合」も同じ扱いになります。

　そうなると賃貸人の保護がおろそかになってしまいますから，法は，「転借人は，賃貸人に転貸借に基づく債務を直接履行する義務を負う」としました（613条1項前段）。これによって賃貸人の利益を守ろうとしたわけです。

　つまり，賃貸人には直接に転借人に対する賃料請求が認められることになります。

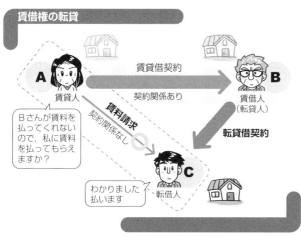

賃借権の転貸

賃貸借契約

契約関係あり

賃貸人 A

賃借人（転貸人）B

転貸借契約

賃料請求

契約関係なし

Bさんが賃料を払ってくれないので，私に賃料を払ってもらえますか？

わかりました払います

転借人 C

 「不動産賃貸借では効力が強化されている」とは？

　ところで，賃借権は債権ですから，賃借人は契約の相手方である賃貸人に対しては義務（物を使用・収益させるべき義務）の履行を請求できるのですが，契約の相手方ではない第三者に対しては，「物を使用・収益させろ！」と請求（具体的には妨害しないように要求）することはできません。

　ということになると，次のような事態が生じます。

　次ページの図で，AがBに賃貸している家屋の所有権をCに譲渡したとしましょう。その場合，BはAに対しては契約関係に基づいて家屋を使用・収益させるように請求できるのですが，なんら契約関係のないCには，使用・収益の権利を主張できません。

　それどころか，Cは所有権という物権を手に入れているわけですから，Bに対して「あなたは私の所有権を侵害しています！すぐに退去して家を自分に引き渡してください！」と要求できるということです。

 転借人への直接の賃料請求

これは賃貸人Aの保護のために法が認めた特例です。ということは，その権利は賃貸人Aにしかありませんし，権利ですからそれを使うかどうかはAの自由です。つまり，①Aは賃借人Bに賃料を請求できますし（613条2項），Bが賃料を払わないことを理由に賃貸借契約を解除してもかまいません。ただ，転借人Cが賃借人（かつ転貸人）Bの賃料相当分を払ってくれるなら，Aとしてはそのほうがいいでしょう。②「A→B」の賃料が毎月10万円で，「B→C」の賃料が毎月12万円という場合，AはCに10万円を超えて請求することはできません（613条1項）。③法が認めたのは，転借人Cの賃貸人Aへの債務の履行義務，つまり「A→C」の請求権であって，その逆を認めてはいません。ですから，Cは屋根が雨漏りしていても，Aに修理の請求などはできません。

 賃貸借が「債権」とは

債権は，相手に一定の行為を請求する権利です。物権のように，相手方の行為を必要とすることなく，自分で権利内容を実現できるものではありません。

 物権の直接支配性

所有権などの物権は，どんな相手に対しても物の使用・収益を妨害しないように要求することができます。物権が持つこの性質を「直接支配性」といいます。

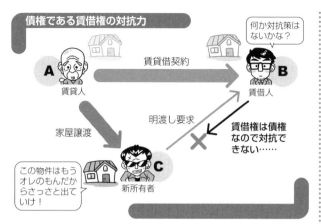

債権である賃借権の対抗力

A 賃貸人 → 賃貸借契約 → B 賃借人

何か対抗策は
ないかな？

明渡し要求

賃借権は債権
なので対抗で
きない……

家屋譲渡

この物件はもう
オレのもんだか
らさっさと出て
いけ！

C 新所有者

所有権

物を自由に使用・収益・処分できる権利です。
図で，Cが新たに所有権を手に入れたということは，Cは所有者(所有権者)として家屋を自由に使用・収益・処分できることを意味します。

605条(不動産賃貸借の対抗力)

不動産の賃貸借は，これを登記したときは，その不動産について物権を取得した者その他の第三者に対抗することができる。

第三者対抗力

第三者に対しても，自己の権利を侵害しないように主張できる効力のことです。

登記請求権

登記は共同申請が原則ですが，相手が登記に協力しない場合，物権であれば判決を得て自分一人で登記を済ませることができます。しかし，債権である賃借権ではそれが認められていません。

地上権

建物などを所有するなどの目的で他人の土地を使用する権利です。
詳しくは「民法Ⅰ」の用益物権を参照してください。

物権に近い対抗力

これを「賃借権の物権化傾向」などと書かれていることがあります。

　ただ，これではあまりにも賃借人の保護がおろそかになります。そもそも，家屋というのは生活を営む基盤になるものですから，賃借家屋が譲渡された場合には直ちに退去を強いられるというのはあんまりでしょう。そこで法も，「物権と同じように登記すれば賃借権にも物権と同じ効力を認める」としました（605条）。

　ただ，一つ残念なことがあります。それは，賃借権は物権ではなく債権ですから，まったく物権と同じ扱いというわけにはいきません。そのため，法も，「登記したら」という条件付きで**第三者対抗力**を認めたのですが，債権ということは，登記についても契約の相手方である賃貸人に「登記してほしい」とお願いするしかないんです。つまり，**賃借人が自分一人で登記する手段はない**んですね。

　では，賃貸人は登記に協力するかというと，「そんな面倒なことには手を貸したくない！」「いつ転居するかわからない賃貸人のために，わざわざ費用と手間をかけて登記なんてできるか！」ということで，実際，不動産賃貸借の登記はほとんど行われていません。

　さて，そうなると，賃借人はどうやって自分の生活の基盤を守ればいいんでしょうか。

　賃借権というのは，物を使用・収益できる権利ですから，賃借物が土地や家屋といった不動産の場合には，物権である地上権と内容的にはそう変わらないんです。そこで，不動産賃貸借については，特別に**借地借家法**という法律が制定され，そこで物権に近い対抗力を認めることにしました。

　まず，**建物の賃貸借**については，引渡しがあれば，それで

第三者にも賃借権を主張できることになっています（借地借家法31条）。次に，**土地の賃貸借**については，その土地の上に自分で建物を建てて，その建物に自己名義の登記があれば，それで土地の賃借権を第三者にも主張できることになっています（借地借家法10条1項）。

一般法・特別法

広く一般に適用されるものを一般法，ある特定の分野を対象としているものを特別法といいます。民法は一般法で，借地借家法は民法の特別法になります。なお，一般法と特別法がバッティングした場合，特別法の効力が優先します。特別法は，ある特定の分野における一般法の特例を定める（一般法の原則を修正する）ものだからです。

特別法による賃借権の対抗力強化（建物の賃貸借）

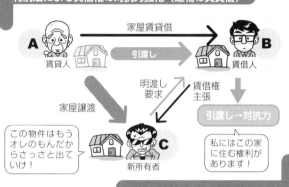

借地借家法31条（建物賃貸借の対抗力等）

建物の賃貸借は，その登記がなくても，建物の引渡しがあったときは，その後その建物について物権を取得した者に対し，その効力を生ずる。

特別法による賃借権の対抗力強化（土地の賃貸借）

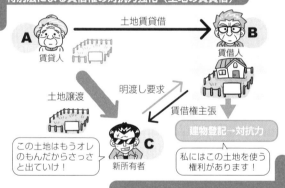

借地借家法10条（借地権の対抗力等）

1　借地権は，その登記がなくても，土地の上に借地権者が登記されている建物を所有するときは，これをもって第三者に対抗することができる。

　こうやって，生活の場である家屋の賃借権を強力に保護しているわけです。

不動産賃貸借の終了…明渡しと敷金の関係

　ところで，家を借りるときに，家賃とは別に**敷金**というものを賃貸人に渡すことがあります（というか，通常はそうですが）。

敷金の額

家賃の2か月分というのが一般的のようです。

これ，何かというと，敷金は「賃借人が負うべき債務の担保として交付されるもの」とされています。たとえば，賃貸借終了時に「家賃の未払いが1か月分あれば，敷金からその分を差し引く」とか，「壁に大きな穴を空けたなどの補修代金があれば，敷金でそれを清算する」といったことに用いられます。

問題になるのは，賃貸借の終了時に，賃借人が「返すべき敷金額があるのであれば，家屋の明渡しと敷金の返還は同時履行にしてください！」と主張できるかということです。

賃借人としては，敷金を確実に返してもらいたいとして，「家をいったん明け渡したら家主はなかなか返さないんじゃないか？強制執行とかの法的手続きは面倒だし……」ということで，明渡しとの同時履行を主張するわけです。

ただ，これはムリですね。

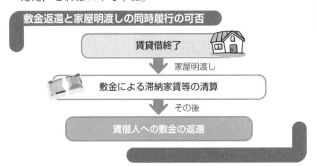

敷金返還と家屋明渡しの同時履行の可否

賃貸借終了 🏠

↓ 家屋明渡し

敷金による滞納家賃等の清算

↓ その後

賃借人への敷金の返還

なぜかというと，敷金というのは，未納家賃とか賃貸借終了後に生じる補修代金の費用などに充てるためのものですから，賃貸借が終了して家屋が明け渡された後に未納の有無や補修の要否等を調べなければ，返還する敷金の額が決まらないんです。

ということは，敷金の返還と家屋の明渡しの関係は，家屋の明渡しが先で，敷金の返還はその後になる，つまり同時履行の関係には立たないということです（最判昭49・9・2）。

以上が，賃貸借の主要なポイントです。

🏠 使用貸借…タダで借りてその物を返す

次は賃料ナシの貸借です。たとえば「友達からマンガ本をタダで借りて，読んだ後でそのマンガ本を返す」など，物を

改正法による敷金に関する規定の整備

平成29年（2017年）改正法は，従来規定のなかった敷金について，それまで判例が積み上げてきた法理を明文化し，定義や法律関係について条文で具体化しています。改正法は，敷金の定義を「いかなる名目によるかを問わず，賃料債務その他の賃貸借に基づいて生ずる賃借人の賃貸人に対する金銭の給付を目的とする債務を担保する目的で，賃借人が賃貸人に交付する金銭をいう」としています（622条の2第1項柱書カッコ書き）。

原状回復義務

賃借人は，賃貸借終了の際に賃貸借物を原状に復して返還しなければなりません。これを原状回復義務といいます（621条）。ただ，借家などの場合には，どこまでが「原状回復」なのか不明な場合が多く，家財道具を運び出して明け渡す場合がほとんどです。そのため，修理は「原状回復義務」ではなく敷金でカバーされています。なお，普通に使っている場合の畳の劣化など（経年劣化による**通常損耗**といいます）は，原状回復義務の範囲には含まれません（同条カッコ書き）。

無償で借りる場合を**使用貸借**といいます。

使用貸借では「無償」という点が，賃貸借とは基本的に異なっています。

ただ，実際の試験にはあまり出ないところなので，ポイントだけを簡単に説明しておきましょう。

まず，使用貸借は当事者の「無料で貸してね」「いいよ」という合意だけで有効に成立します（593条）。つまり**諾成契約**です。

合意の成立だけで，借りる側から「約束を守ってね！」と言える点はよいのですが，無償だということで借りる側の保護が弱い面もあります。それは，書面によらない使用貸借の場合，貸主は借主が借用物を受け取るまでは契約を解除できるという点です（593条の2）。

使用貸借

明日買い物に行きたいから車を貸して！

いいよ！

使用貸借契約

A 使用借主

B 使用貸主

書面によらず → 引渡し前なら

……。

あ，ごめん 使う用ができたからダメ

使用貸借契約

解除できる

A 使用借主

B 使用貸主

また，自転車をタダで借りて使っていた場合のパンク修理代など，使用に伴う必要な費用（通常の必要費）も借りる側（使用借主）が負担しなければなりません（595条1項）。これも無償であることに基づくものです。

使用貸借の期間ですが，当事者が使用貸借の期間を定めたときは，その期間の満了によって使用貸借が終了します（597条1項）。一方，使用貸借の期間や使用・収益の目的を定めなかったときは，貸主は，いつでも契約を解除して目的物の返還を請求できます（598条2項）。

使用貸借は
諾成契約だ

平成29年（2017年）の改正前は，使用貸借は**要物契約**とされていました。しかし，物を引き渡さない限り契約が成立しないとすると，「約束したのに貸してくれない」という事態が生じることになり，それでは借主の保護がおろそかになってしまいます。そこで改正法では，これを**諾成契約**に改めました。

593条の2

貸主は，借主が借用物を受け取るまで，契約の解除をすることができる。ただし，書面による使用貸借については，この限りでない。

595条（借用物の
費用の負担）

1 借主は，借用物の通常の必要費を負担する。

第**2**章 債権各論

消費貸借…種類や品質，数量が同等なものを返す

次に，消費貸借に話を移します。

消費貸借は，賃貸借のように，「ある物を一定期間借りて，その物を返す」のではなく，**借りたものはいったん消費してしまって，「種類や品質，数量を同等にそろえて別のものを返す」**点が違います（587条）。

一番身近な例が金銭の貸し借りです。たとえば1,000円札を1枚借りたら，その1,000円札自体は使ってしまう（消費する）わけですよね。返すときも，その使ってしまったお札をお店に行って取り戻して……などということはせず，同じ1,000円であれば500円玉2枚で返してもいいわけです。

もちろん，お金だけではなく，物についても消費貸借は成立します。たとえばシャープペンシルの芯を1本借りてそれを使ってしまって，後日に濃さや品質などが同じ物を1本返すという場合もこの契約になります。

587条

消費貸借は，当事者の一方が種類，品質及び数量の同じ物をもって返還をすることを約して相手方から金銭その他の物を受け取ることによって，その効力を生ずる。

消費貸借

シャーペンの芯がなくなったから貸して！

いいよ！

A 借主　　**消費貸借契約** →　**B** 貸主

種類，品質および数量の同じ物を返還

ところで，消費貸借でよく取り上げられるのが，いつ返すかという**返還時期**の問題です。

お金の貸し借りの場合だと，通常は返還時期が定められるので，その時期までには返還する必要があります（少額なら，いつでもいいよという場合もあるでしょうが）。

前記のシャープペンシルの芯のような場合だと，「いつまでに返してね」などと返還時期が定められることはあまりないでしょうね。

返還時期が定められなかった場合には，借主はいつでも返してかまいませんが，なかなか返してくれないという場合には，**貸主は相当の期間を定めて返すように催促ができます**（591条）。「相当の期間」が必要なのは，お金の場合だとそれ

591条

1　当事者が返還の時期を定めなかったときは，貸主は，相当の期間を定めて返還の催告をすることができる。

2　借主は，返還の時期の定めの有無にかかわらず，いつでも返還をすることができる。

を調達する準備期間が必要でしょうし，シャープペンシルの芯の場合ならば，「家にあるから明日持ってくる」など，返還にそれなりの時間を要する場合があるからです。

問題演習で知識の整理をしておきましょう。

例題 16

賃貸借および消費貸借に関する次の記述のうち，妥当なものはどれか。

（国家一般職　改題）

1　賃貸借は，物の利用の対価として賃料を得るという契約であるから，物を引き渡して初めてその効力が生ずるもので，要物契約である。

2　Ａ所有の土地を賃借していたＢが，Ａの承諾なくしてＣに当該土地を転貸した場合，Ｂの当該転貸行為がＡとの信頼関係を損わないものであったとしても，ＡはＡＢ間の賃貸借を解除することができる。

3　家屋の賃貸借が終了した場合，賃借人の敷金返還請求権は賃貸借終了時に発生しているから，賃借人は賃貸人の家屋明渡請求に対し，敷金の返還と引換えでなければ家屋を明け渡さないと主張できる。

4　消費貸借において，当事者が返還の時期を定めなかったときは，貸主は相当の期間を定めて返還の催告をすることができる。

5　消費貸借において，当事者が返還の時期を定めたときは，借主はその期限までは返還ができない。

本問のポイント！

1．賃貸借は当事者の合意のみで成立する**諾成契約**です（601条）。

2．判例は，無断転貸の場合でも，それが**背信的行為**と認めるに足りないものであるときは，賃貸借契約の解除はできないとしています（最判昭28・9・25）。

3．**敷金**は賃借人の賃料債務等を担保するためのものですから，先に明渡しがなければ敷金の額が確定しません。そのため，賃借物の明渡しが先で，それと敷金返還とは同時履行の関係にはなりません（最判昭49・9・2）。

4．妥当な記述です（591条1項）。

5．借主は，いつでも返還をすることができます（591条2項）。

本問の正答は**4**です。

正答　4

要物契約

契約の相手側からその物を受け取らないと成立しない契約です。例としては，質権設定契約（344条，「民法Ⅰ」p.274参照）があります。

背信的行為

民法の世界では，誠意を尽くして約束を守ることが，大事な基本原則になっています（**信義則**）。
この信義に背くような行為が，背信的行為ということです。

Aは，その所有する建物をBに賃貸したが，Bは，これをCに転貸した。以上の法律関係に関する次の記述のうち，妥当なものはどれか。

（国家総合職　改題）

1　B・C間の転貸借についてAの承諾がない場合，B・C間の転貸借契約は無効である。

2　B・C間の転貸借についてAの承諾がある場合，Aは，契約関係がないCに対して，Bに請求できる賃料相当額の支払いを直接Cに請求できる。

3　Cは，転貸家屋の雨漏りの修理をBに求めたが，Bがこれに応じない場合には，Aに対して雨漏りの修理を請求できる。

4　B・C間の転貸借にAの承諾がない場合において，AがBの賃料不払いを理由として賃貸借契約を解除するには，Cの承諾が必要である。

5　B・C間の転貸借についてAの承諾がある場合において，AがBの賃料不払いを理由として賃貸借契約を解除し，賃貸借関係が終了したときであっても，B・C間の転貸借契約はこれとは別個の契約であるから，当然には終了しない。

本問のポイント！

1．契約自体は有効に成立します。ただ，無断転貸が信頼関係を破壊すると認められる特段の事情がある場合，AはBとの賃貸借契約を解除できますから（612条2項，最判昭28・9・25），その場合。B・C間の転貸借契約は履行不能となります。

2．妥当な記述です（613条1項前段）。

3．A・C間には直接の契約関係はありませんから，このような請求はできません。

4．Cの承諾は必要ではありません。そもそもCとはなんの契約関係もないのですから，契約関係があるBが債務不履行をすれば，それを理由に，Aは賃貸借契約を解除できます（541条本文）。

5．転貸借契約は賃貸借契約を基礎として成立しているので，賃貸借契約が賃借人の債務不履行を理由として解除され，それによって転貸人の使用・収益させる義務が履行不能に陥れば，転貸借契約は終了します（最判昭39・3・31）。

　　本問の正答は**2**です。

612条（賃借権の譲渡及び転貸の制限）
1　賃借人は，賃貸人の承諾を得なければ，その賃借権を譲り渡し，又は賃借物を転貸することができない。
2　賃借人が前項の規定に違反して第三者に賃借物の使用又は収益をさせたときは，賃貸人は，契約の解除をすることができる。

正答　2

「2-3　消費貸借・賃貸借」のまとめ

賃貸借

▶賃貸借契約は当事者の合意のみによって成立する（諾成契約）。賃借物の引渡しは契約の成立要件ではない。

▶賃貸人には，賃借人が目的物を使用・収益できる状態にしておくという積極的な義務が課されている。

▶賃貸人には目的物の修繕義務がある。賃借人が代わって修繕した場合，賃借人は直ちにその費用（必要費）の償還を賃貸人に請求できる。

▶不動産の賃借権は，登記をすれば第三者にも対抗できる。

▶建物の所有を目的とする賃借権は，登記がなくても，地上建物について所有権の登記がなされていれば，土地の賃借権について第三者対抗力が認められる。

▶建物の賃貸借においては，賃借権の登記がなくても，建物の引渡しがあれば，借家人はその賃借権を第三者に対抗できる。

▶賃借人が賃借権を第三者に譲渡または転貸するには，賃貸人の承諾が必要である。

▶無断譲渡・転貸が行われても，それが賃貸人に対する背信的行為と認められるような特段の事情がない場合には，賃貸人に契約の解除権は発生しない。

▶敷金は，賃貸借関係から賃借人に生じる一切の債務を担保する目的で，賃貸人に交付されるものである。

▶賃借物の明渡しと敷金返還とは同時履行の関係に立たない。

使用貸借

▶使用貸借は，貸主と借主の合意によって成立する諾成契約である。

▶貸主は，書面による使用貸借の場合を除いて，借主が借用物を受け取るまでの間は，使用貸借契約を解除できる。

消費貸借

▶消費貸借は，物を借りてその物を消費し，同種，同等，同量のものを返すという契約である。

▶借主は，返還の時期の定めの有無にかかわらず，いつでも返還をすることができる。

その他の典型契約
～他人に依頼する方法にもいろんなものがある～

　ここまで，物のやり取り（贈与・売買）と貸し借り（使用貸借・消費貸借・賃貸借）について説明してきました。**今度のテーマは「依頼」です。**

　具体的には，仕事の依頼（雇用・請負），事務の依頼（委任），そして保管の依頼（寄託）についての話です。

　また，これとは別に，集団での経済活動（複数人による共同事業）である組合についても少し触れておきます。

　出題数がそれほど多くないので，各種の依頼関係の契約と組合とを「その他の典型契約」としてまとめて説明します。

　なお，雇用については主に「労働法」の区分で出題されていて，「民法」の区分では出題されませんから，説明を省略します。

　では，請負の説明から始めることにします。

請負…仕事の完成について裁量がある点で雇用と異なる

　請負とは，**一方が他方に仕事の完成を依頼し，その仕事の結果に対して報酬を支払うという契約です**（632条）。ここで請負を依頼する側を**注文者**，依頼される側を**請負人**と呼んでいます。

　雇用の場合は，使用者（雇い主）の指揮命令に従って仕事をするのですが，請負では，請負人がある程度自分の判断で仕事を進めるという点で雇用と違っています。仕事をどんな手順で完成させるかは，基本的に請負人の裁量に委ねられています。

　使用者の指揮命令のもとに仕事をする雇用とは，ちょっと性格が違いますね。

　請負の場合は，仕事の進め方について請負人の独立性が強いと言い換えてもいいでしょう。雇用の場合は，使用者は被用者の労働について指揮命令ができますが，請負では，基本的にいちいち指図は行いません。ですから，**報酬は仕事に対**

その他の典型契約の重要度

出題はほぼ請負に集中しています。そのほかには，時折り委任の問題が出題されますが，寄託や組合からの出題はまれです。範囲が広いので，ポイントを絞って効率重視の対策が必要です。

典型契約

民法その他の法律で規定されている契約のことを典型契約（**有名契約**）といいます。ちなみに法律上に特に規定されていない契約は非典型契約（無名契約）といいます。

ちなみに，民法では13種類の契約が規定されています。いちおうすべてを挙げますと，贈与，売買，交換，消費貸借，賃貸借，使用貸借，雇用，請負，委任・準委任，寄託，組合，終身定期金，和解となりますが，本書では，試験によく出ているところに絞って説明しています。

632条

請負は，当事者の一方がある仕事を完成することを約し，相手方がその仕事の結果に対してその報酬を支払うことを約することによって，その効力を生ずる。

してではなく仕事の「完成」に対して支払われることになります。

　請負の身近な例としては，マイホームの建築がありますから，それをイメージするとわかりやすいと思います。

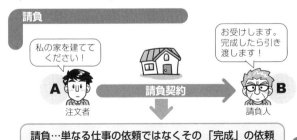

完成物…引渡しまでの所有権はどちらにある？

　たとえば，A社が得意客に純金製の金杯を配ることを決めて，その製作をある工房Bに依頼したとしましょう（**請負契約**です）。

　その場合，通常は，材料は工房が仕入れて仕事を完成させる場合が多いのですが，「たまたま金塊があった」などとして注文者のほうで材料を用意することもあり得ます。

　では，仕事が完成した，つまり金杯が出来上がった場合，それが注文者に引き渡されるまでの金杯の所有権はどちらにあるんでしょうか。

　なんでこれが問題になるかというと，B工房が金杯をA社に引き渡す前に，お金に困って第三者Cに事情を打ち明けて買い取ってもらったような場合に，A社は金杯を取り戻せるかなどでトラブルになることがあるんです。

　A社に所有権があるのであれば，A社は第三者Cに対して「自分に引き渡せ」と請求できますが，B工房に所有権があるのであれば，単に所有者が自分の所有物を譲渡したにすぎないので，それはできませんよね。

　この点に関しては，材料の全部または主要部分をどちらが供給したかで結論が分かれています。

　ちょっと表にまとめておきましょう。

 請負契約の目的が物の製作以外の場合

請負は，必ずしも物の製作の場合だけとは限りません。たとえば，植木屋さんに庭木の剪定を依頼することも請負です。この場合には，庭木の剪定が終われば仕事は終了しますから，「完成物の所有権の帰属」という問題は起こりません。

 「第三者Cに事情を打ち明けて」とは

金杯は動産ですから「民法Ⅰ」で説明した**即時取得**の対象となります。でもCが「事情を打ち明け」られていたということは，Cは悪意なので，即時取得を問題にする必要はないという意味です。

目的物の所有権の帰属

材料の供給者 （全部または主要部分 の材料）	完成物の所有権の帰属
請負人が供給	判例：原則として所有権は請負人に帰属 　　　（大判明37・6・22）。 例外：注文者が請負代金全額を支払っている場 　　　合は，注文者に帰属（大判昭18・7・ 　　　20）。
注文者が供給	注文者が所有権を原始取得

　つまり，金杯の材料である純金の**全部または大半を注文者が供給している**，または**注文者が請負代金全額を支払っている**場合には，金杯の**所有権は注文者であるＡ社の側にあります**。ですから，これらの場合には，Ａ社は第三者Ｃに「金杯を返せ」と主張できます。しかし，金杯の材料である純金の**全部または大半を請負人が供給している場合には，金杯の所有権は請負人の側にあるので，Ａ社は第三者Ｃに「金杯を返せ」とはいえません**。

　結論は意外に常識的です。

担保責任…仕事の目的物に欠陥があったらどうなる？

　請負契約で，**仕事の目的物に欠陥があった場合**には，請負人は**担保責任**を負います。ただ，それは売買と同様に契約どおりの履行，つまり「債務の本旨に従った履行」がなされていないことに対する責任，つまり**債務不履行責任**です。

　そして，そのような欠陥があった物が引き渡されるというのは，売買で欠陥があった物が引き渡されるのと似たような状況ですから，基本的には，**請負の場合にも売買で説明した契約不適合責任**の規定が**適用されます**。

　たとえば，前の金杯の例でいえば，数が足りないとか一部に不良品があるといった場合には，その是正を求めることができますし（**追完請求**），それがなされない場合には**代金減額請求**という方法も可能です。また，これに加えて，**契約解除**や**損害賠償請求**という方法も認められます。

　なお，請負特有の問題として，注文者の指図や提供した材料が不適切だったことで契約不適合が生じるということもあ

請負人が材料を供給

　表で，請負人が材料の全部または主要部分を供給していた場合に，完成物の所有権は請負人に帰属するとなっているのは，完成前の段階では材料の所有権は請負人なのに，完成したとたんに所有権が移るというのはおかしいという一般常識的な感覚があるからです。ですから，請負人が材料の全部または主要部分を供給していたとしても，請負代金を注文者がすでに支払っていた場合には，完成物の所有権は完成と同時に（つまり新しいものとして誕生したのと同時に＝原始的に）注文者の物になります。

原始取得

　すでに存在する権利を譲り受ける（承継取得）のではなく，新たに生まれた権利として取得することをいいます。いわば生まれたままのピュアな権利を手にするという意味です。ですから，原始取得の場合には，負担（例：地上権や担保権）などは何もついていません。

636条（請負人の担保責任の制限）

　請負人が種類又は品質に関して契約の内容に適合しない仕事の目的物を注文者に引き渡したとき（その引渡しを要しない場合にあっては，仕事が終了した時に仕事の目的物が種類又は品質に関して契約の内容に適合しないとき）は，注文者は，注文者の供した材料の性質又は注文者の与えた指図によって生じた不適合を理由として，履行の追完の請求，報酬の減額の請求，損害賠償の請求及び契約の

ります。その場合の契約不適合は請負人の責任とはいえません から，注文者は，請負人に対して契約不適合責任を追及することはできません（636条本文）。これは当然のことです。

請負の報酬は後払いが原則

　請負とは，仕事の完成に対して報酬を支払うという契約でしたよね。

　ということは，請負では完成が先で，報酬はその後になりますから，「報酬は後払い」が原則です。

　ですから，ある物の製作を依頼されたけど，その材料の生産地が天災に遭って，材料の入手ができなくなったなどという場合には，たとえ仕事の一部が完成していても報酬の請求はできません。つまり，**仕事を完成できなかったリスクは請負人が負う**ことになります（536条1項，**危険負担の債務者主義の原則**）。

　ただし，完成しているのが一部であっても，それが分割可能で，一部だけでも注文者にとっては有益だという場合には，その分について報酬請求を認めるのが合理的でしょう。たとえば，「特別な材料を使った商品を，販売用として100個注文したが，天災で途中から材料が入荷できなくなり，完成したのは60個だけだった」などという場合でも，それが人気の商品で，たとえ数個であっても需要があるというのであれば，「注文は100個だったから報酬は一切払わない」というのは不合理でしょう。

　当然といえば当然ですが，法は一応これについて規定を置いています（634条）。

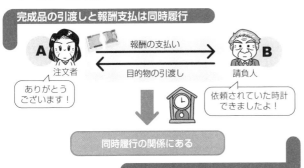

解除をすることができない。ただし，請負人がその材料又は指図が不適当であることを知りながら告げなかったときは，この限りでない。

契約不適合責任

引き渡された目的物が契約の内容に適合しないものであったときの責任です。詳しくは「2-2贈与・売買」を参照してください。
⇒p.192

危険負担

詳しくは「2-1契約総論」を参照してください。
⇒p.180

請負における債務者はどっち？

請負におけるメインの契約内容は「仕事の完成」です。そして，その義務を負うのは請負人ですから，請負人が債務者になります。ということは，536条1項で「双方に帰責事由がなく契約が履行不能になった場合」のリスクを負うのは請負人ということになります。

634条（注文者が受ける利益の割合に応じた報酬）

次に掲げる場合において，請負人が既にした仕事の結果のうち可分な部分の給付によって注文者が利益を受けるときは，その部分を仕事の完成とみなす。この場合において，請負人は，注文者が受ける利益の割合に応じて報酬を請求することができる。

一注文者の責めに帰することができない事由によって仕事を完成することができなくなったとき。

なお，後払いとは，仕事を完成してもらった対価として報酬を支払うという意味です。完成品の引渡しの後で代金を支払うという意味ではありません。請負人が仕事の代金をきちんと受け取れるようにするためには，**目的物の引渡しと報酬の支払いは，同時履行**とするのが合理的です。法もそのような規定を置いています（633条本文）。

　最後に請負特有の終了事由について付け加えておきます。

　請負では，**注文者は請負人の仕事が完成するまでの間であれば，いつでも契約を解除できます**（**注文者による任意解除**，641条）。

　これは，注文者にとって，途中で仕事の完成が必要でなくなった場合に，それ以上仕事を続けてもらっても意味がないので，請負人に損害があれば，それを賠償することで解除を認めようというものです。

委任…他人に事務処理を委託すること

　次に，委任の説明に移ります。**委任**とは，事務処理を他人に委託することです（643条）。委託するほうを**委任者**，委託されるほうを**受任者**といいます。委任の内容である事務処理にもさまざまなものがありますが，**基本は法律行為の事務処理で，こちらのほうを委任**，そして法律行為以外の事務処理**を準委任**（656条）と呼んで区別しています。

　委任は，事務処理を依頼することですから，**受任者の事務処理能力や人柄などを見極めて，「その人だから委任する」**というのが通常です。たとえば，ある税理士さんに税務事務を依頼する場合，「うちの商店の事情をよくわかってもらっている」（委任者），「自分の助言もきちんと受け入れて堅実な経営をしている」（受任者）などとして，「その税理士だから依頼する」「その経営者だから引き受ける」という両者の信頼関係がベースにあるわけです。これが委任の特質です。ここから，①受任者の自己執行義務と，②当事者の任意解除という大きな特徴が出てきます。

　順に説明しましょう。

① 受任者の自己執行義務（644条の2第1項）

　受任者は，依頼された事務は自分で処理しなければなりま

633条（報酬の支払時期）

報酬は，仕事の目的物の引渡しと同時に，支払わなければならない。

641条（注文者による契約の解除）

請負人が仕事を完成しない間は，注文者は，いつでも損害を賠償して契約の解除をすることができる。

請負と委任の違い

請負は契約内容が「仕事の完成」です。それに対して，委任の場合は契約内容が「依頼された内容を誠実に行う」ことです。仕事の完成は目的ではありません。ですから，物の製作などは完成が目的でしょうから請負になりますが，医師の診療などは，完成という概念はなく「誠実に診療を行う」のが目的ですから委任になります。

委任・準委任の例

たとえば，代理店への販売委託契約や，不動産業者への土地の売買のあっせんなどは，法律行為の委任の例です。一方，税理士への会計事務の処理や医師への診療委託などは，法律行為を伴わなければ準委任です。

事務管理との違い

次項に「事務管理」が登場しますが，委任は契約で成立するのに，事務管理は契約なしに他人の事務を処理する点で大きな違いがあります。

せん。これが原則です。これを**自己執行義務**といいます。

ほかの人にその事務処理を委ねることを**復委任**といいますが，この復委任は，委任者の許諾を得た場合か，やむを得ない事由がある場合でなければ認められません。

前記の例でいえば，商店主としては，自分が信頼できるかわからない人に，やたらに店の帳簿類などは見て欲しくないでしょう。信頼がベースにあってこそ，その人に依頼するわけですから，やはり受任者は自己執行するのが原則です。

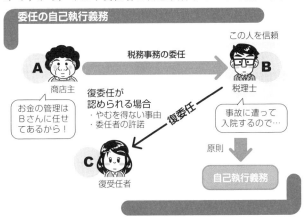

委任の自己執行義務

② 当事者の任意解除権　(651条)

前記のように，委任が当事者の信頼関係をベースに成り立っているとすれば，その信頼関係が崩れた場合には，「もうあの人に事務を頼みたくない」(委任者)，「もうあの人の事務は処理したくない」(受任者) となるはずですよね。

委任は，内容的に高度なものを含む場合が多いので (例：弁護士への訴訟委任，医師への診療委任など)，信頼関係が崩れた場合に備えて自由な解除を認めておく必要があります。ただし，一方的に解除されると思わぬ損害を相手に与えてしまうこともありますから，委任の解除はちょっと複雑です。次ページの図で説明しましょう。

原則として，解除はいつでもできます (651条1項)。解除すること自体について，特段の制限はありません。

ただ，解除されると相手の利益が損なわれるという場合もあるので，後は損害賠償の問題としてお金で解決することになります。ただ例外的に，なんらかのやむを得ない事情がある場合には損害賠償は不要とされています。

644条の2（復受任者の選任等期）

1　受任者は，委任者の許を得たとき，又はやむを得ない事由があるときでなければ，復受任者を選任することができない。

委任と任意代理

委任と似たものに，「民法Ⅰ」で説明した**任意代理**がありましたよね。ただ，代理は代理人が行った法律行為を本人が行ったものと同様に扱う（本人に効果が帰属する）制度ですが，委任では，受任者が行った行為をどう扱うかは委任契約によって決められます。自動的に委任者が行ったのと同じ扱いになるわけではありません。つまり，両者はそれぞれ別の制度です。ただ，本人のための事務処理という意味では共通点も多く，**復代理**と復委任もその一例といえます。

651条（委任の解除）

1　委任は，各当事者がいつでもその解除をすることができる。
2　前項の規定により委任の解除をした者は，次に掲げる場合には，相手方の損害を賠償しなければならない。ただし，やむを得ない事由があったときは，この限りでない。
　一　相手方に不利な時期に委任を解除したとき。
　二　委任者が受任者の利益（専ら報酬を得ることによるものを除く。）をも目的とする委任を解除したとき。

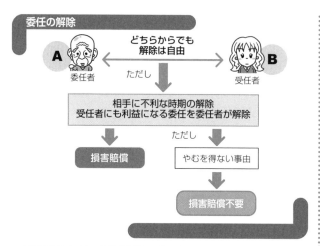

委任の解除

A 委任者 — どちらからでも解除は自由 — B 受任者

ただし

相手に不利な時期の解除
受任者にも利益になる委任を委任者が解除

ただし

損害賠償 ／ やむを得ない事由

損害賠償不要

委任は当事者の信頼関係で成り立っているものなので，信頼関係が崩れたら解除を認めて，後は金銭賠償で処理すればいいというわけですね。

寄託…保管を依頼する契約

寄託について簡単に説明しておきます。**寄託**とは，物の保管を依頼する契約です（657条）。保管を依頼する側を**寄託者**，依頼されて物を保管する側を**受寄者**といいます。

公務員試験では，寄託に関する問題はほとんど出題されません。ですから，今後出題されるかもしれないポイントに絞って説明します。

まず，寄託は当事者の合意で成立します（**諾成契約**）。つまり，預ける物を相手に渡すことは契約を成立させるための要件ではありません。

また，実際に物を預けるかどうかは寄託者の自由ですから，その**物を相手に渡す前であれば，寄託契約を解除できます**（657条の2第1項前段）。これも，委任の解除の場合と考え方は同じです。つまり，「寄託契約は物を預ける側の利益のためにある」ので，**預けたくなければ契約を解除して，相手に損害が生じれば，後は金銭賠償で処理する**ということです。

なお，これは，寄託契約に預かってもらう期間を定めた場合でも同じで，期間を定めたからといって期限いっぱいまで無理に預かってもらう必要はないわけです。ですから，期限

「受任者にも利益になる委任」とは

受任者にとって報酬を得られる以上の利益があることをいいます。たとえばマンションの管理事務の委託で，受任者が修繕積立金の運用を任され，「その運用利益は受任者が得てよい」という契約条項があるような場合がその例です。委任契約を突然解除されて，「得られたはずの運用利益を失うことになった」という場合には，損害賠償の問題が生じます。

受任者にも利益になる委任の解除

これは，判例（最判昭56・1・19）の立場を，平成29年（2017年）の法改正の際に明文化したものです。

657条（寄託）

寄託は，当事者の一方がある物を保管することを相手方に委託し，相手方がこれを承諾することによって，その効力を生ずる。

諾成契約

当事者の意思表示の合致だけで成立する契約のことです。
寄託については，以前は「相手に預けないとダメ」とされていましたが（要物契約），平成29年（2017年）の法改正で，合意だけで成立することに改められました。

657条の2

1　寄託者は，受寄者が寄託物を受け取るまで，契約の解除をすることができる。（以下略）

を定めた場合でも，寄託者は期限前に返還を請求できますし，その際，相手に損害が生じれば，後は金銭賠償で処理することになっています（662条）。

組合…共同事業を営む契約のこと

組合については「民法Ⅰ」の法人の項で，ちょっと触れましたよね。組合と法人の一番の大きな違いは，「法人は権利義務の主体になれるけど，組合は権利義務の主体になれない」という点でした。

「じゃあ，団体はみんな法人になればいいじゃないか」と思うかもしれませんが，法人についてはいろんな規制があって，これがけっこうメンドクサイんです。

一方，組合の場合はかなり自由度が高く，契約でどうにでも決められるので，これが重宝だという人も多いんです。そこで，いろいろ規制されるのがイヤだという場合には，法人ではなく組合を選ぶことになります。

いくつか，その「自由度」の例を挙げてみましょう。組合の特徴がはっきりしますよ。

まず，**組合**とは，複数の者がそれぞれ出資して共同事業を営む契約のことです（667条）。

出資は，財産的価値のあるものならなんで行ってもかまいません。金銭だけでなく，労務とか信用などによる出資というのも可能です。

また，何をやるかも自由です。たとえば，「1日で終了する1回きりのバザー組合」のようなものでもかまいません。

とにかく組合は「自由度の高さ」がポイントです。ただ，その反面として「権利義務の主体になれない」という点は我慢しなければなりません。

「権利義務の主体になれない」ということは，じゃあ，財産関係はどうなるのという疑問が出てくると思いますが，これは全員の共有になります（668条）。ただし，組合には事業を達成するという目的がありますから，その目的の達成のための制約があります。たとえば，清算前の分割請求の禁止（676条3項）や，「そりの合わない人が勝手に組合に入ってきてもらっても困る」ということで持分譲渡の自由が制限されている（676条1項）などがその例です。そのため，ここ

労務

労務というのは一般的には労働に関する事務仕事一般のことをさしますが，ここでいう労務は「組合のためにする仕事そのもの」をさしています。

労務・信用による出資

その出資比率をどう評価するかは，契約で決められます。たとえば，労務で「この仕事は全部引き受ける」という場合，その仕事が共同事業の中でどの程度の価値を有するかで，出資比率を算出しますし，信用（例：あの人が参加しているなら取引しても大丈夫など）なら，どの程度の価値で評価すべきかで出資比率を算出します。

676条3項

組合員は，清算前に組合財産の分割を求めることができない。

221

でいう共有については，249条以下の通常の共有と区別しようということで，「合有」（ごうゆう）と表現されることがあります。

以上について，問題演習で知識の整理をしておきましょう。

例題 18

請負，委任，寄託，組合に関する次の記述のうち，妥当なものはどれか。

（地方上級　改題）

1　請負人が仕事を完成しない間は，注文者は，いつでも損害を賠償して契約の解除をすることができる。

2　委任契約において，各当事者は，相手方の不利な時期に契約を解除することはできない。

3　委任は受任者が死亡した場合には終了するが，委任者が死亡した場合には当然には終了せず，委任者の地位は相続人に承継される。

4　寄託者は，いったん寄託契約が成立した場合には，受寄者に目的物を寄託すべき義務を負い，受寄者が寄託物を受け取る前であっても契約を解除をすることはできない。

5　組合契約において，組合員は出資を行う義務を負うが，労務の提供のみを出資の目的とすることはできない。

本問のポイント！

1．妥当な記述です。注文者にとって，途中で仕事の完成が必要でなくなった場合に，それ以上仕事を続けてもらっても意味がないので，このような解除権が認められています（641条）。

2．委任契約は，相手方の不利な時期にも契約を解除することができます。ただ，相手方に損害が生じた場合には，それを賠償する責任が生じることになります（651条1項，2項柱書本文1号）。

3．委任は当事者の信頼関係に基づくことから，当事者の死亡（受任者の死亡も含む）は委任の終了原因とされています（653条柱書1号）。

4．寄託者は，受寄者が寄託物を受け取るまでの間は，契約を解除をすることができます（657条の2第1項前段）。

5．組合においては労務を出資の目的とすることができます（667条2項）。組合契約にいう出資は，組合の目的を達するための経済的手段であればよく，労務もこれに含まれま

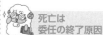
死亡は
委任の終了原因

具体例で考えるとわかりやすいです。たとえば，未払い賃金の紛争解決を依頼していた労働問題専門の弁護士が死亡し，その相続人である妻や子がたまたま弁護士であったとしても，ともに労働問題には不慣れだという場合，依頼人は別の弁護士を探すでしょう。信頼できるかどうかは大きな要素なので，死亡は委任の終了原因とするのが合理的です。

す。

　本問の正答は**1**です。

正答　1

「2-4　その他の典型契約」のまとめ

請負

▶請負報酬の支払い時期は，仕事が完成し，その目的物が注文者に引き渡されたときである。

▶目的物の所有権は，材料の全部または主要部分を注文者が提供したときは，完成と同時に注文者に帰属し，請負人が提供したときは請負人に帰属する。

▶請負人が仕事を完成しない間は，注文者はいつでも請負人の損害を賠償して契約を解除できる。

委任

▶委任とは，当事者の一方が他方に事務処理を委託する契約である。

▶委任は当事者の信頼関係を基礎に成立しているので，当事者双方はいつでも自由に委任契約を解除できる。

寄託

▶寄託は当事者の合意によって成立する諾成契約である。

▶寄託者は，受寄者が寄託物を受け取るまでは寄託契約を解除できる。

組合

▶組合は，二人以上の当事者が，それぞれ出資を行って共同事業を営むことを約束することによって成立する。

▶組合の目的たる事業は当事者で自由に定めることができる。営利・非営利，公益・私益を問わない。また継続的なものではなく一時的な事業であってもよい。

事務管理・不当利得
～ボランティアで債権が発生する場合があるよ～

本項の「事務管理・不当利得」と，次項の「不法行為」は，契約以外で債権が発生する場合についての話です。ただ，この三者の性格はバラバラで，覚えることがちょっと多いかもしれません。それぞれの特徴を考えながら，債権の特性をつかんでいくようにしましょう。

 ## 事務管理は「ボランティア行為」だ！

事務管理とは，法律上の義務がないのに，他人のためにその事務を処理することをいいます（697条）。

「え？法律上の義務がない……つまり，別にやらなくてもいいのに他人の事務の手助けをするの？」

そうなんです。ただ「事務」というと，つい「デスクワーク」をイメージしがちですよね。でも，ここでいう**事務**というのは書類の作成や整理などの，いわゆる一般的な事務のことではなくて，**人の生活に役に立つものならなんでもいいん**です。

事務管理

どこの犬だろう？かわいそうだからうちで預かっておこう

A 事務管理者

迷い込み

B 飼い主

事務管理の開始

いなくなったわ探さなきゃ！

図のように，迷い犬を保護するなどの行為も事務管理に当たります。とにかく，人の役に立つことを法律上の義務がないのにする行為を，民法では事務管理と呼んでいるわけです。まあ簡単に言えば「ボランティア行為」ですね。

「でも，それっておせっかいにはならない？」

事務管理・不当利得の重要度

出題はそれほど多くありません。事務管理と不当利得では後者のほうが若干多く出題されます。また，制度のイメージがつかみにくい分野なので，一度理解すると得点源になりやすいという特徴があります。少ない出題数ですが，得点を積み重ねるという意味で，ぜひしっかりと理解してください。

事務管理？

一般の用語の感覚とズレているので，イメージするのが難しいですよね。なので「事務管理＝ボランティア」と置き換えてイメージを作るとよいです。
「事務管理」の具体例を挙げると，迷子を交番に連れていくとか，道で倒れていた人を病院まで運ぶとか，その場にいなかった友人の分の支払いを立て替えて払っておくなど，いろんなものがあります。

「それに，事務管理で債権が発生するって言ったけど，ボランティアとかおせっかいとかで債権が発生するっていうのはおかしいですよね？」

そう。ですから，事務管理自体は自発的な親切心で行うもので，報酬を求めるようなものではありません。たとえば，道端に座り込んで苦しんでいる人がいたので，すぐ近くの病院に連れて行って受診の手続きをしてあげたとしましょう。それに1時間費やしたから，1時間分の報酬を求める…なんてことはしないでしょう。

それに，事務管理では，いらぬおせっかいにならないように，その限界をどう設定するかという兼ね合いの問題もあるんです。

まずは，本人の意思や利益に適合するように事務を管理しなければなりません。それがわからなければ，それを推測して行うことになるんですが，たとえば迷い犬の世話でも，一般的なドッグフードを与えていたところ，飼い主が引き取りに来たときにどんなエサを与えていたかを尋ねられて，「ウチではもっと高級な食事をあげているのに！」と不満を漏らす場合だって考えられるでしょう。

一方，事務管理者としては「親切心で世話してやったのに！なんだその態度は！」ということになって，そこでトラブルが起こるんですね。

これが，事務管理の難しいところなんです。

話を進めましょう。

事務管理にかかった費用は請求できる

まず，なんで事務管理によって債権が発生するのかを説明しますね。

左ページの図を見てください。Bの犬がAの家に迷い込んで来たとして，それを追い出すのは簡単でしょうが，そうせずに，親切心で飼い主が見つかるまで預かっておいて，その犬の写真を載せた迷い犬のポスターを家の塀に貼っておいたとしましょう。

その場合，飼い主が見つけて引き取りに来てくれるまでの間，犬を単に家の庭につないでおくだけというわけにはいきませんよね。エサを与えたり，病気していたら動物病院に連

善管注意義務

事務管理は，「他人のために」事務を処理することをいいます。そして，「他人のため」というと，そこで管理者に要求される注意義務は「自己物と同一の」ではなく，「善良な管理者の」注意義務，つまり善管注意義務です（通説）。いくら無報酬でも，他人のための事務である以上は，大切に事務を処理すべきで，無報酬だから粗雑に扱っていいというわけにはいかないんです。その点はやむを得ないことですね。

「本人の意思や利益に適合するように」

事務管理は，「本人の意思や利益に適合するように」事務の管理をしなければなりません。そして，報酬は請求できませんが有益費用は請求できるのですから，そこで有益かどうかは「本人の意思や利益に適合している」かどうかとかかわってきます。たとえば，迷い犬を預かっている場合であれば，犬の美容院でシャンプーをしてもらうくらいならば，まだ有益費用といえるでしょうが，犬に服を買ってあげたような場合は有益費用には含まれにくいでしょう。

れて行ったりと，それなりの世話が必要になります。

　では，そこで発生した費用も，事務管理者が厚意で預かったからといって，すべて事務管理者が負担すべきだというのは不合理ですよね。

　やはり，発生した費用については飼い主Bに請求できて当然です（**費用償還請求**）。

　そして，こういった有益な費用が，事務管理で債権発生の原因として認められるものになります（702条1・2項）。

　事務管理のイメージ，少しは明確になりましたか？

　では，そのイメージを前提に，具体的な法律関係を説明することにしましょう。

厚意でも事務管理を 途中で放り出すことはできない

　先ほどの例で，事務管理者Aは，飼い主Bがなかなか引き取りに来ないので，「もう面倒になった」といって，犬の世話を途中で中止できるでしょうか。

　これはできないんです。

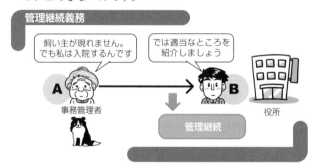

管理継続義務

飼い主が現れません。
でも私は入院するんです

では適当なところを
紹介しましょう

A　事務管理者

B

役所

管理継続

　たとえ厚意で始めたといっても，始めた以上は責任をもって管理を継続しなければなりません。厚意だからといって，管理の責任をいつでも放り出していいというわけにはいかないんです（700条本文，**管理継続義務**）。

事務管理が成立する要件

　ところで，ここで簡単に事務管理の要件についてまとめておきましょう。

厚意

思いやりや気遣い，親切心のことです。

費用償還請求

本文の例でエサ代の請求がわかりにくいのであれば，迷い犬にならなかったらそのエサは誰が負担するのかを考えてみてください。迷子にならず，ちゃんと飼い主のもとにいるならば，そのエサは飼い主が与えているはずですから，エサ代だって飼い主が負担すべきでしょう。ならば，いくら厚意だといっても，そういったものは請求できて当然だとは思いませんか？

管理継続義務（図の例）

自分で管理を継続できなければ，バトンタッチをするという方法もあります。図の例は，迷い犬を預かっているものの，なかなか飼い主が現れず，そうしているうちに自分が入院することになり管理を継続できないという場合ですが，その場合でも，「犬を放り出す」のではなく，役所などに相談して，動物愛護センターなどの預かり所で管理を継続してもらうことが必要です。

管理継続義務（本人に不利な場合）

事務管理の継続が本人の意思に反したり，本人に不利であることが明らかであるときは，管理を中止する必要があります（700条ただし書）。

表を見てください。

事務管理の要件

①	法律上の義務が ないこと	法律上の義務があれば，その義務を規律する法令の適用を受けるので，事務管理にはならない
②	他人のためにする 意思があること	他人の手助けになるという気持ちのこと
③	他人の事務を 管理すること	事務とは人の生活に必要な仕事の一切をいう
④	本人の意思・利益 に適合すること	これらに適合しなければ事務管理は成立しないし，また後に至って適合しないことが判明したときは管理を継続してはならない

もう一度簡単に要件を説明しておきます。

まず，①はわかりますよね。事務管理は厚意でやるボランティアですから，そこに法律上の義務はありません。

②は，「自分の利益のためにやってるんじゃない」ということです。

③は，人の生活に必要な仕事ならなんでも対象になるということです。犬のエサやりのような事実行為（この言葉は法律行為と区別するためのものです）であると，動物病院での診療契約のような法律行為であるとを問いません。

④は，厚意だからといって自分の好き勝手にやっていいわけではなく，あくまでも相手の身になって，その思いを推測しながらやる必要があるということです。そうでないと，余計なおせっかいで，単なる迷惑になってしまいます。

以上が要件です。

なお，上の表は知識の整理に使ってください。

債権発生…事務管理の効果はどうなってる？

先に，エサ代については買主に請求できると説明しました。では，次のような場合はどうでしょう。

預かっている犬が病気になったので，事務管理者Aは動物病院で獣医師Cに診察してもらいました。

この場合，診療契約は事務管理者Aと獣医師Cの間に成立しますから，CはAに治療費を請求できます。治療費の請求の相手は飼い主Bではありません。なぜなら，Bとの間に診

事実行為

意思表示がなくても，それだけで一定の法律効果を発生させる行為のことです。例としては，加工（民法246条）があります。たとえば画家が他人の画用紙に絵を書いた場合は，画家が意思表示しなくても，その絵の所有権は画家が取得します。
「加工」について詳しくは「民法Ⅰ」を見てください。

法律行為

意思表示を必要として，意思表示の結果，原則としてその内容どおりの法的な効果が認められる行為をいいます。
「契約」をイメージすればいいでしょう。

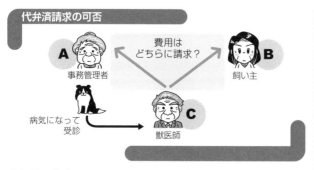

代弁済請求の可否

費用は
どちらに請求？

A 事務管理者 → ← B 飼い主

病気になって受診 🐕 → C 獣医師

療契約は存在しないからです。治療費というのは診療契約に基づいて発生するものですから，その契約の一方当事者ではない飼い主Bに請求することはできません。

ただ，この治療費は，飼い主Bにとっては**有益な費用（有益な債務）**ですから，まだ支払いが終わってない場合には，飼い主に代わって支払わせることができます（702条2項，650条2項本文）。これを**代弁済請 求 権**といいます。

🏠 不当利得…法律上認められていない利得は返還すべき

ここからは，不当利得の話に移ります。

不当利得というのは，その利益を得る理由が何もないのに不当に利益を得ている場合のことです。利得者（**受益者**といいます）は本来なら得られないはずの利益を得ているわけなので，その利益を返還する必要があり，そこに**不当利得返還請 求 権**という債権が発生することになります（債権発生事由）。

では，なぜ返還すべきかというと，受益者が法律上の原因に基づかずに利得していて，それが損失者の財産や労務によってもたらされた（**直接の因果関係**のある）利得だとされるからです。そこには公平の理念があります。

本来，利得というものはなんらかの法律上の原因に基づいて得られるようになっています。たとえば，単にお金をもらう場合であっても，「贈与契約という当事者の合意のうえでもらいなさい」となっている（549条）などがそれです。

ところが，そのような法律上の原因に基づかずに利得が生じていて，他方にそれによって損失を被っている人がいる場合には，公平の理念から，調整のために利益を返還させる必要があるとされるわけです。

代弁済請求権

代わって支払わせることができるというのは，けっこう合理的でしょう。動物の治療費は，人のような医療保険制度がない分，一般に高額になりますから，代弁済の制度があることで，「病気みたいだけど，手元にあまり余裕がないので病院に連れていくのはやめようか」などとして手遅れになることを防ぐことができます（手遅れになると，これも飼い主とのトラブルの原因になりそうですよね）。

不当利得の「不当」とは

「不法」といった強い意味ではなく（それを含む場合もありますが），「本来得られないはずの」といった程度の意味です。たとえば，解除された契約で，「代金を受け取っていた場合はそれを返すべき」などの例をイメージするとよいでしょう。

利得

利得とは「財産が増加した」という場合だけでなく，「出費を免れた」などという消極的な利得の場合も含まれます。

直接の因果関係

「この利得はその損失に基づくものだ」ということが直接の因果関係の意味です。利得と損失を直接結びつけておかないと，返還の範囲が曖昧になることから，この要件が必要とされています。

228

不当利得ではどの範囲を返還すればいい？

　では，不当利得で，受益者はどの範囲で返還を行えばいいのでしょうか。

　なぜこんな問題が出てくるかというと，たとえば，受益者が100万円を1年間不当に利得していたとして，もしその不当利得がなければ，損失者はそのお金を銀行で1年の定期預金にしておけば少しでも利息を得られたはずです。そうなると，単に利得の100万円を返せばそれでよいということだけでは解決にならないわけです。

　ただ，法は，それが不当な利得だったと知らないで利得した場合には，「それでもプレミアムを付けて返せ」というのは，受益者に予想外の損失を被らせるおそれがあるとして，知っていたか（悪意），知らなかったか（善意）で返還の範囲を区別しています。

　まず，法律上の原因がなくて利得していたことを知らなかった善意の受益者は，**現存利益**，すなわち利得が現物のまま，あるいは形を変えて残っている分を返還すれば足ります（703条）。

　浪費分は現存利益には含まれないので，返還の必要はありません。なぜかというと，受益者が法律上の原因がなくて利得していたことを知らないのであれば（善意の受益者），もう「これは自分のものだ！」と思っているわけですよね。仮に他人のものだと思っていたら無駄遣いなんてできませんが，自分のものだと思ったら「どう使おうと勝手だ！」という気持ちになることだってあるわけです。そして，たとえば馬券を買って大損をした後で「そのお金は本当は返還すべきものだった」ということになると，もう心臓バクバクで金策に走るということにもなりかねません。それはちょっとかわいそうだということで，善意の受益者の場合は**浪費分**は返さなくていいということになっています。

　一方，法律上の原因がなくて利得していたことを知っている**悪意の受益者**の場合は，本来それはすぐに返還すべきものなわけですから，損失はすべて返させるという意味で「利得の全部に利息を付して返還し，損害があればそれについても賠償責任を負う」とされています（704条）。

プレミアム

上乗せされた価値，付加価値というような意味です。割増金，おまけという意味もあります。

善意・悪意

事実を知っていたかどうかによる区別で，知らなかった場合が「善意」，知っていた場合が「悪意」です。

現存利益

「現に存在している利益」という意味ですが，実際の区別はややこしいです。試験で問題になるのは，①浪費に充てた分，②生活費に充てた分の二つです。考え始めると混乱するので，①は現存利益なし（返還は不要），②は現存利益あり（返還が必要）と覚えておけば，試験対策としては十分です。

第2章　債権各論

229

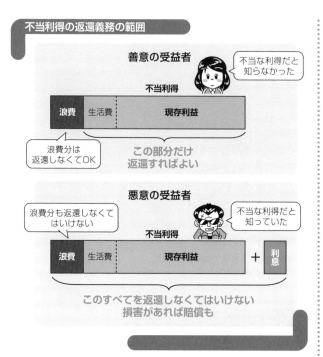

不当利得の返還義務の範囲

善意の受益者

不当な利得だと知らなかった

不当利得

| 浪費 | 生活費 | 現存利益 |

浪費分は返還しなくてOK

この部分だけ返還すればよい

悪意の受益者

浪費分も返還しなくてはいけない

不当な利得だと知っていた

不当利得

| 浪費 | 生活費 | 現存利益 | ＋ | 利息 |

このすべてを返還しなくてはいけない
損害があれば賠償も

不法な原因で給付したものは返還請求できない

　不法な原因に基づいて給付したものについても，不当利得に関する問題があります。そんな場合，給付者は，相手に給付した物の返還を求めることができるでしょうか。

　なぜこれが問題になるかというと，たとえば，AがBを愛人にして，その関係を維持するために自分の別宅をBに贈与したとしましょう。でも，そんな贈与は「公の秩序，善良の風俗に違反する法律行為（公序良俗違反行為）」として，法律上，無効になるんです（90条）。

　では，Aがそれを利用して，Bとの関係を解消しようとして，贈与は無効だから家を返せと言ってきた場合，Bはその家を返還しなければならないでしょうか。

　これが，**不法原因給付**（708条）といわれる問題です。

　そこで，この場合の法律関係ですが，この別宅の贈与が公序良俗違反で無効ならば，Aは愛人Bに家を返せと言えるはずですよね。それで，Bがイヤだと言った場合，Aとしては

利息計算と法定利率

利息は，基本的に法定利率で算出します。これは，契約の当事者間で金利を定めていない場合に適用される利率で，年率３％となっていますが，市場の金利変動に応じて３年ごとに１％刻みで利率を改定することになっています。
なお，平成29年（2017年）の民法改正によって変更されたところなので，令和２年（2020年）３月までの法定利率は「５％」です。

公序良俗違反

麻薬取引や犯罪行為に報酬を支払うとか，愛人契約のように，社会的に許されない行為を公序良俗違反行為（90条）といいます。このような行為は，絶対的に無効です。

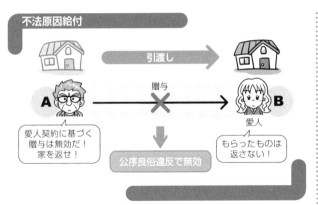

不法原因給付

引渡し

贈与

A

愛人

B

愛人契約に基づく贈与は無効だ！家を返せ！

もらったものは返さない！

公序良俗違反で無効

無効

最初から法的になんの効果も生じないということです。

不法原因給付物は誰の所有物？

未登記建物の不法原因給付で返還請求ができなければ，その建物の所有権は，相手方(本文の例でいえば愛人B)に移ります。

本来，その建物の所有者は給付者Aですが，取戻しができない以上，Aに所有権を認めても意味がありません。ただ，誰も所有していないという不安定な状態は避けたいので，使用・収益ができる側に所有権を認めることにしています。このことを，「反射的に所有権が移る」といっています。

法的手段に訴えることになるでしょう。その場合，裁判所が「そんな贈与は無効だから返しなさい」という判決を出したとすると，裁判所は公序良俗違反の原因を作ったAを助けることになりませんか？

それって，ちょっとおかしいですよね。

そこで，裁判所が出した答えは，「裁判所はそんな取戻しには手を貸さない」でした。つまり，返還は認めないとしたんです。

ただ，この話，ちょっとややこしい部分があって，上の話は建物が未登記だった場合についてなんです。その場合には，愛人Bに引渡しがなされていれば，もう返還請求はできないんですが（最大判昭45・10・21），仮に建物にA名義の登記がなされていれば，家は確定的にAのものですから，Bに引渡しがなされていても返還請求が認められます（最判昭46・10・28）。

ちょっとわかりにくいかもしれませんが，裁判所としては，どちらかというと，「そんな話にはかかわりたくない」といったほうが当たっているかもしれません。ですから，未登記ならば，誰のものか確定していないので，引渡しが済んだのなら「それを返してくれっていう話に裁判所は乗らないよ」ということです。これに対して，登記済みの場合には，「登記名義がAになっているからAのものでしょ。後は自分たちで解決してよ」というところでしょうか。

以上が事務管理・不当利得についての説明です。

問題演習で知識の整理をしておきましょう。

第**2**章 債権各論

Ａは，他人の飼い犬が自宅に迷い込んできたので，飼い主が見つかるまでこれを飼育することにした。この事例に関する次の記述のうち，妥当なものはどれか。

（地方上級 改題）

1 いったん世話を始めた以上，Ａは飼い主など犬の世話をする者が見つかるまでこの犬を飼育しなければならない。

2 Ａは犬がかわいかったので，自分のものにするために犬の世話を始めた。この場合でも事務管理は成立する。

3 この犬が病気になったので，Ａが動物病院へ連れて行き，Ａの名で診療を受けさせた後に，飼い主が名乗り出てきた場合，動物病院は，飼い主に対して診療報酬を請求することができる。

4 この犬の飼い主が見つかった場合，Ａは，飼い主に対して飼育期間中の報酬を請求することができる。

5 Ａは，厚意で他人の飼い犬を飼育しているのであるから，犬の飼育については，自己の財産におけると同様の注意を尽くせばよい。

本問のポイント！

1. 妥当な記述です。管理者は本人や相続人，法定代理人が管理をできるようになるまでを管理を継続しなければなりません（700条本文）。ですから，Ａは飼い主など犬の世話をする者が見つかるまでは飼育を継続しなければなりません。

2. 事務管理は他人のためにする意思で行うことが必要です。自分の飼い犬にしようという思いで世話を始めても，事務管理にはならないので，エサ代請求もできなくなります。

3. 診療契約の主体はＡであって，診療報酬の支払義務はＡに発生します。ですから，動物病院は契約上の義務を負っていない飼い主には診療報酬の請求はできません。

4. 有益な費用は請求できますが，報酬は請求できません。

5. 犬はあくまでも他人のものですよね。そして他人のものを預かっている場合の注意義務の程度は**善管注意義務**です。ですから，自己の財産におけると同様の注意ではなく，善管注意義務が正しい記述になります。

本問の正答は**1**です。

正答 1

 本人・相続人・法定代理人とは

迷い犬の例でいえば，飼い主本人が引き取りにくるまで，本人が死亡していたらその相続人が，また飼い主が子どもだったらその親（法定代理人）が引き取りに来てもOKで，それまでは管理を継続する必要があるという意味です。

「2-5 事務管理・不当利得」のまとめ

事務管理

▶事務管理とは，法律上の義務がないのに，他人のためにその事務を処理することをいう。

▶いったん事務管理を始めた場合には，管理者は本人またはその相続人，もしくは法定代理人が管理できるようになるまで，事務管理を継続しなければならない（管理継続義務）。

▶管理者は，費用の償還は請求できるが，報酬の支払いは請求できない。

▶管理者が本人のために有益な債務を負担した場合，管理者は本人に対して，自己に代わってその債務を弁済するよう請求できる。

不当利得

▶不当利得とは，法律上の原因なくして，他人の財産や労務によって利益を受け，これによって他人に損失を及ぼした場合に，そこで得た利得を返還させる制度である。

▶善意の受益者は，現存利益の範囲で返還義務を負う。

▶悪意の受益者は，利得の全部に利息を付して返還しなければならず，損害があればそれについても賠償責任を負う。

▶不法の原因に基づいて給付をなした者は，その給付物の返還を請求できない（不法原因給付）。

▶不法の原因に基づく給付があったといえるためには，不動産の場合，未登記建物は引渡しでよいが，既登記建物の場合には登記の移転まで済ませることが必要である。

不法行為
～故意・過失による損害を公平に分担する制度～

　債権の締めくくりは，契約という合意（法律行為）によってではなく，他人に不法に損害を与えるという事件（**事実行為**）によって債権（損害賠償請求権）が発生する場合です。

　「不法行為」というと，言葉自体のインパクトが強いために何か穏やかではない印象を受けるかもしれませんが，その趣旨は加害者の「制裁」ではなく，「損害の公平な分担」にあります。

　この点をしっかりと意識しながら，説明を読んでみてください。

不法行為には基本パターンと特別パターンがある

　不法行為には，基本になる要件を定めた**一般的不法行為**と，それにプラスアルファした要件を定めた**特殊的不法行為**と呼ばれる二種類のものがあります。

　一般的不法行為は，ごく一般的な不法行為とはどんなものか，また，それが成立するためにはどんな要件が必要かということに関するものです。

　たとえば，交通事故を起こしたとか，ぶつかってケガをさ

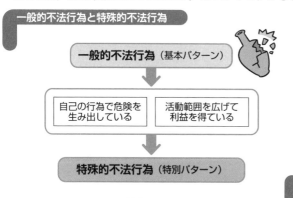

一般的不法行為と特殊的不法行為

一般的不法行為（基本パターン）

| 自己の行為で危険を生み出している | 活動範囲を広げて利益を得ている |

特殊的不法行為（特別パターン）

不法行為の重要度

不法行為は，契約以外の債権の発生事由分野最大のヤマです。素材となる論点も多いのですが，バラバラに覚えていたのでは収拾がつかなくなります。制度趣旨と絡めて理解するようにすれば，応用力も高まるので，基本をしっかり身に付けることを重視するようにしてください。

事実行為

意思表示がなくても，それだけで一定の法律効果を発生させる行為のことです。

不法行為

故意・過失に基づく加害行為によって他人に損害を与えた場合に，加害者に被害者の被った損害を賠償させる制度です（709条）。
「**違法行為**」と言葉が似ていますが，たとえば違法な行為であっても相手に損害が生じていなければ不法行為にならないとか，刑罰等の制裁が目的ではなく，損害の公平な分担が目的であるなどの違いがあります。

せたとか，誤って他人の物を壊したとか，相手の名誉を毀損<ruby>名誉<rt>めいよ</rt></ruby><ruby>毀損<rt>きそん</rt></ruby>
したとか，不注意などによって相手に損害を与えてしまうような行為（不法行為）の大半がこの一般的不法行為に該当します。

一方，**特殊的不法行為**は，実際に損害を与えた不法行為者に賠償責任を負わせるよりも，それ以外の者に賠償を負担させるほうが公平だといえるような特別なパターンに関するものです。

たとえば「従業員が取引先をだまして損害を与えたのであれば，使用者も責任を負いなさい」といった場合のように，一般的不法行為には該当しないものの（使用者自身が相手に損害を与えたわけではないので），自己の活動範囲を広げてそれだけ社会にリスクを与えているといったことのために，やはり損害の公平な分担をさせたほうがよいと思われる場合に，賠償者の範囲を拡張したりするものです。

ただ，前者の一般的不法行為が議論のベースになりますから，まずはこちらから先に説明しましょう。

 ## 一般的不法行為の要件とは？

一般的不法行為の要件は，①故意・過失があること，②法的に保護される利益の侵害があること，③損害が発生していること，④損害との間に因果関係があること，⑤行為者に責任能力があることです。

【一般的不法行為の要件】
①故意・過失がある
②法的に保護される利益の侵害がある
③損害が発生している
④損害との間に因果関係がある
⑤行為者に責任能力がある

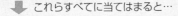 これらすべてに当てはまると…

一般的不法行為

順に説明しましょう。

 名誉毀損

他人の社会的評価を損なうような行為です。名誉毀損は不法行為となるだけでなく，犯罪としても処罰対象にもなります（刑法230条）。

 故意

「わざと」とか「意図的に」という意味です。

 過失

通常人を基準に，常識的に判断すればわかったなどという落ち度のある場合や，不注意のことです。

① 故意・過失がある

故意と過失は，加害行為をわざとやったか，それとも誤ってやったかの違いです。

「誤って（過失）」やった場合に比べて「わざと（故意）」やった場合は，一般に賠償額が大きくなるといった違いはありますが，不法行為の成立要件という点では両者を厳密に区別する必要はありません。

ところで，なぜこれらの要件が必要とされているかというと，<ruby>不可抗力<rt>ふ か こうりょく</rt></ruby>の場合を除外するのが主な目的です。

たとえば，「台風に備えて屋根が飛ばないように<ruby>瓦<rt>かわら</rt></ruby>を固定していたが，大地震が起きて，その揺れで予想外に瓦が跳ねて隣の家の窓ガラスを壊してしまった」などという場合，大地震のほうは通常では予測できないので対策の打ちようがないわけです。それでも，現に被害が生じているんだから賠償しろ！というのは，やはり酷だといえます。

そういった場合は，むしろ公的な支援などで補完してもらうとかでないと，どうにもなりません。それを，個人の賠償責任で解決するのには無理がありますし，「損害の公平な分担」という観点から見ても，果たしてそれが公平な分担といえるのかも疑問ですよね。

ですから，やはり「この損害はあなたの不注意で生じたものですよね！」と常識的に主張できる状況が必要なわけです。そして，それが「過失」の意味です（いわゆる**<ruby>過失責任<rt>か しつせきにん</rt></ruby><ruby>主義<rt>しゅ ぎ</rt></ruby>**）。

② 法的に保護される利益の侵害がある

平成16年（2004年）の法改正以前は，この要件は「権利の侵害」と条文に規定されていました。

その趣旨としては，法的に認められた権利を侵害するからこそ賠償責任が発生するわけで，単なる利益だったらあえて賠償をさせる必要はないよね，損害賠償ということになると事は重大だからそこには明確な基準が必要だし，そうなると法的に認められた権利の侵害じゃないと困るだろう，ということだったわけです。

確かに，これだと基準は明確になるのですが，致命的な問題があるんです。

それは，「法的権利」が時代に追い付いていないという点です。

故意と過失

刑罰の場合であれば，過失が処罰されるのは例外的な場合に限られるので，故意と過失を区別することには意味があります（刑法38条は「罪を犯す意思（＝故意）がない行為は，罰しない。ただし，法律に特別の規定（過失犯を処罰する規定）がある場合は，この限りでない」と規定しています）。
しかし，不法行為の場合には故意であっても過失であってもともに不法行為が成立することに変わりがありません。ですから，両者をあえて厳密に区別するだけの実益がありません。

不可抗力

天災など，個人の力ではどうすることもできないことをいいます。

たとえば，次の判例を読んでみてください。

ザッと目を通してもらえればOKです。内容を理解することが目的ではありませんから。

【パブリシティ権（最判平24・2・2）】

《判旨》 人の氏名，肖像等は，個人の人格の象徴であるから，当該個人は，人格権に由来するものとして，これをみだりに利用されない権利を有すると解される。そして，肖像等は，商品の販売等を促進する顧客吸引力を有する場合があり，このような顧客吸引力を排他的に利用する権利（以下「パブリシティ権」という）は，肖像等それ自体の商業的価値に基づくものであるから，人格権に由来する権利の一内容を構成するものということができる。（中略）そうすると，肖像等を無断で使用する行為は，①肖像等それ自体を独立して鑑賞の対象となる商品等として使用し，②商品等の差別化を図る目的で肖像等を商品等に付し，③肖像等を商品等の広告として使用するなど，専ら肖像等の有する顧客吸引力の利用を目的とするといえる場合に，パブリシティ権を侵害するものとして，不法行為法上違法となると解するのが相当である。

要するに，現代では，社会の変化とともに例に挙げたパブリシティ権のような新しい権利とか利益といったものが次々に登場してくるんですね。

それなのに「そのようなものについて侵害が生じた場合に，法律のどこにも書いてないから賠償は認められない」というのは不合理なんです。

時代の進み方が激しい現代においては，「法律の制定を待ってからじゃなきゃ救済ができない」ってすると，救済が後手後手に回ってしまう可能性があります。ですから，たとえ法律などで権利性が明示されていなくても，救済の必要がある利益であればよいということで，現在では，「他人の権利又は法的に保護される利益の侵害」があるというのが不法行為の要件になっているんです（709条）。

③ 損害が発生している

そもそも，損害が発生していないのであれば賠償の必要はありませんから，損害の発生は当然の要件です。

肖像

肖像（しょうぞう）は，人の姿や顔を写した絵・写真・彫刻などのことです。
ちなみに**肖像権**というのは，自分の写真などをむやみに撮影・公表されない権利のことです。

パブリシティ権

左の判旨のような法律的な説明だとピンとこないかもしれませんが，要するに，有名人の氏名や容姿・顔などは人々を引きつける力を持っているので，その商業的な価値をその本人が独占的に利用できるとする権利のことです。

法律に権利と規定されていなくても保護する

刑罰の場合であれば，こうはいきません。法律に「こんな行為は処罰する」と書いてないのに，裁判官が「ひどい行為だから処罰する」とはいえないんです（**罪刑法定主義**）。
ところが，不法行為の場合は制裁が目的ではありませんから，「損害の公平な分担」が必要ならば，法律に権利と書いてなくても保護する必要があります。それが何を意味するかは，社会環境や人々の意識などによっても変わってきますから，それを表現するものとして，条文に「法的な保護に値する利益」という趣旨の一文が加えられたわけです。

④ 損害との間に因果関係がある

次に，その損害が加害行為から生じたものでなければなりません。これを因果関係といいます。同じように損害を発生させるような危険な行為が行われたとしても，被害がその加害行為から生じたものでなければ，賠償の必要はありません。

ただ，人の社会生活は複雑に絡み合っていて，お互いに影響を及ぼし合っていますから，一つの加害行為から次々に被害が生じてくることがあります。たとえば，交通事故に遭って大けがをした大学生を寮で預かっていた寮母さんが，その大学生の状態を心配するあまりうつ病になったなど，思わぬ損害を引き起こすことだってあるんです。

ただ，その損害の全部を加害者が賠償すべきだとすると，今度は加害者に過酷な負担を課してしまうことにもなりかねません。そこで，「因果関係があるといっても，それは相当な範囲のものに限られる」という意味で，範囲の限定が行われています。これを相当因果関係といいます。

ただ，何が相当な範囲なのかは，やはり事案ごとに判断していくしかありません。その場合に基準になるのは「損害の公平な分担」という不法行為の制度理念です。「公平な分担」という言葉は曖昧だと思うかもしれませんが，意外に常識的な感覚でとらえることができます。ですから，それを基準にして，社会通念上「ここまでは賠償させるべきだよね」と思える範囲が相当因果関係だと思えばよいのです。

損害との間の因果関係

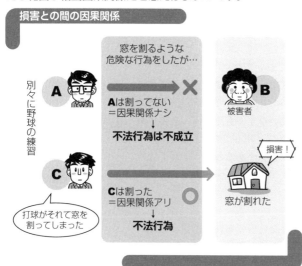

別々に野球の練習

窓を割るような危険な行為をしたが…

A

Aは割ってない
＝因果関係ナシ
↓
不法行為は不成立

被害者 B

C

打球がそれて窓を割ってしまった

Cは割った
＝因果関係アリ
↓
不法行為

損害！

窓が割れた

相当因果関係
賠償の範囲はどこまで?

たとえば，ある人が交通事故に遭って入院したとしましょう。子どもたちが駆け付けた場合，その交通費はおそらく相当因果関係の範囲でしょうね。では，いとこが駆け付けた場合はどうでしょう？ 姪や甥なら？ 高校時代の同級生や近所の人ならどうでしょう？そう考えると線引きって難しいんです。それに，不法行為の生じ方は千差万別ですから，「これに当てはめればスパッと限界がわかる」などという明確な基準はありません。やはり，ケースバイケースで「常識的な範囲」ということで考えていくしかないんです。それが相当因果関係ということです。

⑤ 行為者に責任能力がある

責任能力というのは、「そのような行為をすれば賠償責任を負わされる」ということについての判断能力のことをいいます。

たとえば、5〜6歳くらいの子どもが、近所の空き小屋に無断で侵入して、暗い小屋の中でろうそくの明かりをつけて遊んでいたところ、床に散らばっていた木くずにろうそくの火が燃え移って、その小屋を全焼したとしましょう。その場合、子どもには、そのような行為が小屋を全焼させる危険があることや、その結果として賠償の義務が自分にかかってくることを判断する能力があるといえるでしょうか。いえないですよね。

一方、これが高校生や大学生とかの年齢になると、それなりの社会経験も積んでいますから、賠償責任がかかってくることは当然に判断できるでしょう。

これが、行為者に「責任能力がある」ということなんです。

つまり、自分の行為によって他人に損害を生じさせることを理解できない者の場合は、不法行為を起こさないようにしようという意味での行動の抑制が効きません。ですから、自分のやりたいとおりに行動してしまって、その結果として簡単に損害を発生させる危険性があるんです。

たとえば、最近多くなっている自転車による子どもの加害行為もそうですよね。自転車の運転にはさまざまな危険が伴うことは、やはり大人が教えないと、子ども自身では理解が難しいんです。

ですから、そのような者（責任無能力者）については、他人に損害を与えないように、親などの監督義務者が十分な注意を尽くすべきであって、むしろ監督義務者こそが責任を問われる主体とすべきなんです。

これが、不法行為の要件として、その行為をした人の責任能力が要求される理由です。

なお、責任能力は「そのような行為をすれば賠償責任を負わされる」ということについての判断能力ですから、これが備わるのは、おおよそ11〜12歳くらいが一つの目安とされています。個人差もあるので、ケースバイケースで判断されていて、スパッと明確な基準で割り切れない点は悩ましいところです。

混乱しやすい責任能力と事理弁識能力

責任能力は、本文で説明したとおり、一般的不法行為の成立要件です。つまり、責任能力を欠く場合、不法行為は成立しません。ところで、不法行為分野では、「事理弁識能力」という言葉が使われることがあります。これは、不法行為が成立した場合に、損害を算定する際、「公平な分担」を図る観点から議論されるものです。たとえば、子どもが道路に飛び出して車と接触して負傷したという事例で考えてみましょう。「いきなり道に飛び出したら危ない」ということは、4〜5歳の子どもなら大体理解できるでしょう。それなのに飛び出した、それならば、その分は損害から差し引くということが認められています。これを**過失相殺**といいます。この、過失相殺を可能にする「それって危ないよ」と判断できる能力が事理弁識能力です。

第2章 債権各論

特殊的不法行為には
どんなものがある？

特殊的不法行為に説明を移します。

法が定める特殊的不法行為には，次のようなものがあります。

種類	特徴
責任無能力者の監督者の責任（714条）	・不法行為の成立要件として責任能力が要求されているので，責任能力がない者が違法に損害を与えても，その者は賠償責任を負わない。 →監督義務のある者が監督責任を怠ったことを根拠に賠償責任を負う。
使用者責任（715条）	・被用者が違法に加害行為をした場合 →被用者とともに使用者もまた賠償責任を負う。
工作物責任（717条）	・土地工作物の瑕疵(欠陥)のために他人に損害を生じさせた場合に負う責任 →第一次的には占有者が責任を負い，占有者が損害の発生を防止するのに必要な注意をしたことを証明したときは，占有者は責任を負わず，その場合には所有者が責任を負う。この場合の所有者の責任は無過失責任である。
動物占有者の責任（718条）	・占有する動物が他人に加害行為をした場合 →動物の占有者が責任を負う。この場合，所有者は責任を負わない。
共同不法行為（719条）	・数人が共同の不法行為によって他人に損害を加えた場合 →全員が連帯して全額について賠償責任を負う。 ・教唆者・幇助者も共同不法行為者とされる。

このうち，主に出題の対象とされるのは，**責任無能力者の監督義務者等の責任**と**使用者等の責任**ですから，この二つを中心に説明しましょう。

① 責任無能力者の監督義務者等の責任

責任無能力者とは，文字どおり，責任能力を欠く人のことです。

それで，なんでこういった責任が規定されていて，それが「特殊的不法行為」と呼ばれるかというと，**加害行為を実際に行っているのは責任無能力者であって，監督義務者ではない**んですね。ということは，監督義務者自体は加害行為（不法行為）を行ってはいません。それなのに責任を負わされる，つまり一般的不法行為の要件とは異なることから，特殊的不法行為と呼ばれているわけです。

そこで，なぜ監督義務者が責任を負わされるかというと，前述のように，責任能力がない人は，自分の思いどおりに勝

無過失責任

民法で損害賠償などの法的な責任を問うためには，行為者に落ち度(過失)がなければなりません。なんの落ち度もないのに責任を問うのは酷にすぎるからです。ただ，行為者の落ち度を証明できなくても，相手にもなんら落ち度がなく，また相手を救済する必要性が高いという場合には，法は例外的に責任を問うことを認めています。これが無過失責任です。

責任無能力者の監督義務者等の責任

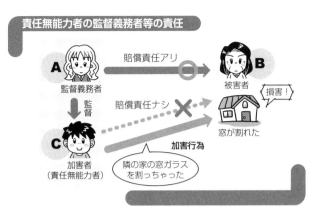

A 監督義務者 → 賠償責任アリ → B 被害者

A 監督 ↓

C 加害者（責任無能力者）

隣の家の窓ガラスを割っちゃった

加害行為

賠償責任ナシ ✕ 窓が割れた 損害！

手に行動してしまって，他人に損害を与える危険性というものを認識しないわけです。そういう人には，その行動に責任を負う立場の者，つまり監督義務者が危険性の存在などをきちんと教えて監督して，被害の発生を防止するように努めなければなりません。それを怠って加害行為が行われてしまった場合は，監督義務者は，いわば間接的に損害を発生させているのと同じことになるわけです。

　ですから，自ら加害行為をしていなくても，「損害の公平な分担」という点から賠償責任を負うべきだというのが法の考え方です（714条1項本文，同条2項）。

　ここで監督義務者というのは，次のような立場の人たちです。

【監督義務者の例】

・未成年の責任無能力者については親権者や後見人など
・成年被後見人の後見人
・保育園の保育士や幼稚園・小学校の教員など

　なお，責任無能力者の監督義務者等の責任が以上のような趣旨で認められていることから，監督義務者がその義務を怠らなかったときや，その義務を怠らなくても損害が生じたであろうという場合には責任を負いません（714条1項ただし書き）。

② 使用者等の責任

　法は，「ある事業のために他人を使用する者は，被用者がその事業の執行について第三者に加えた損害を賠償する責任を負う」と定めています（715条1項本文）。また，これに加

教唆者・幇助者

教唆者（きょうさしゃ）とは，他人をそそのかして不法行為を決心させた人で，幇助者（ほうじょしゃ）とは，直接に不法行為を行った人の実行を補助したり容易にした人のことです。

714条（責任無能力者の監督義務者等の責任）

1　…責任無能力者がその責任を負わない場合において，その責任無能力者を監督する法定の義務を負う者は，その責任無能力者が第三者に加えた損害を賠償する責任を負う。ただし，監督義務者がその義務を怠らなかったとき，又はその義務を怠らなくても損害が生ずべきであったときは，この限りでない。
2　監督義務者に代わって責任無能力者を監督する者も，前項の責任を負う。

懈怠

監督義務者がその任務を怠ることを「任務懈怠」などと言ったりします。
懈怠（けたい）というのは，怠けて放置することです。

714条1項ただし書きの意味

ただし書きの後段のほうは，損害との間に因果関係がないということです。前段の「義務を怠らなかった」については，監督義務者は責任無能力者が他人に損害を与えないようにするための「全般的な監督責任」を負っていますから，確かに条文上は免責事由とされているものの，これが認められることはまずありません。

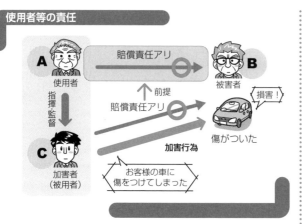

使用者等の責任

- A 使用者
- 賠償責任アリ → B 被害者
- 前提
- 賠償責任アリ ↑
- 損害！
- 傷がついた
- 指揮・監督 ↓
- C 加害者（被用者）
- 加害行為
- お客様の車に傷をつけてしまった

使用者

他人を使用している人です。人を雇って事業をしている人，いわゆる雇い主ですね。物を使用して他人に損害を与えた人（＝加害者）ではありませんので注意してください。
ちなみに使用者に雇われて使われている人は「被用者」です。

えて，使用者に代わって事業を監督する者も同様の責任を負うとしています（同条2項）。

これらを**使用者等の責任**といいます（通称は**使用者責任**）。

まず，この責任が①と大きく違うところは，**使用者の責任の場合は加害者の不法行為が前提になっているということで**す。

それで，なんで使用者にこんな責任が認められるかというと，使用者は被用者の働きによって活動の範囲を広げ，そこから自分一人ではできなかったであろう利益を被用者の活動によって得ているわけですよね。そして，活動範囲を広げたということは，広がった範囲でいろんなリスクが生じてくるわけです。これが一般的不法行為の場合だったら，自分が普段よりも活動の範囲を広げて，そこでリスクが生じたとしても，自分で責任を負えばよかったんですが，それを他人に委ねたということは，その他人が自分のために活動してくれた範囲のリスクは，やはり自分が負うべきということになるわけです。

これをちょっと難しく言うと「**自ら危険を作り出した者はその結果についても責任を負うべきだ（危険責任原理）**」，そして「**他人の活動で利益を得ている場合には，そこで生じた損失についても責任を負うべきだ（利益の存するところ損失もまた帰する＝報償責任原理）**」と表現できます。

なお，報償責任原理にいう利益とは，営業利益などといった一般的な利益という意味ではなく，「便利さなどを含めて自分のためのメリットがある」というような意味ですから，営利を目的としない場合でもかまいません。ただし，**使用者**

使用者責任は被用者の不法行為が前提

使用者責任は，被用者の不法行為が前提になっています。たとえば，銀行員が顧客の口座を無断解約して預金を横領し，顧客に損害を与えるなど，被用者自体が一般的不法行為の要件を備えることが必要です。もちろん，その場合は，横領した銀行員も損害賠償責任を負いますが，額が大きく，またそれをギャンブルにつぎ込んでいたような場合には，十分な賠償は望めません。しかし，顧客は銀行を信頼してお金を預けているのですから，その信頼に応えるような従業員教育や従業員の監督が必要なわけです。やはり，そうなると，銀行に賠償責任を負わせるということも納得できるでしょう。

結局，これも，「損害の公平な分担」という観点から考えると合理的な制度なんです。

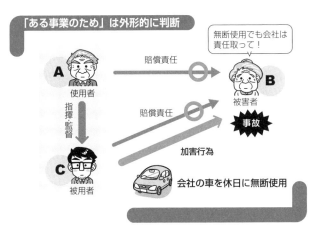

「ある事業のため」は外形的に判断

無断使用でも会社は
責任取って！

A 使用者 → 賠償責任 → B 被害者

指揮・監督 ↓

賠償責任 →

事故

加害行為

C 被用者

会社の車を休日に無断使用

第2章 債権各論

と被用者との間に実質的な指揮監督関係のあることが必要です。

　次に，「ある事業のため」というのは，純粋に被用者の業務遂行中といった限定的な意味ではなく，「自己の活動範囲を広げていれば，そこから生じたリスクについても責任を負うべき」という趣旨でとらえてみてください。つまり，「広がった活動範囲」かどうかという観点から判断されるということです。このように，客観的・外形的に判断するという立場を**外形標準説**（がいけいひょうじゅんせつ）と呼んでいます。

　ですから，上の図のように，被用者が休日に無断で会社の車を持ち出して事故を起こしたというような場合でも，使用者は責任を負うことになります。

　なお，①の責任と同様に，「使用者が被用者の選任及びその事業の監督について相当の注意をしたとき，または相当の注意をしても損害が生ずべきであったとき」は責任を免れることができます（715条1項ただし書き）。

　ただ，上の図のような「車の無断持ち出し」のケースでは，使用者が車の管理をしっかりしておけば防げたはずですから，「相当の注意をした」場合には当たりません。

　ところで，使用者責任の場合には，被用者と使用者の双方が損害賠償責任を負うわけですよね。

　その意味は損害を二人分払うとか，両者で分担する，あるいは被用者に賠償能力がない場合に使用者が補充的に払うなどといったことではありません。どちらも最初から（つまり第一次的な）全額の賠償責任を負っていて，そのどちらかが払えば，それで賠償責任は終了します。

使用者責任にいう「使用者」

被用者との間に雇用関係があることは必要ではありません。ここでも，キーワードは「**損害の公平な分担**」です。つまり，指揮監督して人を使うことで利益を得ているという関係があればよく，契約の種類がどうだということは関係ありません。たとえば同じように弁護士に依頼した場合でも，弁護士が直接の監督を受けず「お任せ」という場合には（通常はこれでしょう），依頼者は使用者とはいえませんが，具体的な指揮監督関係が認められれば，依頼者も使用者としての責任を負うことになります（大判大12・6・7）。

客観的・外形的

こういう言葉が出てくると，とたんにこんがらかるかもしれません。「外形的ってナニ？」ちょっと難しいですよね。これ，簡単にいうと本人の意図ををを基準にしないということです。たとえば，時間外に会社の車のキーを無断で持ち出してドライブし，過失で事故を起こしたなどという場合，加害者である従業員は業務として車を運転しているわけではありません。それに，深夜に営業範囲でもない場所で運転していたような場合には，「客観的に見ても『事業のため』とはいえないんじゃ？」って思いますよね。結局，これは，「使用者にも責任の一端を負ってもらうのが妥当かどうか」という法政策上の判断なんです。加害者本人の意図を基準にしないので，客観的・外形的という言葉で表現せざるをえないのですが，あまり「外形」という

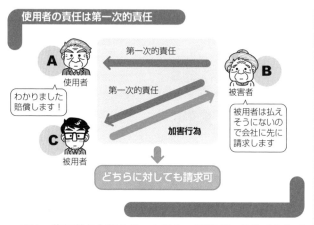

使用者の責任は第一次的責任

第一次的責任

A 使用者

わかりました賠償します！

C 被用者

加害行為

B 被害者

被用者は払えそうにないので会社に先に請求します

第一次的責任

どちらに対しても請求可

では，使用者が全額を払った場合，被用者に求償できるでしょうか。

これも結局は，「自己の活動範囲を広げていれば，そこから生じたリスクについても責任を負うべき」という点から判断されることになります。

つまり，「得をしてるんだから，その分は使用者の責任でしょ！」という場合もあるので，**被用者への求償**（715条3項）は「信義則上相当と認められる限度に限られる」とされています（最判昭51・7・8）。

🏠 不法行為の効果

不法行為が成立すると，その効果として**金銭による損害賠償請求権が発生**します。つまり，不法行為については金銭賠償が原則です（722条1項による417条の準用）。

原状回復は，**法律の定めまたは特約がある場合でない限り認められません**。なぜかというと，原状回復が困難な場合があるとか，不当に過剰な費用がかかるなど，いろいろと問題があるからです。

たとえば，骨董の高価な花瓶を落として割ってしまったような場合，元の割れていない状態に戻すことは物理的に不可能ですよね。

また，交通事故で相手の車を大破させたとして，いかに被害者の車が「思い入れのある愛車」だとしても，元に戻す費用が新車に買い替えてもらう費用より数倍高いというので

言葉の意味にとらわれる必要はありません。

 求償

他人の債務を代わりに支払った人がその肩代わりした分をその人に請求することです。

 被用者からの逆求償

使用者から被用者への求償が「信義則相当と認められる限度に限られる」ということは，裏を返せば，使用者にも一定限度で自身の賠償責任があるということを意味します。ならば，被用者が全額を賠償した場合，使用者に**逆求償**することも認めてよいはずです。そこで，判例は，全額を賠償した被用者は「損害の公平な分担という見地から相当と認められる額について，使用者に対して求償することができる」としています（最判令2・2・28）。

 原状回復

ある行為の結果として現在生じている状態を，その行為が起こる前の状態に戻すことです。

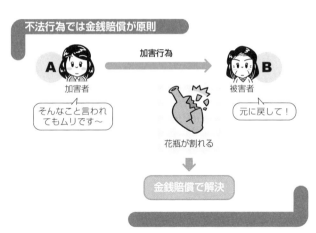

不法行為では金銭賠償が原則

A 加害者 — 加害行為 → B 被害者

そんなこと言われてもムリです〜

花瓶が割れる

元に戻して！

金銭賠償で解決

は，かえって加害者に酷になってしまいます。

ですから，法は，不法行為については原状回復ではなく金銭賠償を原則としているわけです。

ところで，この賠償請求権は金銭債権ですから，相続によって相続人に承継されます。

よく問題になるのが交通事故などで被害者が即死した場合ですが，たとえ即死の場合であってもいったんは被害者本人に請求権が発生し，それが相続人に直ちに相続されるとされています。

「え？　即死の場合は，被害者は事故に遭ってすぐに亡くなっているから，賠償請求権は発生しないんじゃないの？」「賠償請求できるって，人じゃなきゃダメでしょ！　権利義務の主体となれる地位が権利能力で，それって生きてないとダメって言わなかったっけ？」

実際，そうなんです。

それで，ここ，学説も大変な苦労があったんです。たとえば，「即死といっても，被害を受けて死亡するまでの間はたとえ0コンマ数秒でも時間的な間隔があるはずだ。だから，その間に賠償請求権が発生して，それが相続人に相続されるんだ」など，いろいろ工夫しました。

でも，最後に決着をつけたのはバランス論でした。

すなわち，「重傷を負って賠償請求し，その後に死亡した場合は相続されるのに，より被害が重大な即死の場合に相続されないというのはおかしい」というわけです。

だから，もうゴチャゴチャいうのはやめて，即死の場合も相続を認めていいんじゃないのということで，判例は賠償請

金銭債権

一定の額のお金の支払いを目的とする債権です。お金の貸し借りの場合だけでなく，物を買ったときの代金の支払いもこれに当たります。

承継

相続などによって，本人の権利や地位を受け継ぐことです。

求権の相続を認めています（大判大15・2・16，最大判昭42・11・1）。

過失相殺…被害者側の過失とは

　これまで，加害行為について説明してきましたが，被害者に過失がある場合には，損害の公平な分担という観点から，その過失分を差し引く形で賠償額を減額することが認められています。これを**過失相殺**といいます（722条2項）。

　では，問題です。

　親が手を離したすきに，子ども（保育園児）が道に飛び出して，車に接触して負傷したとしましょう。

　この場合，「日頃から道に飛び出さないことを言い聞かせておく」とか，「車の通る近くでは手を離さない」などの注意を怠ったことについての過失が認定されると，それが親の場合は，子どもの損害額から親の過失分を差し引かれてもしかたがありません。その理由は，簡単に言えば家計が一緒だからです。

　では，その過失の主体が保育園の保育士だった場合はどうでしょう。たとえば，そのような事故が，保育時間中，子どもたちが近くの公園に出かけるときに同じことが起きた場合，子どもの損害額から過失分を差し引く（保育士の過失分だけ賠償額を減額する）ことはできるんでしょうか。

　こちらのほうは，できないんですね。

　なぜかというと，子どもの負傷は，車の運転者の過失と保育士の過失が合わさって起こったものだからです。つまり，保育士にも園児の負傷に対して責任があるわけです。そして，保育士は負傷した保育園児と家計は一緒ではありませんから，過失相殺は認められません。

　これをまとめていうと，過失相殺が認められる「被害者の過失」には，被害者本人だけでなく被害者側の過失も含まれますが，そこにいう「被害者側」とは，「被害者と身分上ないしは生活関係上一体をなすと認められるような関係にある者」をいうとされています。

　難しい表現ですが，財布（家計）が一緒かどうかで判断すればわかりやすいと思います。

相殺

「そうさい」と読みます。貸し借りを互いに打ち消し合って帳消しにすることです。

被害者側の過失
（最判昭42・6・27）

著名な判例で出題頻度も高いので，判旨を挙げておきます。

「民法722条2項に定める被害者の過失とは単に被害者本人の過失のみでなく，ひろく被害者側の過失をも包含する趣旨と解すべきではあるが，被害者本人が幼児である場合において，そこにいう被害者側の過失とは，例えば被害者に対する監督者である父母ないしはその被用者である家事使用人などのように，被害者と**身分上ないしは生活関係上一体**をなすとみられるような関係にある者の過失をいうものと解するを相当とし，両親より幼児の監護を委託された者の被用者のような被害者と一体をなすとみられない者の過失はこれに含まれない」

246

不法行為の時効は何年？

　不法行為に基づく損害賠償請求権の時効については，特別の規定が設けられています。

　それは，不法行為の特殊性に基づくものです。次のようになっています。

不法行為による損害賠償請求権の消滅時効

起算点は，短いほうが「被害者又はその法定代理人が損害及び加害者を知った時」からで3年間，長いほうが「不法行為の時」からで20年間です（724条）。

　なぜ，短いほうがこんな要件になっているかというと，たとえば「押入れに保管してあった骨董品がいつの間にか盗まれていたので，警察に届けたところ，1年後に警察からの連絡で知人が持ち去っていたことがわかった」などという場合，損害と加害者の双方がわからなければ，賠償請求のしようがないわけです。それなのに，さっさと時効だけが来てしまうというのでは不都合なので，要件がこのようになっているんですね。

　なお，生命・身体侵害の場合は，短いほうが5年に延長されています（724条の2）。

　これは，たとえば交通事故で長期入院を余儀なくされたような場合に，賠償請求までの時間の余裕を十分に持たせる必要があるといった配慮に基づくものです。

　以上が不法行為についての説明です。

　問題演習で知識の整理をしておきましょう。

時効期間

時効期間はちょっとややこしく見えるかもしれないので，もうちょっと詳しく説明しておきます。
加害者が判明したんだったら3年のうちに損害賠償をしてくださいね！というのが基本です。でも生命や身体を侵害されるような加害行為に関しては期間を5年に延長しますということになっています。
そして加害者が不明のまま何年も経過している場合は，不法行為から20年たったら区切りをつけてくださいねということになっているのです。
「民法Ⅰ」の「1-12時効①」も参照してください。

不法行為に関する次の記述のうち，妥当なものはどれか。

(国税専門官　改題)

1 損害賠償請求権は，その性質上被害者の一身に専属する権利であって，被害者の死亡とともに消滅し，原則として相続の対象とならないとするのが判例である。

2 未成年者は不法行為による損害賠償責任を問われることはないが，その親は監督者責任を問われることがある。

3 被用者が職務を行うに当たり他人に損害を与えた場合には，その被用者が損害賠償責任を負うから，使用者に損害賠償責任が生ずるのは被用者に賠償能力がない場合に限られる。

4 業務上自動車使用を許されていた被用者が，勤務時間終了後遊びに行くため会社の自動車を運転中に起こした事故であっても，使用者に対し責任を問うことができるとするのが判例である。

5 人の生命侵害の不法行為による損害賠償請求権は，被害者またはその法定代理人が損害および加害者を知った時から３年間行使しないときには，時効によって消滅する。

本問のポイント！

1. 賠償権求権は一身専属権ではなく，相続の対象となります（最判昭42・11・1）。被害者が生前に賠償を得ていた場合（賠償金は相続の対象）と比較して不均衡だからです。

2. 未成年者であっても，責任能力が認められれば不法行為責任を負います（712条）。

3. 被用者の賠償能力の有無にかかわらず使用者も賠償責任を負います（715条１項本文）。

4. 妥当な記述です。本肢のような場合，使用者は業務上自動車使用を許されていた被用者が勤務時間後に私用目的で自動車を無断使用しないように車の管理を徹底すべきであり，それにもかかわらず容易に無断使用できる状態の下で事故を発生させたという場合には，その事故は「使用者が業務上被用者に自動車使用を許していたからこそ発生した事故」，すなわち，「事業の執行について」生じた損害と評価できます。そのため，判例はこのような場合の使用者責任の成立を認めています（最判昭37・11・8）。

5. 人の生命・身体侵害の場合の時効期間は３年ではなく５年です（724条の2）。

一身専属権

その権利を行使するかどうかの判断が権利者の意思にかかっている権利のことです(行使上の一身専属権)。その人の意思を無視して他の人が勝手にその権利を行使することは認められません。

本問の正答は**4**です。

正答　4

「2-6　不法行為」のまとめ

一般的不法行為

▶不法行為とは，故意・過失に基づく加害行為によって他人に損害を加えた場合に，加害者に被害者の被った損害を賠償させる制度である。

▶不法行為制度の目的は，加害者の制裁ではなく，損害の公平な分担という点にある。

▶一般的不法行為の成立要件は，加害者に故意または過失があること，他人の権利もしくは法律上保護される利益を違法に侵害したこと，それによって損害が発生したこと，加害行為と損害との間に因果関係があること，行為者に責任能力が備わっていることの五つである。

特殊的不法行為

▶未成年者や精神障害者など責任能力がない者の場合は，行為者自身は責任を負わず，これらの者を監督すべき法定の義務ある監督義務者または代理監督者が不法行為責任を負う。

▶ある事業のために他人を使用する者は，被用者がその事業の執行につき第三者に加えた損害を賠償する責任を負う。これを使用者責任という。

▶使用者責任は，被用者に賠償能力がない場合に補充的に負う責任ではなく，使用者が被用者とともに第一次的に負うべき責任である。

▶「事業の執行について」とは，厳密な意味での事業の執行行為に属していなくても，外形的に見て使用者の事業の範囲内に属していると認められればよい（外形理論）。

▶使用者が損害を賠償した場合，使用者は信義則上相当と認められる限度において被用者に求償することができる。

不法行為の効果

▶不法行為が成立すると，その効果として損害賠償請求権が発生する。原状回復は，法律の定めまたは特約がある場合でない限り認められない。

▶過失相殺の被害者の過失には，被害者本人だけでなく，被害者側の過失も含まれる。被害者側とは，「被害者と身分上ないしは生活関係上一体をなすと認められるような関係にある者」をいう。保育園の保育士はこれに含まれない。

第**3**章

家族法

〜家族間の法律関係〜

　ここからは，財産法と並ぶ民法のもう一つの領域である家族法に入ります。

　家族法は債権法に比べて出題数自体は少ないのですが，家族の形態や家族関係を取り巻く社会の意識の変化の中で，注目度が次第に増してきているのも事実です。法改正も相次いでいて，ほぼ毎年のようにさまざまな改正が行われています。

　家族法は，家族という身近な存在を規律の対象としていますが，その中心にあるのは「個人の尊重」です。そして，個人の意識が社会の中で変化すれば，個人の尊重のあり方も変わっていくものですから，家族法の変遷は，いわば社会の変化を映す鏡といえます。そういう意味で，興味を持って学ぶことのできる分野ですから，しっかりと理解するようにしましょう。

　家族法が終われば，いよいよ民法は終了です。さあ，もうひと踏ん張りです！

婚　姻
～当事者の意思を尊重することが婚姻のベース～

ここから，いよいよ家族法の説明に入ります。家族法は，人の一生に沿う形で，新たな家族の形成である**婚姻**から始まり，出産を経て生じる**親子関係**，人生の終焉を迎えた場合の**相続**，そして残された家族のための**遺言**と**遺留分**という順序で進んでいきます。本項は，まず，最初の婚姻の説明です。

婚姻の重要度

婚姻は，相続と並ぶ家族法分野の中心的出題箇所です。ただ，家族法自体が財産法に比べて出題数が圧倒的に少ないので，主要なポイントを押さえておけば知識としては十分です。

親族とはどの範囲の人をいうのか

よく，「あの人とは親戚だ」などということがありますよね。

ただ，親戚だからといって「親族」であるとは限りません。親戚とは一定の家族関係があるというだけで，法律でいうところの親族とは違います。

なぜなら，親族という言葉を法律用語として使う場合，そこには一定の権利や義務が生じるからです。ですから，そんな権利や義務が生じない間柄の場合は，たとえ親しく親戚付き合いをしていても，民法でいう親族ではないのです。

**親族と
親類・親戚の違い**

親族には，相続や扶養など法律上の権利義務が出てきます。その範囲は，法によって限定されています（次ページ参照）。それ以外で，日頃親族付き合いをしていても，そのような人には親族としての法的な権利義務は認められていません。これが親族と親類・親戚の違いです。
本文の図にあるような「伯父の妻の姉」などは，血のつながりもなく，親族ではありませんから，たとえ日頃から親戚として親しくしていても，法的な問題にはかかわることができません。

親族の意義

おばさん，いつも遊んでくれてありがとう！

また遊びにおいで！

親戚付き合い

A 本人

B 伯父の妻の姉

両者は「親族」ではない

では，民法でいう親族とはどのような関係にある場合をいうのでしょうか。まずはそこから始めましょう。

次ページの下の図を見ながら確認してください。

まず，親族というのは，本人から見て次の範囲の人をいいます。

おじ・おば

自分の父親・母親よりも年長のおじ・おば（父母の兄・姉）はそれぞれ「伯父・伯母」と書きます。
自分の父親・母親よりも年少のおじ・おば（父母の弟・妹）はそれぞれ「叔父・叔母」と書きます。

【親族の範囲】(725条)

①6親等内の血族
②配偶者
③3親等内の姻族

配偶者

結婚した相手のことです。夫や妻のことを総称してこういいます。
なお，親族の配偶者も，当該配偶者と同一の親等で親族となります（p292右欄の「特別寄与の制度」などで親族かどうかが影響してきます）。

ここで聞きなれない言葉が出てきましたね。親等と血族・姻族がそれです。

先に後者から説明しますと，**血族**とは血のつながりがある人たちのことで，**姻族**とは配偶者の血族のことです。なお，養子縁組をすると，血のつながりがなくても血族すなわち血のつながりがある人たちと同等の権利義務が生じます。これを**法定血族**と呼んでいます。そこで，これと区別するため

養子縁組

実際の血縁関係とは無関係に，法律的に親子関係になることをいいます。

第3章 家族法

親族と親等計算の例

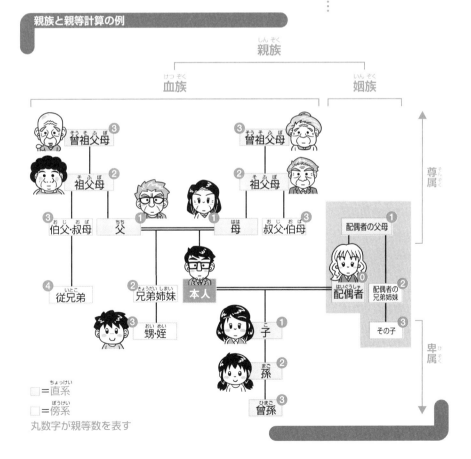

□＝直系
□＝傍系
丸数字が親等数を表す

に，もともと血のつながりがあって血族になっている人たちのことを**自然血族**と呼んでいます。

次に**親等**ですが，これは，親族の中で本人（基準となる人）から近い順に番号を付けていきます。番号は，直接の血縁関係をたどって世代を上にいったり下にいったりしたときに一つずつ増えますが，横にはいきません。なぜ親等に番号を付けるかというと，より近い人たちに，それに応じた権利義務が生じることが理由です。

前ページの図は，「○親等内の親族〜」などという表現が出てきたときに，その都度参考にしてください。

婚姻の成立要件とは？

では，本項のメインテーマである**婚姻**に移ります。

最近，よく事実婚という言葉を耳にするようになりましたが，民法の法制度は，「事実上の婚姻関係があれば法的にも夫婦として扱う」ではなく，「婚姻の有効要件を満たした場合に夫婦として扱う」です。これを**法律婚主義**といいます。

そこで，まず，婚姻の要件ですが，これはいたってシンプルです。

【婚姻の有効要件（742条）】

・両当事者間に婚姻意思があること
・届出をすること

ね，簡単でしょう？　これを覚えておくだけですぐに解ける問題がけっこうありますから，この知識は必須です。

そして，このいずれかの要件を欠く場合，婚姻は無効です。つまり，婚姻の意思と届出の二つのいずれかを欠く婚姻は，無効原因になります。

それで，なぜ法律婚主義，つまり届出をしなければ法律上の夫婦として認めないのかというと，扶養義務とか相続など，これから出てくるいろんな法律上の権利義務を判断するのに，明確な基準が必要だということが大きな理由になっています。その明確な基準が「戸籍に夫婦として記載されている」ということなんです。

ただ，事実婚についても，近年はできるだけ法律婚に準じ

た扱いをしようとか，社会的に承認していこうという流れになってきています。事実婚の夫婦についても，今後権利義務が拡大されていくと思いますが，現状では，民法は法律婚主義を基本としていることを理解しておいてください。

婚姻障害ってナニ？

前述のように，婚姻意思と届出のいずれかを欠く婚姻は無効ですが，これ以外にも倫理的な理由や優生学上の理由などから婚姻が制限されている場合があります。これを**婚姻 障害**といいます。以下に一覧表にしておきます。

婚姻障害

事由	内容	理由
重　婚の禁止	配偶者のある者は，重ねて婚姻をすることができない（732条）	一夫一婦制の維持（倫理的理由）
近親婚の禁止	直系血族または３親等内の傍系血族間では，婚姻できない（734条１項）	優生学的（遺伝学的）理由から
	直系姻族の間では，姻族関係終了後も婚姻できない（736条）	倫理的理由

まず，これらはすべて婚姻の取消し事由です。

なぜ無効でなく取消しにするかというと，いちおう婚姻共同生活を送るという意思はあるわけですし，その間に生まれた子があれば，その子を嫡出子として扱いたいという考慮があるといわれています。

表の中で問題になりそうなものを，いくつかピックアップして説明しておきましょう。

① 婚姻適齢

令和4年（2022年）3月31日までは，民法に，男は18歳以上，女は16歳以上にならなければ婚姻できないとする規定が存在しました（旧731条）。女性の婚姻適齢が男性のそれよりも若かったのは，心身の発達が，女性の方が男性よりも早かったことが理由とされていました。

しかし，時代の変遷によって，大家族から核家族へ，また女性の社会進出の進展という状況の下で，現代では，婚姻家

優生学上の理由

遺伝子的に近い人どうしから生まれた子どもには，先天性の病気や障害が起きるリスクが高くなるなどの理由です。

私益的見地からの婚姻障害

本文の表は，公益的見地からの婚姻障害です。このほかに，私益的見地からの婚姻障害として，詐欺・強迫による婚姻があります。これも婚姻の取消事由とされています（747条）。

婚姻の取消しと遡及効

婚姻の取消しには遡及効がありません。これは，民法Ⅰで説明した「遡及効のある取消し」（121条，民法Ⅰp123）と効果の点で異なっています。つまり，婚姻を取り消しても，婚姻は取消しの時点から将来に向けて解消となり（748条１項），それまでの婚姻は有効なものとして扱われます。いわば，**離婚と同じ扱いです**（749条）。これは，その間に生まれた子を嫡出子として扱うための配慮です。

庭を営む上での重要度が社会的・経済的な成熟性に移るようになり，その点を考慮すれば男女間に差異はないことから，同年4月1日から，**成年年齢の満18歳への引き下げと合わせて，婚姻適齢が男女とも満18歳に統一**されました。また，「不適齢婚」という条文のタイトルも「婚姻年齢」に変更されました。現在，同規定は「婚姻は，18歳にならなければ，することができない」という内容に変更されています。

　そのため，**婚姻適齢**に達していないのに婚姻届が誤って受理された場合には，取消しができる婚姻となります。

参考　成年擬制の廃止

　成年擬制（せいねんぎせい）とは，「未成年者が婚姻をしたときは，これによって成年に達したものとみなす」とする制度で，民法753条に規定されていました。この制度は「未成年者が婚姻する」ことを前提としたものですが，平成30年（2018年）の法改正による**成年年齢の満18歳への引き下げと男女の婚姻適齢の満18歳への統一**によって，未成年者の婚姻という事態は制度上起こり得なくなりました。そのため，同法の施行に合わせて，令和4年（2022年）4月1日から成年擬制の制度は廃止されています。

---

②近親婚の禁止

　近親婚の禁止については，「直系血族または3親等内の傍系血族間」と「直系姻族間」では趣旨が異なります。

　ここで**直系**（ちょっけい）とは，祖父母・父母・自分・子・孫というように，上下にまっすぐつながっている（血統が直下的に連絡する）場合で，**傍系**（ぼうけい）とは，兄弟・おじ・おば・いとこというように途中でいったん横に分かれている（血統が共同の始祖で連絡する）場合をさします。

　そして，「直系血族または3親等内の傍系血族間」については，優生学的配慮がメインの理由になっていますから，この趣旨は血のつながりのない養子には当てはまりません。そのため，**養子と養方の傍系血族との間では婚姻が可能**とされています。

　なお，養子の場合にも，**直系血族間では婚姻が禁止**されています。これは，養親子間などの婚姻は倫理的に好ましくないという配慮からです。

　「3親等内の傍系血族」という範囲はちょっとわかりにくいと思います。「甥（おい）・姪（めい）やおじ・おばとは婚姻できないが，い

直系・傍系

親戚関係の本家と分家のことではないので注意が必要です（本家が直系で分家が傍系というわけではありません）。
直系・傍系はあくまでも誰かを基準にして見た場合の言い方なので，分家の人から見た本家の人たちは「傍系」になります。

養方

養子から見た，養親（ようしん）の親族をいいます。

「とことは婚姻できる」と覚えておけば判断しやすいでしょう。

一方，直系姻族間の場合は，姻族関係が終了した後も婚姻が禁止されています。これはどういう場合かというと，たとえば，Aと離婚したAの夫Bが，Aの実母Cと婚姻するような場合です。一度は母と呼び，息子と呼んだ者どうしが婚姻するのは倫理的に好ましくないとして，**姻族関係が終了した後も婚姻は禁止**されています。

 参考 再婚禁止期間の廃止－無戸籍児対策

再婚禁止期間は，令和6年（2024年）4月1日に廃止されました。再婚禁止期間は，妻が再婚して間もなく子を出産したような場合に，その子が前夫の子か現夫の子かという争いを生じさせないようにするため，つまり嫡出推定の重複を避けるためのものでした。ですが，この制度の負の側面として，妻がDV被害を逃れて再婚するような場合に，婚姻解消の日から300日以内に出産すると，以前は前夫の子としてしか戸籍を作ってもらえず（772条2項，300日以内の出産だと前夫の子と推定されるため），そのため母が届出をためらって，これが**無戸籍児を生じさせる大きな要因**になっていました。しかし，婚姻解消後に出生した子は再婚後の夫の子である蓋然性が高く，それを推定する法改正が行われることになり，それがあれば前記の重複問題は生じなくなるので，当該法改正と同時に再婚禁止期間も廃止に至りました。

 ## 成年被後見人が婚姻するのに成年後見人の同意は不要

ところで，成年被後見人が婚姻をする際には，成年後見人の同意は必要でしょうか。

確かに，成年被後見人の場合，婚姻について「十分に考えたのかな？」という心配はあるのですが，法は，本人の意思を尊重して，**成年被後見人の婚姻には成年後見人の同意はいらない**としています（738条）。ここでも，意思の尊重がポイントになっています。

そもそも婚姻では，**相互の信頼と協力のもとに婚姻共同体を維持するという意思**こそが最も重要ですよね。当事者どうしが信頼し合って婚姻を望んでいるのに，後見人が同意しないので婚姻届が出せないというのは，無用な干渉でしょう。

 甥・姪・いとこ

自分の兄弟の子どものうち，男の子を甥，女の子を姪といい，3親等になります。
いとこは，自分の父母の兄弟の子どものことで，こちらは4親等です。

 嫡出推定重複問題の解消

令和6年（2024年）4月1日施行の改正法は，「女が子を懐胎した時から子の出生の時までの間に二以上の婚姻をしていたときは，その子は，その出生の直近の婚姻における夫の子と推定する。」としました（722条3項）。これにより，前婚解消後300日以内に生まれた子であっても，母の再婚後に生まれた子は再婚後の夫の子と推定され，推定の重複の問題はなくなりました。そのため，再婚禁止期間は存続の必要がないとして廃止されました。

第**3**章 家族法

婚姻の解消には
離婚と死亡解消の二つがある

婚姻の解消には**死亡解消**と**離婚**の二種があります。

両者は共に婚姻関係の解消という点では共通するものですが、以下のような点で違いがあります。

復氏

結婚前の姓（名字）に戻ることです。

婚姻の死亡解消と離婚の違い

	死亡解消（死別）	離婚
ふくし **復氏**	復氏しない（原則） 任意の復氏届によって復氏することも可能 （751条1項）	原則として復氏する（767条1項） （離婚の日から3か月以内の届出で復氏しないこともできる、同条2項）
いんぞくかんけい **姻族関係**	終了しない （生存配偶者が姻族関係終了の意思表示をした場合には終了、728条2項）	当然に終了（728条1項）
ざいさんぶんよ **財産分与**	相続によって行われる（882条）	財産分与請求権を通して 夫婦財産関係の清算が行われる（768条）

姻族関係というのは、たとえば「嫁・姑 関係」とか「義理の両親・義理の兄弟姉妹関係」などのように婚姻によって生じた配偶者の血族との親族関係です。

婚姻の解消後も姻族関係が残ると、たとえば嫁に姑の扶養の義務が課せられるなど（877条2項）、親族という地位に伴う法律関係が続くことになります。

そこで、当事者の心情や意思に配慮して、法は離婚の場合には姻族関係は当然に終了するものとしています（728条1項）。ただ、死別の場合には「亡くなった夫の親には世話になったので、引き続き面倒を見たい」などという場合もあるでしょうから、当然には終了せず、生存配偶者が姻族関係を終了させる意思を表示した場合に終了するものとしています（728条2項）。

 姑

配偶者の母親のことです。配偶者の父親は舅（しゅうと）です。

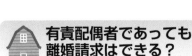 ## 有責配偶者であっても
離婚請求はできる？

離婚は、当事者が合意して、届け出ることによって成立します。

ただ、当事者の合意が成立しない場合には**裁判上の離婚**ということになるのですが、そのためには一定の離婚原因が必

 不貞行為

配偶者以外の人と性的な関係を持つことです。

 悪意の遺棄

夫婦関係の解消を意図したり、夫婦関係が破綻してもかまわないという積極的な意思のもとで、配偶者との同居や扶助の義務を怠ることです。
勝手に家を出ていったり、配偶者に生活費を渡さなかったりなどの、配偶者を見捨てるような行為をいいます。

要です。

具体的な離婚原因は次のようになっています。

【裁判上の離婚の請求原因(770条1項)】

① 配偶者に不貞な行為があったとき。

② 配偶者から悪意で遺棄されたとき。

③ 配偶者の生死が3年以上明らかでないとき。

④ 配偶者が強度の精神病にかかり，回復の見込みがないとき。

⑤ その他婚姻を継続し難い重大な事由があるとき。

①の「配偶者に不貞な行為があったとき」とは，自分が不貞行為を行ってという意味ではなく，他方配偶者に不貞な行為があったという意味です。

ただ，自ら不貞行為を行っていながら，他方配偶者に「もう愛情がなくなったから別れてほしい」と主張するのは，いかにも虫がよすぎますよね。このような「**自ら不貞行為を行った配偶者**」を**有責配偶者**といい，このような者からの離婚請求は認められないのが原則です。では，どんな場合でも認められないのでしょうか。

有責配偶者からの離婚請求

婚姻夫婦

A 有責配偶者 ← → B 他方配偶者

不倫関係

Cと結婚したいから別れてほしい

イヤです！

C

たとえば，もう何十年も別居状態が続いていて夫婦の関係が修復される見込みがないという場合はどうでしょう。子どもも育ってしまっていて，今後も夫婦関係を維持する必要がないような状態で，あえて婚姻関係を維持させる必要があるのでしょうか。

そこで，判例は，夫婦の別居が相当の長期間に及んでいて，未成熟の子が存在せず，相手方配偶者が経済的に困窮しないようにきちんと配慮するなど，相応の誠意が尽くされて

内縁

婚姻の実質を有しながら唯一婚姻の届出がないいわゆる**事実婚**状態をいいます。男女が互いに協力し合って生活を営み，普通の婚姻生活と同様の状態があることが必要です。

婚姻に関する民法の規定は，その性質が許す限り内縁にも準用されます。ただ，民法が**法律婚主義**を取っているため，内縁がいかに長期にわたっていても，届出がない以上婚姻夫婦とは認められません。そのため，内縁夫婦は互いの相続人になることはできません。ほかに相続人がいない場合には，**特別縁故者**として相続財産の全部または一部を分与されることはありえますが，相続人が一人でもいれば，財産を承継することはできません。

有責配偶者からの離婚請求
(最大判昭62・9・2)

有責配偶者からされた離婚請求であっても，夫婦の別居が両当事者の年齢及び同居期間との対比において相当の長期間に及び，その間に未成熟の子が存在しない場合には，相手方配偶者が離婚により精神的・社会的・経済的に極めて苛酷な状態におかれる等離婚請求を認容することが著しく社会正義に反するといえるような特段の事情の認められない限り，当該請求は，有責配偶者からの請求であるとの一事をもって許されないとすることはできないものと解するのが相当である。

いるような状況の中では，**有責配偶者からの離婚請求であっ
ても認められる場合がある**としました（最大判昭62・9・2）。
　以上が婚姻についての説明です。

　問題演習で知識の整理をしておきましょう。

例題21

　婚姻に関する次の記述のうち，妥当なものはどれか。

（地方上級　改題）

1　婚姻には，当事者間の婚姻意思の合致を必要とし，婚姻の効力が発生するに
　は，婚姻届が受理されるだけでは足りず，戸籍簿に記載される必要がある。
2　姻族関係は，離婚があっても当然には終了しないが，離婚の日から3か月以
　内に届け出ることによって，これを終了させることができる。
3　成年被後見人が婚姻をするには，その成年後見人の同意を必要とするため，
　成年後見人は，その同意のない婚姻を取り消すことができる。
4　養親と養子の間では，離縁によって親族関係が終了した後であっても，婚姻
　することができない。
5　夫婦の一方は，婚姻を継続し難い重大な事由があるときは，離婚の訴えを提
　起することができるが，自ら婚姻の破綻を招いた有責配偶者からの離婚請求が
　認められることはない。

本問のポイント！

1．婚姻は，戸籍法の定めるところによりこれを届け出るこ
　とによってその効力を生じます（739条1項）。すなわち婚
　姻の成立には，届出があればよく，その届出が受理された
　時点で婚姻は有効に成立します。戸籍簿に記載されること
　はその要件ではありません（大判昭16・7・29）。義務者と
　しては婚姻のために要求される手続きをすべて行っている
　以上，戸籍簿に記載したかどうかは市区町村の責任であっ
　て，その義務を怠った場合に，不利益を届出者の側に転嫁
　することは許されません。
2．姻族関係は，離婚によって当然に終了します（728条1
　項）。
3．成年被後見人が婚姻をするには，成年後見人の同意は必
　要ではありません（738条）。本人の意思をできるだけ尊重
　したいという配慮からです。
4．妥当な記述です（736条）。いったん親子になった者どう

成年被後見人

後見される側＝サポートさ
れる側の人です。未成年で
はなく成年者であって，判
断能力がほぼないので後見
人のサポートがついている
わけです。

しが婚姻するのは倫理的に好ましくないことから，法はこれを取り消すことができる婚姻としています。

5. **有責配偶者からの離婚請求**は原則として認められません。しかしながら，すでに婚姻の意義がまったく失われてしまっているような場合にまでこの原則を貫くことは，ケースによっては不都合な場合があります。そこで判例は，例外的ではあるのですが，有責配偶者からの離婚請求も一部これを認めています（最大判昭62・9・2）。

　本問の正答は**4**になります。

正答　4

成年後見人

後見する側＝実際にサポートする人です。一定範囲の親族等の申立てにより，家庭裁判所が選任します。配偶者など家族がなることが多いのですが，法律や福祉の専門家が選任されることもあります。

第**3**章　家族法

「3-1　婚姻」のまとめ

婚姻の成立

▶婚姻とは，法的に承認された男女間の結合体である。

▶婚姻の無効原因は，当事者に婚姻意思がないことと，届出がないことの二つである。

▶婚姻の届出がなされれば，たとえ戸籍簿に記載されなくても婚姻は有効に成立する。

婚姻の解消

▶婚姻の解消には死亡解消と離婚の二種がある。

▶失踪宣告がなされると，被宣告者の死亡が擬制されるので，被宣告者との間の婚姻関係は宣告によって解消する。なお，これは死亡解消であって離婚ではない。

▶有責配偶者からの離婚請求は，原則として認められない。しかし，子に養育上不利な立場に立たせることもなく，また夫の収入に生計を依存している妻の生活を危うくすることもないなど，離婚を認めないことによって得られる客観的な利益が存在しない場合には，例外的に認められることがある。

親　子
～子どもの福祉をどう図るかが親子法の中心的な課題～

　婚姻によって新たな家族が形成され，その夫婦間に子ども
が生まれると，今度は婚姻関係に加えて親子関係が始まりま
す。そして，子どもは親の十分な庇護を受けなければ人格的
な成長が図れません。そのため，本項の**メインテーマは，子
の福祉（幸福）です**。親子の関係を規律する民法の規定は
「子のための親子法」と別称されていますが，それがどのよ
うに具体化されているのかを本項で見ていきましょう。

子であることを否認するには
訴えによることが必要

　親は，責任を持って子を育てなければなりません。

　これは当たり前のことですが，その前提として，親子であ
ることが明確になっていなければなりません。

　母は分娩の事実から，その子が自分の子であることははっ
きりしているのですが，父の場合は分娩という行為がないの
で，推定という方法を取らざるをえません。そこで，法は，
まず**「妻が婚姻中に懐胎した子は，当該婚姻における夫の子
と推定する」**としました（772条1項前段）。

　通常は，生まれた子が自分に似ているかどうかである程度
は確かめることができるのですが，では，まったく似ていな
いという場合はどうでしょうか。

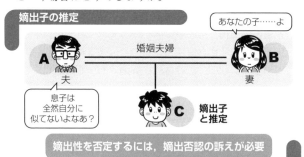

嫡出子の推定

あなたの子……よ

婚姻夫婦

A　夫

B　妻

息子は
全然自分に
似てないよなあ？

C　嫡出子
と推定

嫡出性を否定するには，嫡出否認の訴えが必要

親子の重要度

親子をめぐる問題に関心が
高まる中で，次第に出題が
増える傾向にあります。制
度趣旨をしっかり踏まえた
うえで，ポイントを的確に
つかんでおけば，大半の問
題には十分に対処できます。

分娩

胎児が母体から出てくるこ
とです。

推定

たぶんこうだろうという経
験則に基づいて，一応その
ように扱っておこうという
のが推定です。あくまでも
経験則に基づくものですか
ら，違うという証拠（**反証**
といいます）を示せば，推
定は覆ります。
推定と似たものに「**擬制（み
なす）**」がありますが，こち
らのほうは反証を挙げても
覆りません。この点で両者
には大きな違いがあります。

懐胎

妊娠のことです。

また，夫婦が不仲になって別居し，1年以上も妻と顔を合わせていないのに，その間に妻が子どもを妊娠・出産したという場合などには，自分の子でないことは明らかでしょう。ただ，こんな場合でも，「妻が婚姻中に懐胎した子」ですから，嫡出子（ちゃくしゅつし）としての推定を受けます。

そのような場合，夫が「その子は自分の子ではない。だから養育の義務もないし，自分を相続することもできない」と主張するためにはどうしたらいいでしょう。

これはかなり手続きが厳格で，家庭裁判所への訴え（775条）もしくは審判で行う必要があります。このうち，前者を嫡出否認の訴え（ちゃくしゅつひにんのうった）といいます。

このような厳格さも，安易にわが子であることを否定させないという意味で，やはり子の福祉のためです。

嫡出否認の訴えには期間制限がある

前述のように「妻が婚姻中に懐胎した子」は夫の子と推定されます。

そして，子は，生まれたときから両親の愛情を得て育ててもらわなければなりません。そんなときに，自分の子であるかどうかのトラブルを抱えていたのでは，子の成長にとって大きなマイナスになります。

ですから，法は，嫡出否認の訴えは父が子の出生を知った時から3年以内に提起しなければならないとして，**出訴期間を制限**しています（777条柱書1号）。

そして，この期間を過ぎると，父は，もはや自分の子であることを否認することはできません。ですから，その後は，

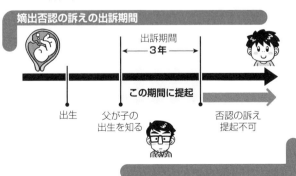

嫡出否認の訴えの出訴期間

出訴期間　**3年**

この期間に提起

出生　父が子の出生を知る　否認の訴え提起不可

嫡出子・非嫡出子

婚姻夫婦の間に生まれた子は嫡出子（ちゃくしゅつし），婚姻していない男女の間に生まれた子どもは非嫡出子（ひちゃくしゅつし）です。

嫡出否認の訴え－否認権者の拡大

女性の再婚禁止期間が令和6年（2024年）4月1日に廃止されたことから，たとえばAが前夫Bと離婚した翌日にCと婚姻するようなことは，現在は法律的に可能です。そして，この例で，Aが前夫Bと離婚（婚姻を解消）した翌日に子を出産した場合，その子は，現夫Cの嫡出子となります（772条3項）。

ただ，Aが再婚していない場合は扱いが違います。その場合は，離婚から300日以内に生まれた子は，依然として前夫Bの子と推定されます（同条2項）。そのため，A（母）や子，もしくは前夫Bがその推定を覆したければ，**嫡出否認の訴え**によって嫡出性を争うことができるようになっています。この訴えは，以前は夫にしか認められていませんでしたが，法改正により，現在では夫（父）だけでなく，母，子，前夫などにも認められるようになりました（775条1項）。

責任を持って子を養育しなければなりません。

嫡出でない子は認知によって父子関係が生じる

「妻が婚姻中に懐胎した子」でない場合，出産後に婚姻しても，その婚姻相手である夫の子という推定は受けません。

もちろん，出産時に婚姻していないのですから，父親は「夫」というよりも，事実婚であれば「事実上の夫」，そうでなければ「付き合っている男性」などということになるのでしょうが，いずれにせよ，相手はそのままだと法的にその子の父親とは認められません。しかし，子は血縁上の父親から養育を受ける権利があります。

では，どうやって父子関係を法的に確定させるかというと，その手段として，法は**認知**という方法を用意しました。

まず，母は分娩の事実から親子関係が明らかですから，特に認知する必要はありません（最判昭37・4・27）。認知が必要なのは父のほうです。

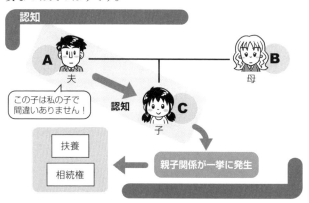

認知があると，父と子の間に親子関係が発生します。具体的には，扶養や相続の権利，親権などです。

ただし，認知の時点で親権を行使している母から父に親権を移すには，母との協議が必要です。母が子どもを一人で養育していて，父には別に家庭があるというような場合，父が直ちに親権を行使するのは困難だということも考えられるからです。

また，父の認知によっても，子の姓が直ちに父の姓に変わるわけではありません。姓が変わることで，子の生活が無用

扶養
自分の力だけでは生活を維持できない親族等に対する生活上の援助のことです。

親権
親権には，子どもを見守って教育を施す権限（**身上監護権**といいます）と，子の財産を管理する権限（**財産管理権**）の二つがあります。代理権は，これらの権限を行使するために必要なものとして法が認めたものです（財産管理権の中に含まれます）。
後ほど詳しく説明します。

に乱されるようなことがないようにするための配慮です。

　ところで，父がいったん子を認知した場合には，「認知を自分の家族に知られたくない」などとして取り消すことはできません（785条）。認知した以上は，父親としての責任を果たさなければなりません。これも，子の福祉のためです。

　同様に，認知には子の福祉の観点から，さまざまな制約が設けられています。

認知の制約

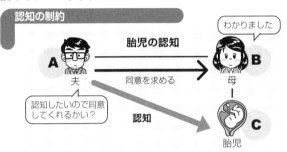

胎児の認知

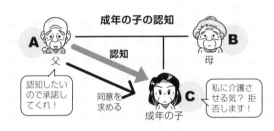

成年の子の認知

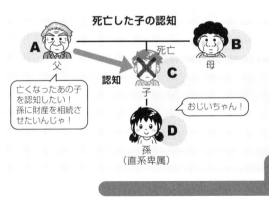

死亡した子の認知

　まず，図の一番上ですが，父が胎児を認知するには母の承諾が必要です（783条1項）。これは，母の名誉や意思を尊重し，あわせて認知の真実性を確保する趣旨です。

　次に，真ん中の図ですが，成年の子を認知するには，その

認知無効の訴え

　認知の取消しと異なり，認知の無効の主張は認められています（786条）。**認知無効の訴え**）。無効原因は，「認知について反対の事実があること」（同条1項柱書本文），すなわち，血縁上の親子関係がないとか，認知者の意思に基づかずに認知届が出されたことなどです。そして，認知者が血縁上の父子関係がないことを知りながら認知をした場合でも，判例は，事実関係を重視して，認知者からの認知無効の訴えの提起を認めています（最判平26・1・14）。この判断については，子の福祉を害するとして異論もありますが，判例は，事情によっては権利濫用法理を用いて無効主張を認めないとすることもできるとして，無効主張を排除しない立場を取っています。

認知無効の訴え ―提訴権者の限定

　認知無効の訴えを提起できるのは，子（または法定代理人），認知をした者（父），子の母の三者に限定されています（786条1項）。また，期間は，認知をした者（父）は認知時から，子と法定代理人および母は認知をした者（父）の認知を知った時から7年以内という制限があります（同条項，子については2項に例外あり）。

未成年の子の認知

　養育を受ける権利や父を相続する権利が認められるなど，認知は子にとって利益になりますから，子の承諾もその子の母の承諾もいりません。なお，認知すれば，親として子に対する扶養の義務が生じます。

子の承諾が必要です（782条）。成年になるまでほったらかしにしておいて，自分が高齢になって子に扶養を求めるために認知するような身勝手な行為を防止するためです。

最後に，一番下の図ですが，**子がすでに死亡している場合は，その子に直系卑属（ひ ぞく）があるときに限って認知ができます**（783条3項）。直系卑属がいなければ，相続や子の養育などの親子関係を発生させる意味がないからです。

子が死亡し，直系卑属がある場合の認知

該当する直系卑属が胎児なら母の承諾が，また成年の子なら本人の承諾が必要です。未成年の場合は単に相続権を得るだけですから，承諾はいりません。

養子は縁組の日から養親の嫡出子となる

養子（よう し）は，当事者の意思によって親子関係が発生することを法が認めた制度です。

血のつながりがなくてもかまいませんが，たとえば病気で亡くなった妹の子を姉夫婦が養子とするなど，血のつながりがある場合もまれではありません。

養子でポイントとなるのは，**養親の嫡出子（ちゃくしゅつ し）となる時期**です。これは，**縁組の日から**とされています（809条）。

具体的にどういう意味かというと，下の図でCの養子縁組の前に出生したCの子Dは，縁組によっても養親ABの直系卑属にはならないということです。

これに対して，養子縁組後に生まれた子Eは，養親の直系卑属になります。ですから，養子Cが養親よりも前に死亡し

養子縁組

実際の血縁関係とは無関係に，法律的に親子関係になることをいいます。
養子縁組には養子が実親との親子関係を存続したまま養親と親子関係になる普通養子縁組と，養子が戸籍上も実親との親子関係を断ち切って養親が養子を実子と同じ扱いにする特別養子縁組の二種類があります。
普通養子縁組は，家の跡継ぎを残すなど相続のために作られた制度で，特別養子縁組は子どもの福祉のために作られた制度です。

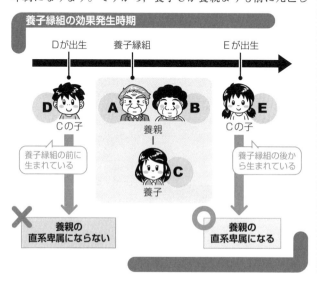

養子縁組の効果発生時期

Dが出生　　　養子縁組　　　Eが出生

D（Cの子）　　A・B（養親）　　E（Cの子）　　C（養子）

養子縁組の前に生まれている → × 養親の直系卑属にならない

養子縁組の後から生まれている → ○ 養親の直系卑属になる

てしまったという場合には，EはCに代わって養親を相続することができます（**代襲相続**といいます）。

特別養子縁組…養子を実子として育てたい！

　養子の場合は，養子縁組の日から親子関係が発生し，また戸籍にも養子であることが明記されます。

　そこで，子の福祉の観点から，**子どもを実子として育てたいと願う夫婦がいる場合に，その夫婦のもとで「本当の子」として成育できる環境を整えたのが特別養子縁組**です。

　ただ，特別養子縁組の場合は，実子として育てるということですから，その要件は通常の養子縁組（普通養子縁組）に比べて厳格です。

　主なものを挙げてみると，**縁組は必ず家庭裁判所の審判によらなければなりません**し（817条の2第1項），養親となる者は25歳以上（817条の4）の配偶者のある者でなければならない（817条の3第1項）など，いろいろと細かい制約があります。

　特別養子縁組は実子として子を育てるというものですから，この縁組が成立すると，**養子と実親の親子関係，養子と実親の親族**（まとめて**実方**といいます）**との関係は終了する**ことになります（817条の9本文）。

代襲相続

被相続人が亡くなるよりも前に被相続人の子（相続人）などが亡くなるなどして相続権を失っていた場合に発生する相続です。簡単に言えば，すでに死亡してしまった子どもの代わりに，その子ども（被相続人から見て孫など）へ相続させることをいいます。
次項で詳しく説明します。

第**3**章　家族法

特別養子縁組で養子となる者の年齢

令和元年（2019年）6月に民法が改正され，対象年齢がそれまでの原則6歳未満から15歳未満に引き上げられました。
貧困や虐待によって児童養護施設に入所しているなどの事情を抱えた子どもたちが，新たな家庭を得て健やかに成長することが期待されます。

普通養子縁組と特別養子縁組

普通養子縁組

養親　実親

親子関係になる　**実親との親子関係は変わらない**

養子

特別養子縁組

養親　実親

親子関係になる　**実親との親子関係はなくなる**

養子

　また，特別養子は実子と同じ扱いになるわけですから，原則として離縁はできません。

親権は父母の共同行使が原則

未成年の子どもは，親の**親権**に服します（818条1項）。

この親権というのは，親が子どもを養育するために認められた権利ですよね。そして，婚姻夫婦の子であれば，夫婦が共に子の養育（健やかな成長）に責任を負っていますから，親権もまた，**父母が共同で行使するべきもの**とされています。これを，**親権の共同行使の原則**といいます（818条3項）。

この親権には次のようなものがあります。

親権の種類

身上監護権 (しんじょうかんごけん)	監護教育権（820条） 居所指定権（822条） 職業許可権（823条）
財産管理権 (ざいさんかんりけん)	財産の管理・代表権（824条本文） 収益権（828条ただし書）

利益相反行為…子の利益に反する
親権行使は許されない

上記のように，親権には子の財産管理権や，子を代表（代理）して法律行為を行う権限が含まれています。

ただ，それらは子の利益のために認められたものですから，親権者と子との利益が相反する場合には，親権者はその目的に従って親権を行使しなければなりません。ところが，親権者と子との間の利益が相反する行為については，親といえども自分の利益を優先させ，子の利益をおろそかにしないとは限らないんです。

このように，**子の利益と親権者の利益が対立する行為を利益相反行為**（りえきそうはんこうい）といいます（826条）。たとえば，子の財産を親がタダ同然で譲り受けるとか，子ども名義の不動産を担保にして親が借金をするなど，いずれも子の不利益のもとで親が不当に利益を得る可能性があります。

そこで，法は，利益相反行為に当たる場合には，子の利益を保護する見地から親権者の財産管理権を制限し，**その行為について家庭裁判所の選任した特別代理人によって行わせる**こととしました。

これを行わない場合，その行為は**無権代理行為となり**，子

懲戒権規定の削除

令和4年（2022年）改正法の施行前は，親権者の懲戒権に関する規定がありました（旧822条）。しかし，親がしつけの名目で子を虐待する事案が相次ぎ，これが社会問題化したことから，**懲戒権は削除**されました。

身上監護権の内容

・**監護教育権**…子が心身ともに健全に成長していくように育てる権利
・**居所指定権**…生活の場を指定する権利
・**職業許可権**…子にふさわしい職業かどうかを判断する権利

財産管理権の内容

・**財産の管理・代表権**…子の財産を管理し，また子を代理して子のために法律行為を行う権利
・**収益権**…子の財産から収益があれば，それを子の監護教育等の費用に充てる権利

826条
（利益相反行為）

1　親権を行う父又は母とその子との利益が相反する行為については，親権を行う者は，その子のために特別代理人を選任することを家庭裁判所に請求しなければならない。
2　親権を行う者が数人の子に対して親権を行う場合において，その一人と他の子との利益が相反する行為については，親権を行う者は，その一方のために特別代理人を選任することを家庭裁判所に請求しなければならない。

が成年に達した後に追認しなければ無効となります（大判昭11・8・7）。

　さて，そうなると，取引をする相手方には重大な問題が生じます。

　下の図を見てください。Cの親Aが金融機関Bから金銭を借り入れ，その担保として，子Cが祖父から贈与を受けた不動産に，Cを代理して抵当権を設定したとします。

　これだけを見ると，親が自分の借金の担保として子の不動産に抵当権を設定するのですから，明らかに利益相反行為に当たるはずです。ただ，Aが借金したのが，子Cの進学資金の調達のためだとしたらどうでしょう。

　そうなると，子のための借金ですから，利益相反行為には当たらないようにも思えます。

　では，どのように判断したらいいんでしょうか。

　判例は，親の意図などは外部者であるBには容易にわからないから，第三者的立場から見て（外形的に見て）「そんな行為をしたら，親と子の利益が対立するのは明白じゃないか」と判断されるかどうかを基準にすべきだとしています。

　そうなると，図の例は，親の意図がどうであれ，利益相反行為に当たることになります。

　つまり，判例は，親権者の意図やその行為の実質的な効果を問題とすべきではないとするわけです（最判昭48・4・24）。その理由は，そのように解しておかないと，親権者と取引をする相手方は常に親権者の意図やその他の実質関係の調査を強いられることになり，相手方に無用の負担や不測の損害を与えることになるからです。

　以上が親子についての説明です。

　問題演習で知識の整理をしておきましょう。

 特別代理人

名前は何かゴツイ感じですが，特に資格などはありません。代理する法律行為の金額が大きい場合には，弁護士などの法律の専門家に任せたほうが無難でしょうが，それなりの費用がかかります。この面を考えると，親族の中から選ぶという選択肢のほうが費用は節約できます。ただし，その場合には，親権者の影響が及ばないかなどを，家庭裁判所が慎重に判断して選任することになります。

無権代理

代理権がないのに本人の代理人として法律行為をすることをいいます。
詳しくは「民法Ⅰ」を参照してください。

例題22

親子に関する次の記述のうち，妥当なものはどれか。

（地方上級　改題）

1　嫡出でない子については母が親権者となるのが原則であるが，父が認知した場合は，父母が共同して親権を行使することとなる。

2　嫡出でない子の認知については，民法は，父と並んで母も認知することができると規定しているので，母とその非嫡出子との親子関係は認知の手続きを経なければ発生しない。

3　認知は遺言ですることができず，また，胎児を認知することも認められていない。

4　特別養子縁組は，一定の要件が備わるときに，父母または未成年後見人と養親となる者との合意によってのみ行うことができる。

5　親権者Aの負担する債務のためにその子C所有の不動産に抵当権を設定する行為は，民法826条にいう利益相反行為に当たるとするのが判例である。

本問のポイント！

1．親権は共同行使が原則ですが（818条3項本文），これは父母の婚姻中に該当する原則であって，父母が婚姻していなければ認知後も子の親権者は母のままで変わりはありません。また，認知後に父に親権を移すことはできますが，そのためには父母の協議によるか，もしくは家庭裁判所の審判が必要です（819条4項・5項）。

2．判例は，「母とその非嫡出子の間の親子関係は，原則として，母の認知をまたず，分娩の事実により当然発生すると解するのが相当である」として，分娩の事実が認定できれば，認知がなくても親子関係は発生するとしています（最判昭37・4・27）。

3．認知は遺言ですることができます。父親の生前には認知をはばかる社会的事情があって単に養育にとどめておいていたものの，その父親が死亡した場合には相続によって財産を承継させて，子の生育や生活の安定を図りたいという場合に備えて，民法はこれを認める規定を設けています（781条2項）。また胎児を認知することも認められています（783条1項）。

4．当事者の合意に基づいて成立する普通養子縁組と異なり，特別養子縁組は家庭裁判所の審判によって成立します（817条の2第1項）。

5．妥当な記述です（最判昭37・10・2）。抵当権が実行され

親権の制限

子どもに対する虐待を行うなど，親権の行使が著しく不適切と判断される親については，最長2年間**親権を停止**させることができます。また，親権の行使が著しく困難または不適当であるために子どもの利益を著しく害すると判断される親については，**親権を喪失**させることができます。
親権の停止は平成23年（2011年）の法改正で新設された制度ですが，児童虐待問題に対応するため，令和4年に民法の一部が改正され，親の懲戒権を定めた旧822条の規定が削除されました（現822条は別の規定になっていて，この改正は令和4年12月16日から施行されています）。

れば，親権者は子の負担で自己の債務を消滅させることに
なるので，このような行為は**利益相反行為**に該当します。

　本問の正答は**5**です。

正答　5

「3-2　親子」のまとめ

嫡出子

▶婚姻関係にある男女間に懐胎・出生した子を嫡出子という。

▶嫡出否認の訴えは，父と前夫については子の出生を知った時から3年，また子と母については出生時から3年の期間制限にかかる（なお，子には例外あり）。

▶父または母が子の出生後において，その嫡出であることを承認したときは，父または母は自分の子であるか否かにかかわらず否認権を失う。

認知

▶認知がなされると，親子関係が発生し，子は親を相続できるようになる。

▶父が子を認知しても，親権者や氏を変更するには別途手続きが必要である。

▶いったん認知がなされた場合には，「認知したことを家族に知られたくない」などとして取り消す（撤回する）ことはできない。

▶父が胎児を認知するには母の承諾を得なければならない。

▶子がすでに死亡している場合には，その子に直系卑属がいなければ子を認知することはできない。

養子

▶養子は，縁組の日から養親の嫡出子たる身分を取得する。

▶養子を養子としてではなく，実子として取り扱う制度を特別養子縁組という。この縁組は，普通養子縁組のように当事者の合意に基づいて成立させることはできず，必ず家庭裁判所の審判によらなければならない。

利益相反行為

▶親と子の利害が対立する行為については，親は代理権や同意権を行使することができず，そのような行為については家庭裁判所へ特別代理人の選任を請求しなければならない。

相　続
～相続では資産だけでなく負債も受け継ぐ～

　相続は婚姻と並ぶ家族法分野の頻出箇所の一つです。

　生活に割と身近なテーマですが，内容は複雑で，ちょっとわかりにくい印象を持つかもしれません。

　ただ，家族法の中では出題数も多く，重要な部分ですから，しっかりと理解するようにしてください。

相続では権利だけでなく 義務も承継する

　相続とは，自然人の死亡後にその人が有した財産上の権利・義務を特定の者に**包括的**に**承継**させることをいいます。

　ちょっと表現が難しいですね。

　まず，相続は自然人が死亡した場合に生じるものです。「法人は死なず」という言葉があるのですが，法人では解散とか合併などはあっても，相続という制度はありません。**相続は自然人に固有のもの**です。

　ところで「相続の原因は自然人の死亡だっていうけど，相続は**失踪宣告**でも起こるじゃないか」と思われるかもしれません。でも，それは死亡を**擬制**したから起こることで，後に生存が確認されて失踪宣告が取り消されたら，相続もなかったことになるので，やはり原因は死亡だけなんです。

　次に，「その人が有した財産上の権利・義務」の部分ですが，**相続においては，資産（積極財産）だけでなく借金などの負債（消極財産）も受け継ぎます。これに加えて，契約上の地位なども引き継がれます。**

　これ，どういうことかというと，死亡者，つまり相続される人のことを**被相続人**といいますが，その被相続人が生前に誰かと不動産の売買契約を結んでいたとしましょう。その契約が相手方の詐欺によるものだった場合，詐欺を理由とする取消権が「契約上の地位」の例です。そして，それが引き継がれるということは，**相続人**が詐欺を理由に売買契約を取り消して，不動産を取り戻すことができるということです。

また,「包括的に承継」とは,権利・義務だけでなく契約上の地位も含めて一切合切を総合パッケージで受け継ぐということです。ですから,「この権利はおいしそうだから,これだけを受け継ぐ」などと,つまみ食い的なチョイスは認められません。

法定相続人と相続分とは

法は,相続人として次の者を定めています。これを**法定相続人**といいます。

法定相続人

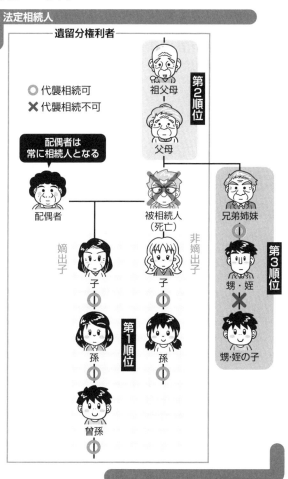

○ 代襲相続可
× 代襲相続不可

配偶者は常に相続人となる

遺留分権利者

第2順位 祖父母・父母

配偶者

被相続人（死亡）

嫡出子　子
非嫡出子　子

第1順位　孫・曾孫

第3順位 兄弟姉妹・甥・姪・甥・姪の子

被相続人・相続人

被相続人は,相続される人＝死亡者です。
相続を受ける人は「相続人」です。

法定相続人

遺産を相続できる権利があるとして民法で定められた相続人です。
法定相続人は「配偶者」「子や孫」「親や祖父母」「兄弟姉妹」の四グループに分かれていて相続の際の優先順位が決められています。

遺留分

相続が一部の人に偏って行われた場合に,相続財産に生活を依存していた人の生活保障の観点から,一定割合で財産の取戻しが認められています。その割合のことを遺留分といいます。これが認められるのは,相続財産に生活を依存していたと思われる範囲の人たち,すなわち,兄弟姉妹を除く法定相続人です。
詳しくは次項で説明します。

代襲相続

被相続人が亡くなるよりも前に被相続人の子（相続人）などが亡くなるなどして相続権を失っていた場合に発生する相続です。簡単に言えば,すでに死亡してしまった子どもの代わりに,その子ども（被相続人から見て孫など）へ相続させることをいいます。

たものとみなすなど,異なる事実を法律的に同一のものとみなして,同一の法律的効果を与えることです。

法は**法定相続人**の範囲とそれぞれの相続分を定めていますが（900条），まずは前者について説明しましょう。

被相続人（死亡者）は，その財産を遺言によって法定相続人以外の人にも受け継がせることができます。ただ，そんな遺言がなければ，法が指定した相続人が財産を受け継ぐことになります。

図に順位が書いてありますが，これは配偶者とともに相続人となる順位で，第1順位の子や孫などがいれば，配偶者と第1順位の人だけが相続人となり，第2・第3順位の人（親や兄弟）は相続人とはなりません。そして第1順位，つまり子や孫などの直系卑属がいなければ，配偶者と第2順位の直系尊属が相続人となります。兄弟姉妹などの第3順位の人が相続人となるのは，第1順位の子や孫（直系卑属）も，また第2順位の親や祖父母など（直系尊属）もいないときです。

いずれの場合にも，配偶者はこれらの順位の人たちとともに必ず相続人となります。

次に，相続分ですが，これは次のようになっています。

遺言

一般的には「ゆいごん」と読みますが，法律では「いごん」と読みます。

尊属・卑属

親やおじ・おばなど，本人より前の世代にある血族を尊属，子や甥・姪など本人より後の世代にある血族を卑属といいます。
直系卑属というのは，子・孫・曾孫（ひまご）などのことで，直系尊属というのは親・祖父母・曾祖父母などのことです。

法定相続分

相続人	法定相続分	
配偶者と子	配偶者（$\frac{1}{2}$）	子（全員で$\frac{1}{2}$）
配偶者と直系尊属	配偶者（$\frac{2}{3}$）	直系尊属（全員で$\frac{1}{3}$）
配偶者と兄弟姉妹	配偶者（$\frac{3}{4}$）	兄弟姉妹（全員で$\frac{1}{4}$）

ここで，子が全員で2分の1という意味は，子が2人いれば，子の全員の相続分である2分の1を2人の子で分ける（$\frac{1}{2} \div 2人 = \frac{1}{4}$）ということです。嫡出子かどうかで相続分に差はありません。

直系尊属の場合も計算のやり方は同じです。

 ## 相続とは死亡者から生きている人への財産のリレーだ

相続では，前の世代の財産を次の世代に受け継がせることになっています。それが自然な流れですし，前の世代の人の

非嫡出子の相続分

旧民法は，非嫡出子の相続分を嫡出子の2分の1と定めていましたが，この規定が法の下の平等を定めた憲法14条に違反するとの最高裁の決定（最大決平25・9・4）を受けて法律が改正され，現在では嫡出子であるか否かを問わず，その相続分は平等とされています（900条4号）。

合理的な意思に沿うものだからです。

　ということは，被相続人が死亡した際に，その財産をバトンタッチしてくれる人が実際に生存していなければなりません。これを**同時存在の原則**といいます。

　ところで，これには二つほど問題点があって，「胎児はどうなのか」ということと，父子が同じ飛行機の事故で遭難して，生死の前後関係がわからないような場合どうするかという２点です。

　法はいずれについても規定を設けていて，**胎児**については，「既に生まれたものとみなす」として（886条１項），生きて生まれることを条件に相続資格を認めています。

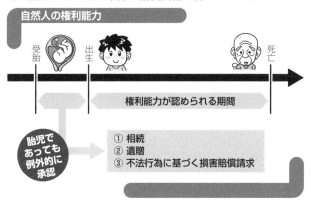

自然人の権利能力

受胎　出生　　　　　　　　　　　　　　死亡

権利能力が認められる期間

胎児であっても例外的に承認

① 相続
② 遺贈
③ 不法行為に基づく損害賠償請求

　また，生死の時間的前後関係がわからない場合には，同時に死亡した（一方が死亡した時点で他方は生存していなかった）と推定しています（32条の２）。つまり，同時死亡の場合には，互いに相手を相続できないことになります。

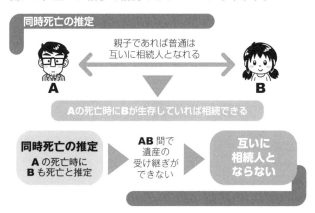

同時死亡の推定

親子であれば普通は
互いに相続人となれる

A　　　　　　　　B

Aの死亡時にBが生存していれば相続できる

同時死亡の推定
Aの死亡時に
Bも死亡と推定

AB間で
遺産の
受け継ぎが
できない

互いに
**相続人と
ならない**

胎児の相続資格―生きて生まれることが条件

この場合の条件は停止条件，すなわち，生きて生まれて初めて，胎児の時にさかのぼって相続資格を認めるというものです。ですから，死産の場合には，最初から相続資格は認められません。

推定

たぶんこうだろうという経験則に基づいて，一応そのように扱っておこうというのが推定です。あくまでも経験則に基づくものですから，違うという証拠（**反証**といいます）を示せば，推定は覆ります。
推定と似たものに「**擬制（みなす）**」がありますが，こちらのほうは反証を挙げても覆りません。この点で両者には大きな違いがあります。

胎児の権利能力と相続における同時存在の原則

いずれも「民法Ⅰ」ですでに学習しています。覚えていますか？　もう一度「民法Ⅰ」でも知識を確認しておきましょう（「民法Ⅰ」のp.24，p.48参照）。

第**3**章　家族法

相続欠格・廃除…相続人としてふさわしくない者がいる

たとえば，法定相続人とされる子が多額の借金を抱え，返済に窮した結果，相続財産で返済しようと企てて自分の父親を殺害したような場合，その子に相続権を認めてよいのでしょうか。

ちょっと，それは納得できませんよね。

そこで，法は，相続資格を与えるにふさわしくないと思われる者を類型化して，非行の程度によって，相続資格を当然に剥奪する場合と，被相続人の意思によって剥奪できる場合の二つの制度を用意しました。前者が相続欠格（891条），後者が廃除（892条）の制度です。

相続欠格は，法が定める欠格事由に該当する者の相続権を当然に奪う制度で，先ほどの父親を殺害して刑に処せられた子などがこれに該当します。

廃除は，被相続人に対する虐待などの著しい非行を理由に，被相続人の請求に基づいて，家庭裁判所の審判・調停によって相続権を奪う制度です。

一応，両者を比較するために表に書いておきます。表は参考のためですから，全部を細かく覚える必要はありません。相続欠格が重大な非行のために相続資格を当然に剥奪されること，相続欠格も廃除も次に説明する代襲相続の原因になることを，とりあえず覚えておいてください。

相続欠格

欠格事由でよく出題されるのが891条1号で，そこでは「故意に被相続人又は相続について先順位若しくは同順位にある者を死亡するに至らせ，又は至らせようとしたために，刑に処せられた者」となっています。この「刑に処せられる」ことが要件とされるのは，相続権の剥奪という重大な効果をもたらす以上，有罪という明確な基準が必要だからです。

892条（廃除）

遺留分を有する推定相続人（相続が開始した場合に相続人となるべき者）が，被相続人に対して虐待をし，若しくはこれに重大な侮辱を加えたとき，又は推定相続人にその他の著しい非行があったときは，被相続人は，その推定相続人の廃除を家庭裁判所に請求することができる。

相続欠格と廃除

	相続欠格 殺人未遂で有罪になるなどの場合	廃除 虐待とか侮辱とか非行とかの場合
意義	相続権を法律上当然に剥奪	被相続人の意思で相続権を剥奪
対象となる人	推定相続人	遺留分を有する推定相続人 →兄弟姉妹は含まれない
手続き	手続き不要（当然に剥奪）	①家庭裁判所への廃除請求 ②廃除の審判または調停が必要
効果	相続資格の剥奪 遺贈も受けられない	相続権の喪失 遺贈は受けられる
代襲相続	できる（代襲原因となる）	

代襲相続…子がいなければ孫が代わって相続できる

では，法で相続人として認められている人が，相続の始まる前にすでに死亡していたという場合はどうでしょう。たとえば，父が死亡する前に子の一人が死亡していたような場合です。

もちろん，その子は相続人にはなりませんが，その子に子（被相続人からいえば孫）がいた場合はどうでしょう。

先に説明したように，相続では，前の世代の財産を次の世代に受け継がせるというもので，それが被相続人の合理的な意思に沿うものだと説明しましたよね。

だったら，死亡した子に子がいる場合には，死亡した子の分をその子に相続させてもよいはずです。そして，そのような趣旨で認められたのが**代襲相続**の制度です（887条2項，889条2項）。

代襲相続

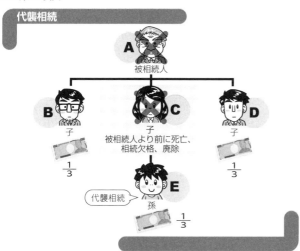

代襲相続の原因は，①被相続人が死亡する以前に，推定相続人である子・兄弟姉妹が死亡し，または②廃除・相続欠格によって相続権を失った場合です。その場合には，その者の直系卑属が，その者に代わってその者の相続分を相続します。

ただし，甥や姪までは代襲相続できますが，甥や姪の子になると，代襲相続はできません。甥や姪ならば，まだ死亡した被相続人と生前に交流がある可能性はあるのですが，その子になると，被相続人（甥・姪の子から見ると，祖父母の兄

推定相続人

ある時点である人の相続が開始された場合に，その相続人になると推定される仮説上の相続人のことです。

遺贈

遺言による贈与，つまり，遺言の「自分が死んだら○○に△△を贈与する」というような記載事項に基づいて贈与が行われることです。

第**3**章　家族法

代襲相続の制度趣旨

代襲相続の制度趣旨は，本文で述べたように「前の世代の財産を後の世代に受け継がせる，それが被相続人の合理的な意思だ」という点が一つ，そしてもう一つ，「相続権を失った者が相続していたら，やがて自分もそれを相続できたであろうという期待を保護しよう」という点にあります。相続欠格や廃除（「排除」ではない点に注意）が代襲原因とされているのは，後者の理由からです。これとは反対に，相続放棄が代襲原因とされていないのは，後者の期待がなくなるという点にその理由があります。

弟姉妹に当たります）とは会ったこともないとか，そんな親族がいたことさえ知らなかったという可能性も増えるでしょう。そんな場合に，突然，相続人を探していた人から「あなたにも相続財産が入りますよ」と伝えられると，それこそもうタナボタ式に財産が手に入るわけです。

ただ，それは被相続人の意思にそぐわないことですし，社会的に見てもあんまりだということで，甥や姪の子には代襲相続は認められていません。

配偶者居住権・配偶者短期居住権 相続後の生活を守ろう

ところで，長年住み続けた家が夫の単独名義になっていて，その夫Aが死亡した場合，残された妻Bはその家に住み続けられるんでしょうか。

下の図を見てください。

死亡した夫A（被相続人）の相続財産が，時価2,000万円の家屋と現金2,000万円だとして，相続人が妻B（被相続人の配偶者）と子Cのみの場合，それぞれの法定相続分は2分の1ずつです。そして，妻Bが住み慣れた家にそのまま住みたいと希望したので，妻Bが家を，子Cが現金をそれぞれ取得するように遺産分割協議が成立したとすると，確かにBは住み慣れた家にそのまま住み続けることができます。

でも，生活費はどうやって捻出するんでしょうね。妻Bのその後の生活が，ちょっと危ない気がしませんか？

そこで，残された妻の生活を危機的な状況に陥らせないた

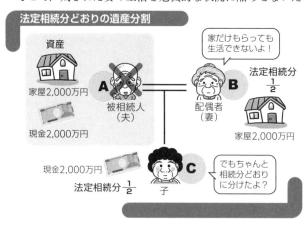

法定相続分どおりの遺産分割

資産
家屋2,000万円
現金2,000万円
被相続人（夫）A
家だけもらっても生活できないよ！
B 配偶者（妻）
法定相続分 $\frac{1}{2}$
家屋2,000万円
現金2,000万円
C 子
法定相続分 $\frac{1}{2}$
でもちゃんと相続分どおりに分けたよ？

再代襲相続

被相続人の死亡時に，その子と，その子の子（被相続人の孫）がともに死亡していた場合で，その子の子にさらに子（ひ孫）がいる場合には，その子（ひ孫）が代襲相続します。二度の代襲ですから，再代襲相続といいます。また，ひ孫も死亡していて玄孫（やしゃご）がいる場合には，再々代襲相続ができます。直系卑属の場合には，再々…をずっと続けることが可能です。

甥・姪の子の代襲分

甥・姪の子は代襲相続できませんから，その場合には，代襲相続が可能なら受け継ぐはずだった分は他の相続人に配分されることになります。たとえば，被相続人の親族が配偶者と甥・姪の子しかいない場合，甥・姪の子は代襲相続できないので，配偶者だけが相続人となり，被相続人の財産はすべて配偶者が相続することになります。

夫の単独名義

「夫が外で働いて，妻が家庭を守って」という時代を過ごしてきた世代の場合，資産の大半が夫の単独名義になっていることが多いのです。現代のように，夫婦共働きという場合は，不動産も共有になっていることが多いんですが，夫の単独名義だと，残された妻の居住権が問題になりやすいんですね。

めに，平成30年（2018年）の相続法改正で**配偶者居住権**・**配偶者短期居住権**という制度が新たに創設されました。

順に説明します。先に配偶者短期居住権のほうからです。

①配偶者短期居住権

配偶者短期居住権とは，被相続人が死亡して被相続人所有の建物が相続や遺贈で別の相続人や受遺者（遺言で建物を贈与された者）の所有物となった場合でも，その建物に被相続人と一緒に無償で暮らしていた配偶者は，無償で一定期間住み続けられるという権利です（1037条）。

父が再婚して配偶者が後妻などというときに，建物を相続等で取得した子どもなどから，「すぐに立ち退いてほしい」と要求され，行き場を失って路頭に迷うなどということを防ぐためのものです。

ここで「一定期間」とは6か月間のことですが，その起算点はいくつかの場合があります（同条1項柱書1・2号）。いずれにせよ，最低でも相続開始から6か月間は無償で住み続けられるということです。

②配偶者居住権

一方，**配偶者居住権**は，残された配偶者が終生その家に住み続けられる権利を保障しようというものです（1028条）。

この権利が認められるためには，相続人間の遺産分割協議で「お母さん，ずっと住んでいていいよ！」という協議が成立したとか，夫Aが遺言に「妻Bに終生住む権利（配偶者居住

家と現金を均等に分割すれば？

家と現金を均等に分割するという方法もあるんですが，そうなると家はBとCの共有になります。その場合，子Cが「急にお金が必要になったので，持分を第三者に売却しちゃった」という場合はどうなるんでしょうか。第三者の持分が半分あるから，その人と共同生活になる…？　共有って，こんな問題があってややこしくなるので，できれば避けたいところです。

1037条（配偶者短期居住権）

1　配偶者は，被相続人の財産に属した建物に相続開始の時に無償で居住していた場合には，次の各号（略）に掲げる区分に応じてそれぞれ当該各号に定める日（略）までの間，その居住していた建物の所有権を相続又は遺贈により取得した者に対し，居住建物について無償で使用する権利（配偶者短期居住権）を有する。

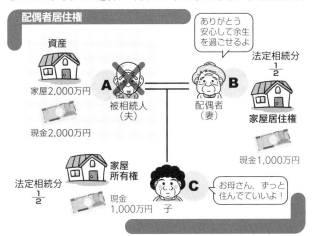

配偶者居住権

資産

家屋2,000万円

現金2,000万円

A 被相続人（夫）

B 配偶者（妻）

ありがとう安心して余生を過ごせるよ

法定相続分 $\frac{1}{2}$

家屋居住権

現金1,000万円

法定相続分 $\frac{1}{2}$

家屋所有権

C 子

現金1,000万円

お母さん，ずっと住んでいていいよ！

権）を認める」と書いておくとか，妻Ｃが「終生その家に住みたい」と家庭裁判所に申し立てて裁判所が認めてくれた（認める審判が成立した，1029条柱書２号）などの場合です。

なお，所有者にはこの権利の登記義務があります（1031条）。登記しておけば，所有者が建物を第三者に譲渡した場合でも，配偶者は第三者に居住権を主張することができます。

相続放棄…相続したくなければしなくてもいい

最初に説明しましたが，相続とは自然人の死亡後にその人が有した財産上の権利・義務を特定の者に包括的に承継させることです。つまり，相続においては，資産（積極財産）だけでなく負債（消極財産）も受け継ぐことになります。

では，「親が賭け事にハマってしまい，残ったのは借金だけ」という場合，それでも相続をしなければならないのでしょうか。

仮に相続しなければならないとすると，相続人の経済生活はそれによって破壊されてしまいます。そんなことにならないために，法は，**相続の放棄**と**限定承認**という制度を用意しました。

相続放棄は，その名のとおり，相続しないことを認めるもので，**限定承認**は相続によって得た資産額の限度でのみ負債を負担するという相続の方法です。順に説明します。

① 相続の承認・放棄

相続をするかどうかは相続人の自由です。相続するといえば承認（資産も負債も，また契約上の地位もまとめて受け継ぐこと）になりますし，しないといえば放棄になります。

相続の放棄

一切相続しません

借金　借金　借金

被相続人　→　×　相続人　**相続放棄**

ただし，相続するかしないかがはっきりしないと，財産関係がいつまでも宙ぶらりんの状態が続くことになって不都合

1028条（配偶者居住権）

1　被相続人の配偶者は，被相続人の財産に属した建物に相続開始の時に居住していた場合において，次の各号のいずれかに該当するときは，その居住していた建物の全部について無償で使用及び収益をする権利（配偶者居住権を取得する。（以下略）

一　遺産の分割によって配偶者居住権を取得するものとされたとき。

二　配偶者居住権が遺贈の目的とされたとき。

1029条（審判による配偶者居住権の取得）

遺産の分割の請求を受けた家庭裁判所は，次に掲げる場合に限り，配偶者が配偶者居住権を取得する旨を定めることができる。

一　（略）

二　配偶者が家庭裁判所に対して配偶者居住権の取得を希望する旨を申し出た場合において，居住建物の所有者の受ける不利益の程度を考慮してもなお配偶者の生活を維持するために特に必要があると認めるとき。

ですよね。そのため，**相続の承認・放棄**は一定の期間内にしなければなりません。それは，相続人が「自己のために相続の開始があったことを知った時から3か月以内」とされています（915条1項本文）。

ここで「自己のために相続の開始があったことを知った時」というのは，被相続人が亡くなったことを相続人が知って，自分が相続人となったことがわかった時をいいます。

なぜ，被相続人の死亡時からではなく，「自己のために相続の開始があったことを知った時」からになっているかというと，たとえば行方知れずになっていた父が異郷の地で多額の借金を抱えたまま死亡し，その債権者が相続人を探し出した時には，すでに死亡から4か月がたっていたなどという場合を考えてみましょう。

915条

1　相続人は，自己のために相続の開始があったことを知った時から三箇月以内に，相続について，単純若しくは限定の承認又は放棄をしなければならない。（以下略）

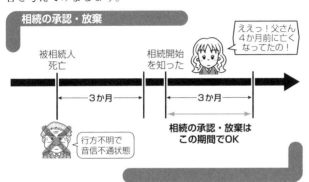

相続の放棄の方法

相続の放棄は，家庭裁判所に申述して行います（938条）。放棄は重大事項ですから，口頭で「放棄します」と述べるのではなく，申述書という書面を提出して行います。申述書には，相続を放棄する旨，相続があったことを知った日，放棄の理由（例：負債が多い—債務超過のため）などを記載します（裁判所の様式があります）。その書面を提出して受理されれば，それで手続きは終了です（家事事件手続法201条5項）。

相続の承認・放棄の期間が「死亡から3か月」では，すでに期間が過ぎているので，相続人は相続の放棄ができません。それに「死亡から3か月」だとすると，ずるがしこい債権者は，相続人が死亡の事実を知らない場合，3か月が過ぎるまで待って，それから死亡の事実を伝えて借金の取り立てをするということも考えられます。

それでは不都合なので，相続財産の調査を行い，そのうえで相続するかどうかをしっかりと考えて判断できるように，「自己のために相続の開始があったことを知った時」が3か月の起算点になっているわけです。

② 限定承認

これは，前述のとおり，相続によって得た資産額の限度でのみ負債を負担するという相続の方法です。

相続の承認・放棄と同様に，「自己のために相続の開始が

あったことを知った時から3か月以内」にしなければなりません（924条，915条1項本文）。

　この3か月というのは相続財産の状況を調査するための期間として認められたものですが，いろいろ調べたものの，「あちこちから借金しているみたいだけど，その額がいくらなのかよくわからない」という場合も出てくるでしょう。そのような場合に，受け継いだ資産の範囲で負債も負担するという方法が，この**限定承認**です。

　ただし，この限定承認は，相続人が全員ですることが必要とされています（923条）。バラバラに限定承認することを認めると，債権者として，どの相続人にいくら請求できるのかの手続きが非常に煩雑になるためです。

　もしも，**相続のリスクが大きいと判断すれば，限定承認を計画している他の相続人に同調せず，自分だけ相続放棄の手段を選ぶこともできます。**これならば他の相続人に関係なく単独でできますから，その方法を選択して債務を逃れることも可能です。

　以上が相続についての説明です。

　問題演習で知識の整理をしておきましょう。

限定承認

限定というと，何か「この部分だけ」という言葉の印象がありますが，そういう意味ではありません。ちょっと誤解を招きやすい用語ですが，「積極財産の限度で」という意味です。用語としては，むしろ，限度承認と表現したほうがいいのかもしれませんが，今度は「何の限度」という疑問がわいてくるでしょうから，元どおり「限定承認」で覚えておいてください。

例題23

　相続に関する次の記述のうち，妥当なものはどれか。

（地方上級　改題）

1　相続人は，相続開始の時から，被相続人の財産に属した権利・義務を承継するが，占有のような事実上の関係まで当然に相続人に移転するわけではない。

2　被相続人に子がいない場合においては，兄弟姉妹が直系尊属に優先して相続人となる。

3　2人の子と配偶者が相続人である場合，それぞれの法定相続分は，おのおの3分の1ずつとなる。

4　相続人が数人あるときは，限定承認は，共同相続人の全員が共同してのみこれを行うことができる。

5　相続の放棄をしようとする者は，法定の期間内に，その旨を公証人役場に届け出なければならない。

本問のポイント！

1．判例は，相続人の知・不知にかかわらず，相続開始と同

時に**占有の承継**を認めています（最判昭44・10・30）。

2．第2順位すなわち被相続人に直系卑属がいない場合に次に相続人となりうる者は，直系尊属であって兄弟姉妹ではありません（889条1項）。

3．この場合の法定相続分は，配偶者が2分の1，2人の子が各4分の1ずつです（900条柱書1号，4号）

4．妥当な記述です。限定承認は，必ず共同相続人の全員が共同して行わなければなりません（923条）。

5．相続の放棄は第三者の権利関係に影響を及ぼす行為であることから，公証人役場ではなく家庭裁判所がその手続きを担当します。ですから，相続を放棄しようとする者はその旨を家庭裁判所に申述しなければなりません（938条）。

本問の正答は**4**になります。

正答　4

占有

土地や物を誰かがその時点で持っているという状態を，暫定的に適法な所有状態として認める制度です。所有権の有無などは抜きにして，その時点で現実に土地や物を支配している事実・状態をいいます。詳しくは「民法Ⅰ」を参照してください。

第**3**章

家族法

「3-3　相続」のまとめ

▶相続とは，自然人の死亡後にその者の有した財産上の権利・義務を特定の者に包括的に承継させることである。

▶相続開始の原因は被相続人の死亡のみである。ただし，失踪宣告がなされると被宣告者の死亡が擬制されるので，この場合にも相続が開始することになる。

▶被相続人が死亡する以前に，推定相続人である子・兄弟姉妹が死亡し，または廃除・相続欠格によって相続権を失った場合には，その者の直系卑属が，その者に代わってその者の相続分を相続する。これを代襲相続という。

▶相続欠格とは，法定の欠格事由に該当する者の相続権を法律上当然に奪う制度である。

▶廃除は，被相続人に対する虐待または重大な侮辱と，その他の著しい非行を理由に，被相続人の請求に基づいて，家庭裁判所の審判・調停によって推定相続人の相続権を奪う制度である。

▶相続の承認・放棄は，相続人が「自己のために相続の開始があったことを知った時」から3か月以内にしなければならない。

遺言・遺留分
～遺言は遺言者の最終意思を尊重しようとする制度～

いよいよ家族法の最後の項目です。

タイトルは「遺言・遺留分」です。遺言は聞き慣れた言葉でしょうが，遺留分のほうはなじみがないかもしれません。でも，知識としてとても役に立ちますから，しっかりとその趣旨を理解するようにしましょう。

 ## 遺言…最後の意思表示

遺言とは，遺言者の身分上および財産上の最終意思に法的効果を認めようとする制度です。

通常は遺言書に書いてその意思を残すのですが，「事故に遭って命が途絶える寸前」などという場合には，聞き取りという形での遺言も認められています（976条以下）。

ただ，後者はほとんど試験には出題されませんので，本項では書面に書いて意思を残すほう，つまり遺言書での遺言について説明します。

まず，遺言書に書くことができるのは，贈与などの財産処分だけではありません。認知などの身分行為も遺言でできます。

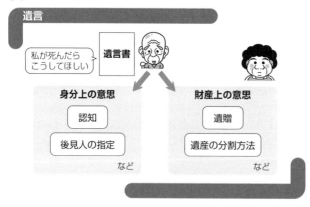

遺言

私が死んだらこうしてほしい

遺言書

身分上の意思
　認知
　後見人の指定
　　　　　　など

財産上の意思
　遺贈
　遺産の分割方法
　　　　　　など

 遺言・遺留分の重要度

この分野の出題はまれですが，遺言については相続との関連で，肢問の一部で出題されることがあります。

一方，遺留分は，制度自体が一般的でないからか，ほとんど出題はありません。ただ，この制度の「残された家族の生存保障」という趣旨は重要なので，ひととおり把握しておきたい分野です。

 遺言

一般的には「ゆいごん」という言い方のほうがなじみがあると思います。これは，わが国の古来からの呼び方です。しかし，法律では「いごん」と読みます。

 身分行為

婚姻や養子縁組，子どもの認知など，身分の取得・変動が生じるような法律行為をいいます。

 遺贈

遺言による贈与，つまり，遺言の「自分が死んだら○○に△△を贈与する」というような記載事項に基づいて贈与が行われることです。

遺言の要式性…最後の意思は明確で ないと困る

それで，遺言はなんのために残すかというと，「自分が死んだ後にこうしてほしい」として，残った人に，死後に自分の意思の実現を託すためです。

ということは，**遺言がその効力を発生するのは遺言者が死亡した時**ですよね（985条1項）。「死んだ後にこうしてほしい」というのですから，そうでしょう。

そして，ここから，遺言の大きな特徴が生まれてきます。それは，**遺言はその書き方などが厳格に法で定められていて，それを守っていない遺言は無効とされる**ということです。これを**遺言の要式性**（いごん ようしきせい）といいます。

なぜ厳格に要式が定められているかというと，たとえば遺言書の日付が曖昧だった場合，生前であれば「遺言書が複数あって前後がわからないけど，どういう意図なの？」などと本人に直接尋ねることができますが，死後にはそれができないからです。

遺言の要式性

生前 ─── 死亡後

遺言書　それはこういうことだよ　遺言者

これはどういう意味？

聞けない

混乱しないよう 厳格な要式が求められる

そして，この「本人に確かめようがない」というのは本当に困るんです。たとえば財産の配分などで曖昧なことが書いてあると，とたんに争いが起こります。本人の最終意思をいくら尊重しようと思っても，その意図が曖昧なままだと，紛争を収拾する方法が見つからないんですね。

だから，とにかく，**どういう意図なのかはっきりと混乱を生じないように書いてもらいたい**ということで，**厳格な要式性が求められている**んです。

遺言の効力発生

遺言は，遺言者の死亡時に効力が発生します。だからといって，すべてが遺言どおりになるというわけではありません。

たとえば，遺言に「財産を贈与する」と書かれていても，そんな財産は受け取りたくないと思えば，拒否することは可能です。また，遺言で，遺産の配分について「長男に4分の3，次男に4分の1」と書かれていても，長男と次男の協議で半々とすることも別に問題はありません。その場合は，長男から次男に，遺言で指定された相続分から4分の1を贈与したのと同じ結果になります。

ただ，その出発点は，あくまで本人の「最終意思」にありますから，そのスタートラインが明確でないと困るということです。

第3章 家族法

普通方式の遺言の種類

　遺言の方式には，命が途絶えそうだという場合などの緊急措置である特別方式と，そうではなく，ノーマルな状態で行う普通方式があります。最初に述べたことですが，通常試験に出題されるのは後者のほうですから，ここでは普通方式について説明します。

　この普通方式にも，**自筆証書遺言**（じ ひつしょうしょ い ごん），**秘密証書遺言**（ひ みつしょうしょ い ごん），**公正証書遺言**（こうせい しょうしょ い ごん）の三種があります。

　一番手軽でポピュラーなのは，**自筆証書遺言**（968条）でしょう。自分一人で書いておけばいいので，費用も掛かりません。

　秘密証書遺言（970条）は，遺言内容を書いて封をし，内容を秘密にしたまま公証人や証人に署名してもらうという方式の遺言です。ただ，費用がかかって手続きが面倒な割には，家庭裁判所の検認（内容の真正性や適式性などを確認する作業）が必要とされて厄介だとして，ほとんど利用されていません。

　公正証書遺言（969条）は，**国の機関である公証役場で，公証人と呼ばれる法律の専門家が法律の規定に従って作成する公文書**です。証明力は抜群ですが，手続きの手間と費用がかかる点が難点です。

　上記のうち，公正証書遺言は，要式性に問題が生じることはないでしょうから，自筆証書遺言について要式性の主な点を説明しておきます。

　一番のポイントは，「遺言者の最終意思であること」を見て取れるかどうかです。

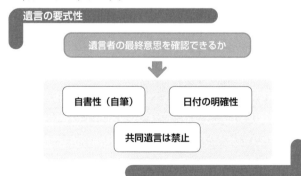

遺言の要式性

遺言者の最終意思を確認できるか

自書性（自筆）　　日付の明確性

共同遺言は禁止

 968条1項

自筆証書によって遺言をするには，遺言者が，その全文，日付及び氏名を自書し，これに印を押さなければならない。

 証人

遺言が遺言者の真意に基づくものであることを証明する人です。次の人は証人になれませんが，それ以外の人であれば証人になれます。974条　次に掲げる者は，遺言の証人…となることができない。
一　未成年者
二　推定相続人及び受遺者並びにこれらの配偶者及び直系血族
三　公証人の配偶者，四親等内の親族，書記及び使用人

 公証役場

公証役場は，法務省や法務局が所管する公的機関で，遺言などの公正証書の作成や会社等の定款の認証など，高い信用性が求められる文書の作成等を行います（各地にあります）。公証人は，公証役場で公証事務を担当する人たちです。

自筆証書遺言には公的な保管制度がある

　自筆証書遺言は，自分自身で書かなければなりません（いわゆる自書）。筆跡で，本当に本人が書いたものかどうかを確かめられるからです。

　日付も，明確なものでなければなりません。「8月吉日」などという記載は，その月に書かれた別の遺言が出てきたときに，どちらが最終意思なのかの判断が付きません。ですから，遺言自体が無効とされることになります（最判昭54・5・31）。

　ところで，わが国では，「遺言を書く」というと，何か死期が迫っているようで縁起が悪いと思われがちなのか，あまりこの制度は活用されていません。でも，本当は，後に残された相続人が遺産のことでモメて不仲になったりしないように，自分の財産の後始末はきちんとしておくのが望ましいですよね。

　ただ，遺言といっても，公正証書で遺言を作るとなると，ちょっと億劫でしょうから，自筆証書遺言の利便性を高めるという方法が効果的です。

　そこで，法はいくつか便利な制度を準備しました。順に見ていきましょう。

①自筆証書遺言の自書の要件緩和

　自筆証書遺言は，全部を自書する必要はありません。財産

自筆証書遺言の自書の要件緩和

自筆証書遺言を作りやすくなったなあ！
遺言者

これならいつでも書き直せる

```
遺言書
一，別紙一の土地と家屋は妻A
　に相続させる。
一，別紙二の預貯金はその半分
　を妻Aに，残りの半分を子B
　Cに均等に相続させる
令和元年五月十日
　　　　　　　甲野太郎㊞
```

ワープロ作成の財産目録
（別紙一，別紙二を記載）
自書の署名と押印が必要

不動産（別紙一）
登記事項証明書

預貯金（別紙二）
通帳のコピーでOK

財産目録の添付

自筆証書に，それと一体をなすものとして財産目録を添付する場合には，その財産目録はワープロで作成することもできます。これは「全部自書というのは負担が大きい」という声を受けて，平成30年（2018年）の相続法改正で，遺言制度を利用しやすくするために変更されたものです。ただし，偽造防止のために，目録の1ページごとに自書で署名し押印しなければなりません（968条2項）。1枚の紙の表と裏の両面に目録の記載がかかる場合には，両面それぞれに自書での署名・押印が必要です。

遺言書作成も本文だけなら意外に簡単

図にある「遺言書」は意外に簡単に書いてありますよね。本文だけならこれでいいんです。財産目録のほうが作成が面倒なので，それを図中のような方法で代替できると，作成はかなり容易になります。

目録についてはワープロ作成など，自書以外の方法が認められています（968条2項）。

②自筆証書遺言の保管制度

自筆証書遺言には，各地の法務局でこれを保管してもらえる制度があります。（遺言書保管法に基づく保管制度）。これも自筆証書遺言を利用しやすくするためのものです。次のようなメリットがあるので，チェックしておきましょう。

【自筆証書遺言書保管制度の利点】
①偽造・変造のリスクをなくせる
②相続人が遺言書保管の有無を照会できる→発見しやすい
③裁判所の検認手続きが不要

遺言は何度でも書き直せる

遺言というのは，「自分が死んだ後にこうしてほしい」として，自分の死後に，その意思の実現を生きている人に託すことですよね。

でも，人の意思というのは不変ではなく，時間とともに，また状況の変化などによって変わるものです。

たとえば，より多くの財産を残そうと思っていたのに次第に疎遠になって，「もう財産を残す必要はないな」と思い始めるなど，人の意思って刻々と変化していきますよね。

ということは，「自分が死んだ後にこうしてほしい」としている意思は，死亡から一番近い時期に示された意思という

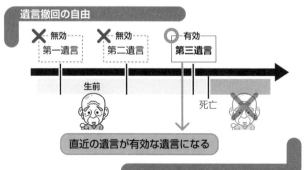

遺言撤回の自由

直近の遺言が有効な遺言になる

遺言書保管法

正式名称は，「法務局における遺言書の保管等に関する法律」です。
同法は，令和2年（2020年）7月10日から施行されています。

検認

検認とは，家庭裁判所が相続人に遺言の存在や内容を知らせ，その内容を明らかにしく，偽造や変造を防止する手続のことをいいます。

死亡から一番近い時期の遺言が最終意思

最終の遺言が書かれてから死亡までの間に，一度も書き換えがなかったということは，死亡の間際まで「遺言どおりの意思でよかった」ということを表しています。ですから，死亡から一番近い時期の遺言が最終意思になるわけです。

1022条

遺言者は，いつでも，遺言の方式に従って，その遺言の全部又は一部を撤回することができる。

ことになります。

　そして，遺言というのは何度でも書き直すことができますし，それについて特に制約はないんです。そうでないと，最終意思を尊重したことになりませんから。

　ですから，時間的に前の遺言と後の遺言の内容が抵触するときには，前の遺言は撤回されたものとして扱われます。これを，**遺言撤回の自由**といいます（1022条）。

共同遺言は禁止されている

　二人以上の者が同一の遺言書に相互に関連する内容の意思表示を記載した遺言のことを**共同遺言**といいます。

　遺言は，遺言者本人の意思が明確に表れていなければなりません。ところが，共同遺言では，それが本当にその人本人の意思なのか，それとも共同した相手の意思なのかが必ずしも明らかではありません。また，共同遺言の場合，一方の意思が他の共同遺言者の意思表示と絡み合っているので，それを撤回するには他の遺言者の同意が必要となります。それでは，遺言撤回の自由を制約することにもなります。

　これらの理由から，共同遺言は禁止されています（975条）。

　なお，共同遺言の禁止の趣旨が以上のようなものだとすると，意思表示がそれぞれ関連していなければ共同遺言には当たりません。たとえば同じ封筒に二通の自筆証書遺言が入っていたとしても，意思表示が独立に行われていれば，それは共同遺言とはなりません。

遺留分…残された家族の生存保障の制度

　最後に，遺留分について，簡単に制度趣旨を説明しておきます。

　遺留分権とは，たとえば，家族の生活の場となっていた土地と家屋が夫の単独名義になっていて，その夫が「全財産を愛人に譲る」という遺言を残して死亡したような場合に，残された家族の生存を保障する見地から，財産の一定割合について取戻し（**遺留分侵害額請求**）を認める制度です。

　この遺留分権は，被相続人の兄弟姉妹を除く法定相続人，

共同遺言の禁止

共同遺言だと，相手に引きずられて，本意ではないのに「それでいい」と思ってしまうことだってあり得ます。特に夫婦が共同で遺言を作成するような場合，この傾向が現れることが多いようです。たとえば，夫は「あの土地は長男に与える」と主張しているのに，妻は家業を盛り立ててくれた次男に与えたいと思っているような場合，妻が自分の意思を引っ込めて，共同で「長男に与える」とすると，長男の立場はがぜん有利になります。やはり，遺言書は別々に書かないと，自分の真意を表せなくなります。

遺留分侵害額請求

遺留分は，「ここまでの割合については取戻しを認めますよ」というものです。本文で説明しているように，取戻しができる割合は，それぞれの遺留分権利者ごとに決まっています。これは変動するようなものではないので，他の遺留分権利者が取戻しをあきらめた（遺留分を放棄した）としても，その分が増えるといったものではありません。なお，遺留分侵害額請求は，以前は「**遺留分減殺請求**」と呼ばれていたものです。

すなわち，配偶者，子，直系尊属に認められています。

兄弟姉妹は，独立して生計を別にしているのが普通なので，遺留分権利者には含まれていません。

取戻しができる割合は次のとおりです（1042条，1043条1項）。

遺留分率

相続人	総体的遺留分率	
直系尊属のみ	3分の1	取り戻せない ✕
それ以外	2分の1	取り戻せない ✕

1042条（遺留分の帰属及びその割合）

1　兄弟姉妹以外の相続人は，遺留分として，次条第1項に規定する遺留分を算定するための財産の価額に，次の各号に掲げる区分に応じてそれぞれ当該各号に定める割合を乗じた額を受ける。
一　直系尊属のみが相続人である場合　三分の一
二　前号に掲げる場合以外の場合　二分の一
2　相続人が数人ある場合には，前項各号に定める割合は，これらに第900条（法定相続分）及び第901条（代襲相続人の相続分）の規定により算定したその各自の相続分を乗じた割合とする。

それぞれの遺留分権利者が取り戻せる額は，上記の**総体的遺留分率**に法定相続分を乗じて算定されます（**個別的遺留分率**といいます）。たとえば，遺留分権利者が被相続人の父と母のみの場合は，両者の個別的遺留分はおのおの「3分の1 × 2分の1 ＝ 6分の1」となり，配偶者と子が1人だけという場合には，おのおの「2分の1 × 2分の1 ＝ 4分の1」となります。

遺留分権の行使は金銭の支払いを請求する方法で行う

遺留分権の行使は，現物返還ではなく，金銭の支払い請求の方法で行わなければなりません（1046条1項）。

遺留分侵害額の請求方法

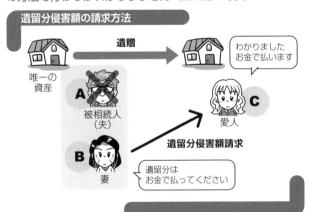

1046条（遺留分侵害額の請求）

1　遺留分権利者及びその承継人は，受遺者又は受贈者に対し，遺留分侵害額に相当する金銭の支払を請求することができる。

現物返還の方法では，その後の法律関係がややこしくなるからです。

どういうことかというと，前ページの図のような場合，Aの相続人がBだけだとすると，Bの遺留分権は相続財産の2分の1となりますが，現物返還の方法では，「不動産の2分の1をCから取り戻す」つまり，「不動産がBとCの共有状態」ということになります。

共有は，不安定な所有状態ですから，できれば共有という状態は回避したいところです。そのため，法は現物返還ではなく，金銭支払いの方法によるべきとしているわけです。

以上が遺言・遺留分についての説明です。

問題演習で知識の整理をしておきましょう。

遺留分侵害額の請求を金銭によることの意義

本文に紹介したことのほか，遺贈や贈与の目的財産を受遺者や受贈者に与えたいという被相続人の意思を尊重できるという点もあります。

第**3**章
家族法

 例題24

遺言・遺留分に関する次の記述のうち，妥当なものはどれか。

(地方上級　改題)

1　遺言書中の日付については，年月の記載があれば，年月の後を「吉日」としても，遺言は有効である。

2　遺言書の押印が遺言者の指印（指頭に朱肉等を付けて押印すること）によるものである場合，遺言は有効である。

3　父母の意思表示により連名で作成された遺言書は，両名が死亡した時点で有効な遺言として成立する。

4　遺留分の放棄は，相続の開始前に家庭裁判所の許可を受けたときに限りその効力を生じ，他の各共同相続人の遺留分は放棄した分だけ増加する。

5　被相続人のなした贈与が遺留分を侵害するときは，たとえ相続の前であっても，他の遺留分権利者は自らの遺留分を保全することができる。

本問のポイント！

1．遺言においては作成の日が特定できなければなりません（968条1項）。それができない日付の記載では，遺言は法定の要件を欠くものとして無効になります（960条）。そして本肢の「○月吉日」という記載では日付の特定は困難であることから，判例もこのような遺言を日付の記載を欠くものとして無効としています（最判昭54・5・31）。

2．妥当な記述です。自筆証書遺言における押印は指印（しいん）で足りるとするのが判例です（最判平元・2・16）。

指印

指先に朱肉や墨などをつけて，印鑑の代わりに押したものです。特に親指を使う場合は拇印（ぼいん）といいます。

3．父母の意思表示により連名で作成された遺言は，父母が共同で，同一ないし互いに関連する意思表示をするもので，このような性質の遺言を**共同遺言**といいます。

　そもそも遺言はその者の最終意思を尊重するところにその趣旨があり，その趣旨から遺言はいつでも任意に撤回できなければならないものとされています（1022条）。なぜなら，撤回を自由に認めるのでなければ最終意思の尊重とはいえないからです。そして共同遺言はこの遺言撤回の自由を制約することから，法は明文でこれを禁止していて（975条，**共同遺言の禁止**），判例も本肢のような遺言を共同遺言として無効としています（最判昭56・9・11）。

4．前半は妥当ですが，後半は誤りです。遺留分の放棄は，将来，取戻権を行使しないというだけで，相続権自体の放棄ではありませんから，法は家裁の許可を要件にこれを認めています（1049条1項）。一方，遺留分は「あなたはこの額までは取戻しができますよ」として，最初からその額が決められているので，ある人の放棄で他の遺留分権利者の遺留分が増加するわけではありません（同条2項）。

5．**遺留分侵害額請求権**は，相続開始後において遺留分が現実に侵害されている状態が生じたときに初めて発生する権利であり，それ以前においては遺留分権利者はなんらの権利も有しません（大決大6・7・18）。したがって，相続人の遺留分を侵害する被相続人の財産処分行為もそれ自体としてはまったく有効であって，遺留分権利者による相続前の遺留分保全行為は認められないことになります。

　本問の正答は**2**になります。

正答　2

 参考　遺留分権行使者への特別寄与料請求

　特別寄与の制度とは，たとえば，長男である亡き夫に代わって姑の介護を担ってきた嫁（姑の財産の相続権はない）が，相続人である次男に介護などの寄与に応じた額の請求を認めようという制度です（1050条，平成30年改正で新設）。では，遺言で相続から除外された遺留分権利者が遺留分権を行使した場合，この者に特別寄与料を請求できるでしょうか。判例は，特別寄与料の請求基準は，紛争の複雑化や長期化を避ける観点から基準が明確な法定相続分にのみ求めるべきとして，遺留分権行使者への請求を否定しています（最決令5・10・26）。

 1043条（遺留分を算定するための財産の価額）

1　遺留分を算定するための財産の価額は，被相続人が相続開始の時において有した財産の価額にその贈与した財産の価額を加えた額から債務の全額を控除た額とする。

 特別寄与の制度

この制度は，被相続人（例：死亡した舅や姑）に対して無償で療養看護その他の労務の提供をしたことによって，被相続人の財産の維持や増加に特別の寄与をした「相続人以外の親族」が，相続人（左の「参考」中の例でいえば相続人である次男）に対して，自身の寄与度に応じた金銭の支払い請求を認めようというものです（1050条）。

請求主体は「相続人以外の親族」に限られるので，親族以外の者は請求できません。また，相続人が複数いる場合は，法定相続分の割合に応じて特別寄与料の支払いを分担することになります。

「3-4 遺言・遺留分」のまとめ

遺言

▶遺言とは，遺言者の身分上および財産上の最終意思に法的効果を認めようとする制度である。

▶遺言は，遺言者の死亡の時からその効力を生ずるので，その時点で遺言の内容が不明確であると，もはや意思表示者に確かめるすべがない。そのため，遺言には厳格な要式性が要求されており，この要式を欠く遺言は無効とされる。

▶遺言が2通以上出てきた場合に備えて，どの遺言が遺言者の最終意思かを確認するために，遺言では日付の特定が要求されている。

▶日付を「吉日」と書いた遺言は，日付の特定ができないので無効とされている。

▶遺言では署名と押印が要求されているが，この押印は指印でもよい。

▶遺言は，いつでも自由に撤回できる。撤回権を放棄することもできない。

▶二人以上の者が，ともに関連する内容の意思表示をする遺言を共同遺言といい，撤回の自由を制約することから，このような遺言は禁止されている。すなわち，共同遺言は遺言としては無効である。

遺留分

▶遺留分とは，被相続人が贈与や遺贈で処分した財産に生活を依存していた者に，被相続人が処分した財産の一定割合について，取戻し（侵害額請求）を認める制度である。

▶遺留分制度の目的は，残された家族の生活保障にある。

▶遺留分の権利者は，兄弟姉妹を除く法定相続人である。すなわち，配偶者，子，直系尊属が遺留分権利者として認められている。

▶遺留分率は，遺留分権利者が直系尊属のみの場合は3分の1，それ以外の場合は2分の1である（総体的遺留分率）。

▶個々の遺留分権利者が取り戻せる額は，総体的遺留分率に法定相続分を乗じて算定される（個別的遺留分率）。

▶遺留分は，個々の遺留分権利者に認められた範囲において，相続財産の一定割合を取り戻すことのできる権利であるから，遺留分権利者の一人がこれを行使しない場合でも，他の遺留分権利者の遺留分は増加しない。

▶遺留分権の行使は，現物返還ではなく，金銭の支払い請求の方法で行わなければならない。

さくいん

さくいん

【す】

【せ】

【そ】

さくいん

さくいん

さくいん

■ **鶴田 秀樹** (つるた ひでき)

　旧労働省を退職後，法律をわかりやすく解説した書籍を多数執筆するかたわら，大学での公務員講座の講師や，模擬試験問題の制作，自治体の採用試験における論文採点などにも携わる。執筆を担当した公務員試験対策の問題集としては「集中講義！」シリーズの『憲法』『民法Ⅰ』『民法Ⅱ』，「新スーパー過去問ゼミ」シリーズの『民法Ⅰ』『民法Ⅱ』『刑法』『労働法』，「20日間で学ぶ」シリーズの『労働法』などがあり，学習のツボを押さえたわかりやすい解説には定評がある。

　問題集以外にも，公務員試験の短期攻略法を語った『公務員試験 独学で合格する人の勉強法』(実務教育出版) などの著書がある。

■ **デザイン・組版**

カバーデザイン	斉藤よしのぶ
イラスト	タイシユウキ
本文デザイン	パラゴン
DTP組版	森の印刷屋

●本書の内容に関するお問合せについて

本書の内容に誤りと思われるところがありましたら，まずは小社ブックスサイト (books.jitsumu.co.jp) 中の本書ページ内にある正誤表・訂正表をご確認ください。正誤表・訂正表がない場合や，正誤表・訂正表に該当箇所が掲載されていない場合は，書名，発行年月日，お客様のお名前・連絡先，該当箇所のページ番号と具体的な誤りの内容・理由等をご記入のうえ，郵便，FAX，メールにてお問合せください。

〒163-8671　東京都新宿区新宿1-1-12　実務教育出版　第二編集部問合せ窓口
FAX：03-5369-2237　　　　E-mail：jitsumu_2hen@jitsumu.co.jp

【ご注意】
※電話でのお問合せは，一切受け付けておりません。
※内容の正誤以外のお問合せ (詳しい解説・受験指導のご要望等) には対応できません。

公務員試験
最初でつまずかない民法Ⅱ ［改訂版］

2019年8月10日　初版第1刷発行　　　　　　　　　　　　　　　〈検印省略〉
2024年4月15日　改訂初版第1刷発行

著　者──鶴田秀樹
発行者──淺井　亨

発行所──株式会社 実務教育出版
　　　　　〒163-8671　東京都新宿区新宿1-1-12
　　　　　☎編集 03-3355-1812　販売 03-3355-1951
　　　　　振替　00160-0-78270

印　刷──壮光舎印刷
製　本──東京美術紙工

公務員試験に出る専門科目について、初学者でもわかりやすく解説した基本書の各シリーズ。
「はじめて学ぶシリーズ」は、豊富な図解で、難解な専門科目もすっきりマスターできます。

はじめて学ぶ **政治学**
加藤秀治郎著●定価1175円

はじめて学ぶ **国際関係** [改訂版]
高瀬淳一著●定価1320円

はじめて学ぶ **ミクロ経済学** [第2版]
幸村千佳良著●定価1430円

はじめて学ぶ **マクロ経済学** [第2版]
幸村千佳良著●定価1540円

重要科目の基本書

どちらも公務員試験の最重要科目である経済学と行政法を、基礎から応用まで詳しく学べる本格的な
基本書です。大学での教科書採用も多くなっています。

経済学ベーシックゼミナール
西村和雄・八木尚志共著●定価3080円

経済学ゼミナール 上級編
西村和雄・友田康信共著●定価3520円

新プロゼミ行政法
石川敏行著●定価2970円

苦手意識を持っている受験生が多い科目をピックアップして、初学者が挫折しがちなところを徹底的
にフォロー！　やさしい解説で実力を養成する入門書です。

最初でつまずかない経済学 [ミクロ編]
村尾英俊著●定価1980円

最初でつまずかない経済学 [マクロ編]
村尾英俊著●定価1980円

最初でつまずかない民法 I [総則／物権 担保物権]
鶴田秀樹著●定価1870円

最初でつまずかない民法 II [債権総論・各論 家族法]
鶴田秀樹著●定価1870円

最初でつまずかない行政法
吉田としひろ著●定価1870円

最初でつまずかない数的推理
佐々木淳著●定価1870円

実力派講師が効率的に学習を進めるコツや素早く正答を見抜くポイントを伝授。地方上級・市役所・
国家一般職［大卒］試験によく出る基本問題を厳選し、サラッとこなせて何度でも復習できる構成なの
で重要科目の短期攻略も可能！　初学者＆直前期対応の実戦的な過去問トレーニングシリーズです。
※本シリーズは『スピード解説』シリーズを改訂して、書名を変更したものです。

基本問題中心の過去問演習書

★公務員試験「集中講義」シリーズ
資格試験研究会編●定価1650円

集中講義！ **判断推理**の過去問
資格試験研究会 編　結城順平執筆

集中講義！ **数的推理**の過去問
資格試験研究会 編　永野龍彦執筆

集中講義！ **図形・空間把握**の過去問
資格試験研究会 編　永野龍彦執筆

集中講義！ **資料解釈**の過去問
資格試験研究会 編　結城順平執筆

集中講義！ **文章理解**の過去問
資格試験研究会 編　饗庭悟執筆

集中講義！ **憲法**の過去問
資格試験研究会 編　鶴田秀樹執筆

集中講義！ **行政法**の過去問
資格試験研究会 編　吉田としひろ執筆

集中講義！ **民法 I**の過去問 [総則／物権 担保物権]
資格試験研究会 編　鶴田秀樹執筆

集中講義！ **民法 II**の過去問 [債権総論・各論 家族法]
資格試験研究会 編　鶴田秀樹執筆

集中講義！ **政治学・行政学**の過去問
資格試験研究会 編　近裕一執筆

集中講義！ **国際関係**の過去問
資格試験研究会 編　高瀬淳一執筆

集中講義！ **ミクロ経済学**の過去問
資格試験研究会 編　村尾英俊執筆

集中講義！ **マクロ経済学**の過去問
資格試験研究会 編　村尾英俊執筆

選択肢ごとに問題を分解し、テーマ別にまとめた過去問演習書です。見開き2ページ完結で読みや
すく、選択肢問題の「引っかけ方」が一目でわかります。「暗記用赤シート」付き。

一問一答 **スピード攻略 社会科学**
資格試験研究会編●定価1430円

一問一答 **スピード攻略 人文科学**
資格試験研究会編●定価1430円

地方上級／国家総合職・一般職・専門職試験に対応した過去問演習書の決定版が、さらにパワーアップ！　最新の出題傾向に沿った問題を多数収録し、選択肢の一つひとつまで検証して正誤のポイントを解説。強化したい科目に合わせて徹底的に演習できる問題集シリーズです。

★公務員試験「新スーパー過去問ゼミ7」シリーズ
◎教養分野
資格試験研究会編●定価1980円

新スーパー過去問ゼミ7 **社会科学** [政治／経済／社会]	新スーパー過去問ゼミ7 **人文科学** [日本史／世界史／地理／思想／文学・芸術]
新スーパー過去問ゼミ7 **自然科学** [物理／化学／生物／地学／数学]	新スーパー過去問ゼミ7 **判断推理**
新スーパー過去問ゼミ7 **数的推理**	新スーパー過去問ゼミ7 **文章理解・資料解釈**

◎専門分野
資格試験研究会編●定価1980円

新スーパー過去問ゼミ7 **憲法**	新スーパー過去問ゼミ7 **行政法**
新スーパー過去問ゼミ7 **民法Ⅰ** [総則／物権／担保物権]	新スーパー過去問ゼミ7 **民法Ⅱ** [債権総論・各論／家族法]
新スーパー過去問ゼミ7 **刑法**	新スーパー過去問ゼミ7 **労働法**
新スーパー過去問ゼミ7 **政治学**	新スーパー過去問ゼミ7 **行政学**
新スーパー過去問ゼミ7 **社会学**	新スーパー過去問ゼミ7 **国際関係**
新スーパー過去問ゼミ7 **ミクロ経済学**	新スーパー過去問ゼミ7 **マクロ経済学**
新スーパー過去問ゼミ7 **財政学**	新スーパー過去問ゼミ7 **経営学**
新スーパー過去問ゼミ7 **会計学** [択一式／記述式]	新スーパー過去問ゼミ7 **教育学・心理学**

受験生の定番「新スーパー過去問ゼミ」シリーズの警察官・消防官（消防士）試験版です。大学卒業程度の警察官・消防官試験と問題のレベルが近い市役所（上級）・地方中級試験対策としても役に立ちます。

★大卒程度「警察官・消防官新スーパー過去問ゼミ」シリーズ
資格試験研究会編●定価1650円

警察官・消防官新スーパー過去問ゼミ **社会科学** [改訂第3版] [政治／経済／社会・時事]	警察官・消防官新スーパー過去問ゼミ **人文科学** [改訂第3版] [日本史／世界史／地理／思想／文学・芸術／国語]
警察官・消防官新スーパー過去問ゼミ **自然科学** [改訂第3版] [数学／物理／化学／生物／地学]	警察官・消防官新スーパー過去問ゼミ **判断推理** [改訂第3版]
警察官・消防官新スーパー過去問ゼミ **数的推理** [改訂第3版]	警察官・消防官新スーパー過去問ゼミ **文章理解・資料解釈** [改訂第3版]

一般知識分野の要点整理集のシリーズです。覚えるべき項目は、付録の「暗記用赤シート」で隠すことができるので、効率よく学習できます。「新スーパー過去問ゼミ」シリーズに準拠したテーマ構成になっているので、「スー過去」との相性もバッチリです。

★上・中級公務員試験「新・光速マスター」シリーズ
資格試験研究会編●定価1320円

新・光速マスター **社会科学** [改訂第2版] [政治／経済／社会]	新・光速マスター **人文科学** [改訂第2版] [日本史／世界史／地理／思想／文学・芸術]
新・光速マスター **自然科学** [改訂第2版] [物理／化学／生物／地学／数学]	